CHONGWENGUAN

读古人书　友天下士

百余年前，崇文书局于武昌正觉寺开馆刻书，成晚清四大书局之一。所刻经籍，镌工精雅，数量众多，流布甚广，影响巨大。为赓续前贤，倡明国学，弘扬文化，本局现致力于传统典籍的出版。既专事文献整理，效力学术；亦重文化普及，面向大众。或经学，或史论，或诸子，或诗词，各成系列，统一标识，名之为"崇文馆"。

崇文馆

中 国 古 典 诗 词 校 注 评 丛 书

曹 操 全 集 【汇校汇注汇评】

林久贵　李露　编著

长江出版传媒 崇文书局

中国古典诗词校注评丛书
编撰委员会

前　言

一

　　曹操(155—220),字孟德,东汉末年政治家、思想家、军事家、文学家,三国魏的实际建立者。他出身于既有权势,又甚富有的家庭。祖父曹腾是汉末有名的宦官,父亲曹嵩是曹腾的养子,出钱买官,竟至太尉。曹操自幼养成了放荡不羁的性格,少年时代起即为世人所注目。二十岁时举孝廉为郎,进入仕途。他在镇压农民起义军和军阀混战过程中壮大了自己,进而迎帝都许,"挟天子以令诸侯";他鞍马劳顿,倥偬军旅数十年。平袁术,擒吕布,消灭袁绍父子,收降张鲁,战马超,北讨乌桓,南击孙权,西战刘备,终于打下了北方一片天下。

　　史载,曹操昼讲武策,夜思经传,登高必赋,横槊赋诗,所作新诗,被之管弦,皆成乐章。他的这种精神,对于社会,对于他的儿子们,都有深刻影响。他留下了诸多颇有影响的诗歌、表章和令教式散文。这些作品,发展和充实了中国固有的文学样式,体现着作者的文学见解,对后代文学的创作与文艺思想的演进产生了不小影响,从而也使他在中国文学发展史上占据了重要的、承前启后的地位,成为世所公认的文学家。

二

　　曹操传世诗作二十余篇,均为乐府诗体,但又不完全拘泥于汉代乐府,因而可以就其实际概之为:继承了乐府的传统,推动了五言诗的发展,焕发了四言诗的新生,从而开一代诗风。在他的带动下,文人乐府有了空前的发展和活跃,从整体上推动了魏晋时期的文学发展。而且,曹操以旧瓶装新酒、借乐府古题写时事的乐府诗创作,对后世"填词"形式的出现,也有启示作用。

曹操不像他的儿子曹丕那样有《典论》一篇,清楚地表明自己的文学主张,但他的著作,特别是他的诗作中,同样透露着他的文学见解。首先,两汉乐府,包括民间乐府和文人乐府,多有感人之作,其生命力就在于"感于哀乐,缘事而发"。曹操继承并发扬了这个传统,作诗为文,本于实感,重视现实,比如《薤露》《蒿里》《苦寒行》等都体现出这种主张。他善于从纷乱复杂的事件和变幻不定的人事关系里面提炼材料,集中典型,且文字质朴,言近实录却不乏文采。其次,曹操的一些抒发理想的诗作和游仙诗,借古抒意,取譬生动,大都泛溢着深沉而又浪漫的心绪,因而具有极强的诗歌感召力。第三,曹操继承了"诗言志"的传统,在《秋胡行》二首和《步出夏门行》诗中,分别有"歌以言志""歌以咏志"之语。在更多的乐府诗中,曹操并没有赘及"诗言志"之语,但其精神却并不因此而减退,同时更加重视内容与形式的统一。比如,"山不厌高,海不厌深。周公吐哺,天下归心"(《短歌行》)、"悲彼东山诗,悠悠令我哀"(《苦寒行》),都是以周公自况,表露着自己的远大志向。

南朝梁人钟嵘说:"曹公古直,甚有悲凉之句。"唐人元稹说:"曹氏父子鞍马间为文,往往横槊赋诗,故其抑扬冤哀存离之作,尤极于古。"明人王世贞称:"曹公莽莽,古直悲凉。"清人冯班说:"魏祖慷慨悲凉,自是此公文体如斯,非乐府应尔。"此类评语,还有很多。可见自钟嵘开始,曹操为诗"悲凉""沉雄""慷慨",是古今评家所公认的重要特点。

三

曹操及其子曹丕、曹植被合称"三曹",在文学史上影响巨大,

2

对于曹操和"三曹"及其作品进行研究的著作也有很多。传记年谱类的有：上海人民出版社编《曹操传注》(上海人民出版社,1975 年版)、张可礼《三曹年谱》(齐鲁书社,1983 年版)、章映阁《曹操新传》(上海人民出版社,1989 年版)、张亚新《曹操大传》(中国文学出版社,1994 年版)、王巍《三曹评传》(辽宁古籍出版社,1995 年版)、张作耀《曹操评传：附曹丕、曹植评传》(南京大学出版社,2011 年版)等。

文集编选注评类的有：中央民族学院语文系《曹操诗文选》注释小组选注《曹操诗文选》(北京人民出版社,1975 年版)、余冠英选注《三曹诗选》(人民文学出版社,1979 年版)、张可礼等编选《曹操曹丕 曹植集》(凤凰出版社,2009 年版)、陈庆元《三曹诗选评》(上海古籍出版社,2002 年版)、中华书局编辑部编《曹操集》(中华书局,2012 年版)等。

除此之外，还有很多论文对曹操和"三曹"及其作品进行了多方面的研究，比如陕西师范大学袁继灵的硕士论文《三曹及其诗歌》、东北师范大学闫月珏的硕士论文《论三曹文学的生命意识》、河南师范大学何青春的硕士论文《三曹对中国诗体的贡献》、青海师范大学韦运韬的硕士论文《曹操诗歌研究》等。

本书在参考以上著作论文的基础上，对曹操作品进行了全面收集，残篇佚文也都收入编中。同时，参考诸本，对曹操作品原文进行了校注，每篇作品前写有解题，对该作品的写作时间、缘由以及艺术风格等有简要的介绍，作品之后列有历代文学评论家对该作品的评点，对于读者了解曹操及其作品当有一定帮助。

凡　例

一、本书以文体形式，将曹操作品分类编排，并将其残篇佚句附在最末。

二、本书以张溥《汉魏六朝百三家集》中的《魏武帝集》为底本，以严可均《全上古三代秦汉三国六朝文》、丁福保《全汉三国晋南北朝诗》、安徽亳县《曹操集》译注小组的《曹操集译注》（中华书局，1979 年版）等为参考进行校勘。

三、本书每篇作品均有题解，对该作品的写作时间、原由以及艺术风格有简要介绍，作品之后选列有历代文学评论家对该作品的评点。原文中的繁体字、异体字，一般均改为通行简体字，以便阅读。

四、本书"汇评"部分参考了傅亚庶《三曹诗文全集译注》（吉林文史出版社，1997 年版）、河北师范学院中文系古典文学教研组《三曹资料汇编》（中华书局，1980 年版）、韩格平等《全魏晋赋校注》（吉林文史出版社，2008 年版）、张可礼等《曹操 曹丕 曹植集》（凤凰出版社，2009 年版）、张作耀《曹操评传：附曹丕、曹植评传》（南京大学出版社，2011 年版）、中华书局编辑部《曹操集》（中华书局，2012 年版）等著作。

目 录

诗

令

教

表

奏　事

策

书

尺　牍

祭 文

序

诗文辑补

孙子注

附　　录

诗

气出唱三首

其一

驾六龙①,乘风而行②。行四海外,路下之八邦③。历登高山,临溪谷,乘云④而行,行四海外。东到泰山,仙人玉女⑤,下来翱游。骖驾⑥六龙,饮玉浆。河水尽,不东流⑦。解愁腹,饮玉浆,奉持⑧行。东到蓬莱山⑨,上至天之门⑩。玉阙⑪下,引见得入,赤松⑫相对。四面顾望,视正焜煌⑬。开玉心正兴⑭,其气⑮百道至。传告无穷闭其口,但当爱气⑯寿万年。东到海,与天连。神仙之道,出窈入冥⑰,常当专之。心恬澹,无所愒欲⑱。闭门坐自守⑲,天与期气⑳。愿得神之人,乘驾云车㉑,骖驾白鹿㉒。上到天之门,来赐神之药。跪受之,敬神齐㉓。当如此,道自来。(《乐府诗集》卷二十六)

【题解】

《气出唱》,古曲名。李善云:"《歌录》曰:古《相和歌》十八曲,《气出》一,《精列》二。《魏武帝集》有《气出》《精列》二古曲。"

《气出唱》,属《乐府·相和歌·相和曲》。曹操此题共作三首,同为游仙诗。建安十三年(208),曹操兵败赤壁,退守北方。以后,他对孙、刘多次用兵,都没有成功;随着时光不断流逝,自然产生暮年将至、壮志难酬的苦闷。"志在千里"的曹操决不会放弃统一四海的政治抱负,而他又清楚地认识到"造化之陶物,莫不有终期",理想与现实的矛盾,使其在晚年著作中常寄寓自己乞求长生不老的愿望。《气出唱》三首,描写了一个幻想的境界:驾龙乘风,遨游海外;然后上达天庭,与仙人往还,并从那里获得养气、方药等长寿之术;又到昆仑和君山,同西王母等"乐共饮食",共祝长寿。

【注释】

①六龙:传说中由太阳神乘车时所驾。《易经》乾卦:"时乘六龙以御天。"

②乘风而行:凭借风力而行。《庄子》:"列子御风而行,泠然善也。"

③路下之八邦:路,指通往天上的路。汉武帝《思奉车子侯歌》:"天路远兮无期。"八邦,犹八国,这里指中国东部地区。《吕览》:"东夷八国。"

④乘云:乘着云彩。《韩非子》:"飞龙乘云。"

⑤仙人玉女:《集仙录》:"明星玉女者,居华山,服玉浆。"

⑥骖:古代用三马或四马拉车,中间的马称为"服",两边的马称为"骖"。骖驾,此处作动词,驾驭。

⑦河水尽,不东流:《尚书·禹贡》:"导沇水,东流为济,入于河。"诗中这两句是指河水有时而竭,喻年寿有时而尽。

⑧奉持:捧着仙人赐予的玉浆。奉,同"捧"。

⑨蓬莱山:仙山。古代神话传说中有三座仙山,即蓬莱、方丈、瀛洲,据说山上有神仙和不死之药。

⑩天之门:指通往上天的门。《汉郊祀歌·天门》:"天门开,诛荡荡。"

⑪玉阙:神仙居住的宫殿。阙,宫门外的望楼,《宋书》作"关"。张衡《天象赋》:"辟天床于玉阙,乃宴休之攸御。"

⑫赤松:即赤松子,古代传说中的仙人。《史记·张良传》:"愿弃人间事,从赤松子游耳。"

⑬焜煌:光彩旺盛。《急就篇》"色焜煌"注:"言其光采盛也。"

⑭开、玉、心:都是星名。开:开明星,即木星,因为它十二年运行一周,古代用它纪年,所以又称"岁星"。《史记·天官书》:"敦牂岁:岁阴在午,星居酉,以五月与胃、昴、毕晨出,曰开明,炎炎有光。"玉:玉井,参星下面的四小星。心:心宿,为二十八宿之一。《史记·天官书》:"东宫苍龙,房、心。心为明堂,大星、天王,前后星、子属。"兴:兴旺、明亮。

⑮气:众星的精气。

⑯气:元气。道家主张把口液咽下,以为保持元气。

⑰出窈入冥:指神仙之道,非常精微幽深。窈、冥,指事物深奥难明。《老子》:"窈兮冥兮,其中有精。"

⑱愒欲:贪欲。

⑲守:指保守精气。

⑳天与期气:精气与自然之气相适应。《论衡》:"虎出有时,犹龙见有期也。""出应其气,气动其类。"

㉑云车:神仙坐的车子。《汉书·郊祀志》:"文成言上即欲与神通,宫室被服,非象神,神物不至,乃作画云气车。"

㉒骖驾白鹿:汉乐府游仙诗《吟叹曲·王子乔》:"王子乔,参驾白鹿云中遨。"

㉓敬神齐:恭敬地对待神仙。齐,肃敬。

【汇评】

清·朱嘉征:周诗燕歌"乐只君子,万寿无期",《相和曲》用以侑食,有周雅之遗焉。"驾六龙",言成王业者,功德所本也。(《乐府广序》)

清·陈祚明:"赤松相对"语,生动有致。"闭其口""常当专之"语,并有精理。通首亦复古雅。"河水尽,不东流",是兴意。然泰山下,水固西流也。(《采菽堂诗集》)

清·朱乾:鸣呼!魏武之心,汉武之心也。汉武求之外而失,魏武求之内而亦失。乾闻之:阴气不尽不成仙。观魏武一生,其处心积虑,皆阴气也。阴气不尽,而阳气绝矣,分香奏技,瞻望西陵,孰为哀哉!(《乐府正义》)

其二

华阴山①,自以为大②,高百丈,浮云为之盖③。仙人欲来,出随风,列之雨④。吹我洞箫⑤鼓瑟琴⑥,何闾闾⑦!酒与歌戏,今日相乐诚为乐。玉女起,起舞移数时⑧。鼓吹一何嘈嘈⑨。从西北来时,仙道多驾烟,乘云驾龙,郁何蓊蓊⑩!遨游八极⑪,乃到昆仑⑫之山,西王母⑬侧,神仙金止玉亭⑭。来者为谁?赤松王乔,乃德旋之门⑮。乐共饮食到黄昏。多驾合坐⑯,万岁长,宜子孙⑰。(《乐府诗集》卷二十六)

【注释】

①华阴山：即今华山，在陕西华阴市南，为"五岳"中的西岳，古代传说它是神仙居住的地方。

②自以为大：生成的高大。自：本来。

③盖：古代用绸做的伞，张在车上，以避风雨和日光。这里用以比喻笼罩华阴山的浮云。《关尹子》："其高无盖。"

④出随风，列之雨：指仙人出来，有风雨相随。列：并列。

⑤洞箫：管型乐器，有单根竹管的，也有多根竹管的。

⑥瑟琴：都是古代的弦乐器。瑟：形似古琴，原为五十弦，后改二十五弦。弦各有柱，能上下移动，以定声之清浊高下。琴：指古琴，原为五弦，汉以后改为七弦。

⑦阊阊：音调和谐。《乐府诗集》作"间间"，今依《宋书·乐志》改。

⑧移数时：经过几个时辰。

⑨嘈嘈：声响众多、喧闹。王延寿《鲁灵光殿赋》："耳嘈嘈以失听"，李善注："《埤苍》曰：嘈嘈，声众也。"

⑩郁何荗荗：形容众仙来时，威仪盛大。郁、荗荗：都是盛大的样子。何：多么。

⑪八极：八方极远的地方。

⑫昆仑：古代神话传说中的我国西方神山。《山海经》："赤水之后，黑水之前，有大山，名曰昆仑之丘。"

⑬西王母：古代神话传说中的女神，居昆仑瑶池，为女仙之首。

⑭金止玉亭：金、玉，指神仙乘坐的金车玉辇。止、亭都是停留的意思。《广韵》："止，停也。"《释名》："亭，停也。"

⑮赤松王乔，乃德旋之门：王乔，古代神话传说中的仙人。乃，且。之，与，连词。德、旋、门都是星名(德星即"开明星"；旋，同"璇"，北斗七星中的第二星；门即南门星)。王引之曰："乃，犹且也；之，犹与也。"诗言"来者"，谓所来之仙人为王乔赤松，且有德星璇星与门星也。

⑯多驾：指乘车马来参加宴会的众仙。合坐，即一起欢宴。

⑰宜子孙：子孙众多。这句是宴会上众宾对主人的颂词。

【汇评】

清·朱嘉征：歌华阴山，言王国多士，为德来也。夫西岳能全其高大，

浮云覆之,神仙能致其风雨,故至德归之,至德无亏,是谓"德旋之门"。(《乐府广序》)

清·陈祚明:崛起甚奇,高古纵横,中多生动句。(《采菽堂诗集》)

黄节:朱氏以"德旋"为"至德归之",亦又一说。(《魏武帝魏文帝诗注》)

其三

游君山①,甚为真。礧磈砟硌②,尔自为神③。乃到王母台④,金阶玉为堂,芝草生殿旁。东西厢,客满堂。主人当行觞⑤,坐者长寿遽何央⑥。长乐甫始⑦宜孙子,常愿主人增年,与天相守⑧。(《乐府诗集》卷二十六)

【注释】

①君山:传说中湘水之神湘君所游之处,在今湖南岳阳市西南洞庭湖中。《山海经·中山经》:"洞庭之山,帝之二女居之。"《水经注》曰:"是山湘君之所游处,故曰君山。"《水经注·湘水》:"汉武帝亦登之,射蛟于是山。"

②礧磈砟硌:山势高大,错落不平。

③尔自为神:山上本来有神灵。《水经注》:"洞庭之山,是多怪神,状如人,而载蛇。"

④王母台:神话中西王母住的瑶台。《山海经·西山经》:"玉山,是西王母所居也。"这里的王母台,当指玉山。

⑤主人当行觞:主人这里指的是西王母。当:正。行觞:劝酒。觞:古代酒器。

⑥坐者长寿遽何央:坐者指宾客。遽何央:怎么尽,指无尽。遽:助词。这句是主人对宾客的祝词。

⑦甫始:才开始。《汉铙歌》:"免甘星笿乐甫始。"《玉篇》曰:"甫,始也。"

⑧与天相守:和天共存。这是宾客回谢主人的祝辞。《董逃行》:"陛下长与天相保守。"

精　列

厥初生①，造化之陶物②，莫不有终期。莫不有终期。圣贤不能免，何为怀此忧③？愿螭龙之驾④，思想昆仑居。思想昆仑居。见期于迂怪⑤，志意在蓬莱。志意在蓬莱。周孔圣徂落⑥，会稽⑦以坟丘⑧。会稽以坟丘。陶陶⑨谁能度？君子以弗忧。年之暮奈何，时过时来微⑩。（《乐府诗集》卷二十六）

【题解】

《精列》是曹操游仙诗的代表作之一。关于"精列"一词的解释，存有两种意见：一种说法认为，"精"指人的精神灵气，古时认为这是人生命之所系。"列"同"裂"，分解。精气分解，就意味着人的衰老和死亡。另一种说法认为，《精列》是乐府曲名，而"精列"的本意是鸟名，即鹢鹆，俗称精卫鸟。

在这首诗中，曹操清楚地知道死亡是不可抗拒的自然规律，但又幻想求仙长寿，最后不得不把自己推进现实与愿望难以统一的矛盾中，发出"年之暮奈何，时过时来微"的慨叹，反映出他希望完成统一大业而又时不我待的悲哀。

【注释】

①厥初生：指有生物之初。《诗·大雅》："厥初生民，时维姜嫄。"

②造化：指天地自然。陶，本指匠人制作，这里用作动词，是创造的意思。《后汉书》：郅恽上书王莽曰："臣闻天地重其人，惜其物，故运机衡，垂

日月,含元包一,甄陶品类。"注:"甄也者,陶人旋转之轮也。言天地造化品物,如陶匠之成众品者也。"

③何为:为什么。此忧:为死忧伤。

④螭龙:指古代传说中的无角龙。《楚辞》:"驾两龙兮骖螭。"

⑤见期:希望看到。迁怪,昆仑山上长相怪异的神灵。《山海经·西山经》:"昆仑之丘,其神状,虎身而九尾,人面而虎爪,是多怪鸟兽。"《史记》:"驺衍乃深观阴阳消息,而作怪迂之变,《终始》《大圣》之篇,十余万言。"

⑥周孔圣:指周公和孔子两位圣人。徂落,死亡。《尚书》:"帝徂落。"《尔雅》:"徂落,死也。"

⑦会稽:山名,主峰在浙江绍兴东南。相传大禹东巡,大会诸侯于此,随后病死,就葬在这里。《史记》:"帝禹东巡狩,至于会稽而崩,因葬焉。"

⑧坟丘:指山陵。今会稽有禹陵。

⑨陶陶:漫长。《楚辞》:"冬夜兮陶陶。"这里指以往漫长的岁月。

⑩时过时来微:这句意思是年华已逝,来日无多,应该珍惜剩下的时光,完成未竟之业。时来微,谓来日无多。

【汇评】

清·朱嘉征:精列,感时也,不戚年往,所以弗忧,忧世不治,故以时过增叹。(《乐府广序》)

清·朱乾:列,分解也,言血肉之躯,终必散坏,虽周孔不免。今虽"见期迁怪""志意蓬莱",然"会稽坟丘",谁复能度,合前气出篇,言神气无时而亡,精血有时而坏,然则淮南之自刑,可曰兵解,魏武之七十二冢,可曰蝉蜕也。(《乐府正义》)

清·陈祚明:仙人不可得学,托之于不忧。当年暮之感,徘徊于心,"时过时来微",晚景之悲,造语不近。(《采菽堂诗集》)

度关山

天地间,人为贵。立君牧民①,为之轨则②。车辙马迹③,经纬四极④。黜陟幽明⑤,黎庶繁息。於铄⑥贤圣,总统邦域⑦。封建五爵⑧,井田⑨刑狱。有燔丹书⑩,无普赦赎⑪。皋陶甫侯⑫，何有失职？嗟哉后世，改制易律⑬。劳民为君，役赋其力。舜漆食器，畔者十国⑭，不及唐尧，采椽不斫⑮。世叹伯夷，欲以厉俗⑯。侈恶之大，俭为共德⑰。许由推让，岂有讼曲⑱？兼爱尚同⑲，疏者为戚⑳。（《乐府诗集》卷二十七）

【题解】

《度关山》是乐府旧题，其乐调属《相和歌辞·相和曲》。《乐府解题》曰："魏乐奏武帝辞，言人君当自勤苦，省方黜陟，省刑薄赋也。"

本篇是诗人表达自己政治理想和治国主张的诗歌。诗人三十岁任济南相时，采取了一些革新的措施，得罪了当地的豪强，不得不于公元 187 年辞官归乡。有学者认为，此诗大致写于此时。作者自述其治国之道，诗中肯定严明法度，宽厚爱民，反对奢侈，崇尚节俭。

【注释】

①牧民：治理百姓。《左传》：师旷曰："天生民而立之君，使司牧之，勿使失性。"

②轨则：法度、准则。《史记·律书》："王者制事立法，物度轨则，壹秉于六律。"

③车辙马迹：指君王巡游，车驾所到之处。辙，车轮轧的痕迹。《左传》："穆王欲肆其心，周行天下，将皆必有车辙马迹焉。"

④经：纵线，纬：横线。经纬，指道路，这里用作动词，是巡行的意思。四极，四方极远处。《尔雅》："东至于泰远，西至于邠国，南至于濮铅，北至于祝栗，谓之四极。"

⑤黜陟幽明：罢免品德不好的官吏，提升才能出众的人才。黜，贬退。陟，提升。幽明，人才的优与劣。《尚书·舜典》："三载考绩，三考黜陟幽明。"

⑥於：感叹词。铄，美好。《诗经·周颂》："於铄王师，遵养时晦。"

⑦总统：总管；邦域：国家。

⑧封建：封诸侯，建国家。五爵，指公、侯、伯、子、男五等爵位。《礼记》："王者之制爵禄，公侯伯子男，凡五等。"

⑨井田：周朝把土地划成"井"字形状，以便监督劳动和计算封地，叫作"井田"。《谷梁传》曰："古者三百步为里，名曰井田。井田者，九百亩，公田居一。"

⑩燔：焚烧。丹书，奴隶的卖身契，古代犯人没为奴隶，用红色书写契约，叫"丹书"。《左传》："斐豹，隶也，著于丹书。"杜注："犯罪没入官，丹书其罪也。"

⑪赦赎：免除刑罚和用钱赎罪。《尚书·吕刑》："墨辟疑赦，其罚百锾。劓辟疑赦，其罚惟倍。剕辟疑赦，其罚倍差。宫辟疑赦，其罚六百锾。大辟疑赦，其罚千锾。"

⑫皋陶：传说中远古时东夷族首领，为人大公无私，舜选拔他掌管刑法。甫侯，又作"吕侯"，周穆王时司寇（最高的司法官）。他制定的法律，叫作"吕刑"。他和皋陶都以执法严明著称。《史记·周本纪》"甫侯言于王，作修刑辟"，《礼记》《孝经》，皆作"甫刑"。

⑬改制易律：改变古代的制度和法律。《唐六典》："魏文侯师李悝，集诸国刑书，造《法经》六篇，商鞅传之，改法为律。"

⑭舜：传说中的古代部落联盟领袖，国号有虞氏，号称"虞舜"。食器，饮食用具。畔，通"叛"。《说苑·反质篇》："由余曰：臣闻尧有天下，饭于土簋，啜于土瓶，其地南至交趾，北至幽都，东西至日所出入，莫不宾服。尧释天下，舜受之，作为食器，斩木而裁之，销铜铁，修其刃，犹漆黑之以为器，诸侯侈，国之不服者十有三。"

⑮唐尧：传说中的古代部落联盟领袖，国号陶唐氏，史称"唐尧"。《韩非子·五蠹》："尧作天子，茅茨不剪（茅草屋顶，不加修整），采椽不斫。"采，原作"採"，栎木。椽，屋上承接瓦的木条。不斫，不经砍削。

⑯伯夷：商末孤竹君的长子，父死后与弟叔齐互让君位。商亡后，逃隐首阳山，誓不食周粟，采薇为食，后饿死。厉，同"砺"，劝勉。《孟子》："闻伯夷之风者，顽夫廉，懦夫有立志。"

⑰侈恶之大，俭为共德：出自《左传·庄公二十四年》："俭，德之共也；侈，恶之大也。"

⑱许由：据《史记·五帝本纪》记载，尧要把天下让给许由，他逃到箕山下，农耕而食，尧又请他做九州之长，他到颍水边洗耳，认为这是对他的玷污。讼曲：打官司、辨是非。

⑲兼爱尚同：这是战国时期思想家墨翟的主张，他提倡人要"兼相爱，

9

交相利",认为人与人讲究相爱,就不会彼此伤害;又主张天下百姓都必须服从天子的思想和意志。尚,通"上"。同,指"同一"或"统一"。

⑳疏者为戚:出自《孟子》:"将使卑踰尊,疏踰戚,可不慎与。"

【汇评】

唐·吴兢:曹魏乐奏武帝所赋"天地间,人为贵",言人君当自勤劳,省方黜陟,省刑薄赋也,若梁戴暠云"昔听陇头吟,平居已流涕",但叙征人行役之思焉。(《乐府古题要解》)

清·朱嘉征:思复盛王之治也,王者有改制,无变道,此其准欤。魏祖有立国规模,文帝嗣之,逸豫失德,美业不终,悲夫。(《乐府广序》)

清·朱乾:《度关山》,便想到陟方、巡狩、考侯、省农、正刑等事。而归本于俭,意在简省舆从资粮之费,可谓有志于民事者矣。故能艾刈群雄,几平海内,史称"操用法峻急,有犯必戮,或对之流涕,终无所赦。而雅性节俭,不好华丽",故于用刑持俭,独惓惓言之。(《乐府正义》)

清·陈祚明:莽莽有古气,"嗟哉"四句,造感慨然,末语便欲笼盖四海。"有燔丹书",言非功不赎。"舜漆食器"一段,言俭。"许由推让"句,不与人讼曲也,一以严毅行之。"兼爱尚同",正是虽亲者亦不假借耳,其造国之大概尽此矣。(《采菽堂古诗选》)

黄节:"有燔丹书,无普赦赎",谓宁焚丹书而废刑,无使赦赎而及于五刑,其意盖不足于五刑之赎也。(《魏武帝魏文帝诗注》)

薤露行

　　惟汉廿二世①,所任②诚不良。沐猴而冠带③,知小而谋强④。犹豫不敢断⑤,因狩执君王⑥。白虹为贯日⑦,己亦先受殃⑧。贼臣持国柄⑨,杀主灭宇京⑩。荡覆帝基业⑪,宗庙以燔丧⑫。播越西迁移,号泣而且行⑬。瞻彼洛城郭,微子为哀伤⑭。(《乐府诗集》卷二十七)

【题解】

《薤露行》或作《薤露》，属古乐府《相和歌·相和曲》，相传原是东齐地方(今山东东部)的歌谣，为出殡时挽枢的人所唱的挽歌，专以此曲送王公贵人出殡。这里曹操借古题写时事。薤，一种植物名，"薤露"是说人生短促，就像薤叶上的露水一样消失。

东汉中平六年(189)，汉灵帝死，少帝刘辩即位，何太后听政。太后的哥哥大将军何进谋诛宦官，何太后不许。何进召董卓入京，以胁迫太后。八月，宦官张让等杀死何进，劫持少帝出走小平津(今河南孟津县西北)。董卓入京后，废少帝，立献帝(刘协)，独揽大权，肆意残杀。初平元年(190)正月，东方州郡起兵讨伐董卓，董卓焚烧洛阳，胁迫天子、百官和百姓数百万口西迁长安。

曹操此诗用夹叙夹议的手法和高度概括的语句写明了当时发生的历史事件。建安元年(196)八月，曹操曾到洛阳，这首诗大致写于此时。

【注释】

①惟汉廿二世：惟，语助词，多用在一句话的开头。廿二世，这里指自汉高祖刘邦开始的汉朝第二十二代皇帝，即灵帝刘宏。

②所任：所任用的人，这里指外戚何进。《左传》："禄勋合亲，任良物官。"

③沐猴而冠带：沐猴，猕猴。《史记》："人言楚人沐猴而冠耳。"这里是嘲讽何进像穿戴着人的衣冠的猴子，缺乏智慧。

④知小而谋强：知，同"智"。谋强，策划大事，指诛杀宦官。《易》："德薄而位尊，知小而谋大。"

⑤犹豫不敢断：何进谋诛宦官，太后不从。他弟弟何苗受宦官贿赂，也加劝阻。当时，宦官曾到何进那里谢罪，袁绍劝他立即下手，但何进犹豫不决，失去了时机。《汉书·高帝纪》："诸吕老人，犹豫未有所决。"注："犹豫，二兽名，多疑，故借以为喻。"

⑥因狩执君王：狩，天子出外巡视。执，捕捉，这里是劫持的意思。何进被杀后，他的部下袁绍等入宫诛杀宦官，宦官张让挟少帝出走小平津。说"狩"是为天子隐讳。

⑦白虹为贯日：白虹，空中的白色云气。贯，穿过。《后汉书·五行志》注："虹贯日，天子命绝，大臣为祸。"又《后汉书·献帝纪》："初平元年二月，

白虹贯日。"这里指这年正月,董卓毒死被废为弘农王的少帝刘辩。

⑧己亦先受殃:指何进在少帝被害之前,先为宦官所杀。

⑨贼臣:指董卓。持国柄,把持国家政权。

⑩杀主灭宇京:杀主,指毒死少帝。灭宇京,指董卓入京后,放纵士兵任意烧杀,胁迫献帝西迁时,又放火烧毁洛阳。宇京,京城,指东汉首都洛阳。

⑪荡覆帝基业:荡覆,败坏。帝基业,指东汉王朝。

⑫宗庙以燔丧:宗庙,帝王的祖庙,古代把它看作政权的象征。燔丧,烧毁。

⑬播越西迁移,号泣而且行:播越,流离失所。且,通"徂",往、去。董卓胁迫献帝西迁,强迫洛阳附近数百万百姓同行,沿途死亡甚多,积尸盈路。

⑭瞻彼洛城郭,微子为哀伤:瞻,望。郭,外城,这里泛指洛阳城郊。《诗·小雅》:"瞻彼洛矣。"微子,殷纣王的哥哥。《史记·宋微子世家》:"其后箕子朝周,过故殷虚,感宫室毁坏,生禾黍,箕子伤之,欲哭则不可,欲泣为其近妇人,乃作麦秀之诗以歌咏之。其诗曰:'麦秀渐渐兮,禾黍油油。彼狡童兮,不与我好兮!'所谓狡童者,纣也。"这段话讲的是周武王灭殷以后,封箕子为诸侯,一次,箕子朝见武王,路过殷故都,看到宫室毁坏,长满了庄稼,十分悲痛,就作了《麦秀歌》,抒发对故国的哀思。《尚书大传》以此诗为微子所作。曹操用这个典故,自比微子,说明自己见到洛阳城被毁而悲哀。

【汇评】

明·钟惺:汉末实录,真诗史也。(《古诗归》)

清·沈德潜:此指何进召董卓事,汉末实录也。(《古诗源》)

清·朱嘉征:歌惟汉,闵乱也,高帝开基,光武再造,业何壮欤,乃溘焉朝露,公实伤之。(《乐府广序》)

清·陈祚明:老笔直断。禾黍之思,不须摹写,而悲感填胸。此第一高手。此首言何进、董卓。(《采菽堂诗集》)

清·方东树:魏武帝《薤露》,此用乐府题,叙汉末时事。所以然者,以所咏丧亡之哀,足当挽歌也。而《薤露》哀君,《蒿里》哀臣,亦有次第,前人未有言之者。此诗浩气奋迈,古直悲凉,音节词旨,雄深真朴。一起雄直高大，收悲痛哀远。"犹豫"句，结上"所任"，何进也。"因授执君王"，张让、段珪等也。"贼臣"，董卓也。读此知潘岳《关中》、谢瞻《张子房》之伤多而平弱。收二句，妙。莽苍悲凉，气盖一世。（《昭昧詹言》）

清·朱乾：前言何进犹豫不断，自贻害也；后言董卓弑逆，宗社丘墟也。（《乐府正义》）

清·张玉穀：此叹何进召董卓以致乱也。首二，就上任不良说起，直探乱源。"沐猴"六句，先叙何进召乱身死。"知小谋强，犹豫不断"，断案平允。珪等执君，本在进死后，此用倒叙法。"贼臣"六句，正叙董卓乱事。末二，结到感伤，重在帝业倾覆。（《古诗赏析》）

蒿里行

关东有义士^①，兴兵讨群凶^②。初期会盟津^③，乃心在咸阳^④。军合力不齐，踌躇而雁行^⑤。势利使人争，嗣还自相戕^⑥。淮南弟^⑦称号，刻玺于北方^⑧。铠甲生虮虱^⑨，万姓以死亡。白骨露于野，千里无鸡鸣。生民百遗一，念之断人肠。（《乐府诗集》卷二十七）

【题解】

《蒿里行》，或作《蒿里》，属古乐府《相和歌·相和曲》，同《薤露行》一样也是挽歌。崔豹《古今注》曰："《薤露》《蒿里》并丧歌也，田横自杀，门人伤之，并为悲歌，言人命如薤上之露，易晞灭也；亦谓人死魂魄归乎蒿里，故有二章。至李延年乃为二曲，《薤露》送王公贵人，《蒿里》送士大夫庶人，使挽柩者歌之，世呼为挽歌。"蒿里，古时称人死后魂魄的去处。

初平元年（190）正月，关东各州郡的地方官起兵讨伐董卓，推袁绍为盟主。但他们各怀异心，观望不前。不久，兖州刺史刘岱和东郡太守桥瑁，冀州牧韩馥和袁绍等人为了扩大自己的势力，互相火并，这就开始了长期的军阀混战，造成百姓的大量死亡和生产力的极大破坏。这首诗真实反映了这段历史，因此后人称它为"诗史"和"东汉实录"。

因诗中所叙之事到建安二年(197)为止,故此诗大约写于此后不久。

【注释】

①关东有义士:关东,函谷关(今河南灵宝市西南)以东,包括今河南、山东等地区。义士,指起兵讨伐董卓的关东州郡地方官。

②群凶:指董卓及其一伙。

③初期会盟津:盟津,即"孟津",古黄河渡口,在今河南孟州南。相传周武王伐纣,曾在此和诸侯会盟。这句是说讨伐董卓的军队要像盟津会师一样进兵。

④乃心在咸阳:乃心,他们的心。《尚书·康王之诰》:"虽尔身在外,乃心罔不在王室。"后称忠心国事为"乃心王室"。咸阳,今陕西省咸阳市东。当时献帝在董卓挟持下,西迁长安,和咸阳只隔一条渭水。这句是说起兵讨伐董卓的人忠心国事,志在复兴汉室。

⑤踌躇而雁行:踌躇,犹豫不前。雁行,飞雁成行。这句是说讨伐董卓的各路兵马畏缩不前,像雁行一样,排成一字,不敢先行。

⑥嗣还自相戕:嗣还,不久。戕,残杀。

⑦淮南弟:指袁术,袁绍的堂弟。袁术割据淮南(今安徽六安、巢湖地区,汉初为淮南国),于建安二年(197)在寿春(今安徽寿县)称帝。

⑧刻玺于北方:玺,皇帝的印。初平二年(191),袁绍和冀州牧韩馥谋立幽州牧刘虞为帝,并私刻金玺。由于曹操极力反对,刘虞本人也不情愿,才没有实现。北方,当时袁绍屯兵河内(今河南武陟县西南),所以称北方。

⑨铠甲生虮虱:铠甲,古代将士作战时穿的防护衣,金属制的叫铠,皮革制的叫甲。虮,虱子的卵。由于连年征战,将士铠甲不离身,所以生了虮虱。《韩非子》曰:"铠甲不坚者伤乎体。"《汉书·严安传》:"介胄生虮虱。"

【汇评】

明·谭元春:《薤露》《蒿里》,如此着想,如此寄意,翻尽从来拟古门户。(《古诗归》)

清·宋长白:竟陵《史怀》曰:"曹公《蒿里行》:'军合力不齐,踌躇而雁行。'正指诸侯攻董卓,持疑不进也。又曰:'势力使人争,嗣还自相戕。'则指刘岱、桥瑁、袁绍、公孙瓒相杀事也。大抵群雄举事,在初起手时,局面已定,落曹公眼中久矣。"余按:此诗全在"淮南弟称号"以下八句,即桓温谓王敦"可儿,可儿"之意。老瞒不自觉其捉鼻也。(《柳亭诗话》)

清·朱嘉征:《蒿里行》歌关东有义士,刺群雄失策,汉再乱也。(《乐府广序》)

清·朱乾:前言袁绍始虽倡义,终自相戕,后言袁术称帝,自取灭亡。(《乐府正义》)

清·方东树:此言为袁绍初意本在王室,至军合不齐,始与孙坚等相争,而绍弟术别自异心。"铠甲"以下,极言伤乱之惨,真朴雄阔,远大极矣。(《昭昧詹言》)

清·陈祚明:此咏关东诸侯。"军合"四句,足尽诸人心事。"白骨"四句,悲哀。笔下整严,老气无敌。(《采菽堂诗集》)

清·张玉榖:此叹二袁辈讨董卓,以不和滋变,乱益甚也。首四,就本初讨逆初心说起,欲抑先扬,作一开势。"军合"六句,转笔接叙当时诸路兵起,迟疑起衅,公路竟至僭号之事。"铠甲"四句,正写诸路兵乱之惨。末二,结到感伤,重在生灵涂炭。两章皆赋当时之事,而借此旧题,盖亦有故。《薤露》《蒿里》本送葬哀挽之辞,用以伤乱后丧亡,固无不可。且上章执君杀王,意重在上之人。下章万姓死亡,意重在下之人。又恰与《薤露》送王公贵人,《蒿里》送士大夫庶人,两相配合。勿徒以创格目之也。(《古诗赏析》)

对　酒

对酒歌,太平时,吏不呼门①。王者贤且明,宰相股肱皆忠良②。咸礼让,民无所争讼③。三年耕有九年储④,仓谷满盈。班白不负戴⑤。雨泽如此,百谷用成⑥。却走马,以粪其土田⑦。爵公侯伯子男,咸爱其民,以黜陟幽明。子养有若父与兄⑧。犯礼法,轻重随其刑⑨。路无拾遗⑩之私。圄圄⑪空虚,冬节不断⑫。人耄耋⑬,皆得以寿终。恩德广及草木昆虫⑭。(《乐府诗集》卷二十七)

【题解】

《对酒》属乐府《相和歌辞·相和曲》,《乐府解题》曰:"对酒歌太平,言王者德泽广被,政理人和,万物咸遂也。魏乐所奏。"诗人借用乐府诗题写时事,此篇与其《度关山》诗旨相同,抒写了诗人的政治理想。

这首诗描绘了一幅太平盛世的图景。在这个理想的社会里,君王、诸侯、官吏都像父兄对子弟一样爱护百姓;社会上,人们都讲礼让,没有争讼和犯罪;五谷丰登,人民殷富。诗人对理想社会的向往,折射出作者改变社会现状的决心和对建功立业的强烈渴望。

【注释】

①吏不呼门:指官吏、差役不到百姓家里催逼赋税。

②股肱:《尚书》:"元首明哉,股肱良哉。"股,大腿;肱,臂膊。本处喻指辅佐皇帝的大臣。

③咸:都。礼让,遵守礼法和谦让。争讼,因争夺引起的诉讼。

④三年耕有九年储:《礼记·王制》:"三年耕必有一年之食,九年耕必有三年食。"

⑤班白:即"斑白",指头发花白的老人。负戴:肩扛、头顶物品,这里泛指繁重的体力劳动。《孟子·梁惠王》:"斑白者不负戴于道路矣。"

⑥雨泽:雨水滋润。百谷,泛指一切粮食作物。用,因。成,丰收。《尚书》:"岁月日时无易,百谷用成。"

⑦却走马,以粪其土田:却,退。走马,跑得快的好马,这里指战马。粪,这里作动词,指运送肥料。《老子》:"天下有道,却走马以粪。"意思是,天下太平,好马退出战场,用来送粪和耕地了。

⑧子养有若父与兄:意思是诸侯、官吏像养育子弟那样爱护百姓。

⑨轻重随其刑:犯轻罪处轻刑、重罪处重刑。

⑩拾遗:捡拾遗失在路上的东西。

⑪囹圄:监狱。《汉书·董仲舒传》:"至于成康之隆,囹圄空虚,四十余年。"

⑫冬节不断:汉代最迟在冬天最后一个月处决犯人,到春天就不能处决了。断,处决犯人。《大戴礼》曰:"季冬听狱论刑者,所以正法。"谢承《后汉书》曰:"会稽盛吉为廷尉,每至冬节,罪囚当断,垂泣而决其罪。"此言囹圄空虚,即冬节论刑之时,亦无罪人可断。

⑬人耄耋：九十岁叫耄，八十岁叫耋。这里泛指人都长寿。

⑭恩德广及草木昆虫：《礼记》："孟春之月，禁止伐木，毋覆巢，毋杀孩虫，胎夭飞鸟，毋麛毋卵。"此所谓恩德广及草木昆虫也。

【汇评】

唐·吴兢：曹魏乐奏武帝所赋《对酒歌太平》，其旨言王者德泽广被，政理人和，万物咸遂。若梁范云《对酒心自足》，则言但当为乐，勿殉名自欺也。（《乐府古题要解》）

明·谢榛：汉高帝《大风歌》曰："安得猛士兮守四方。"后乃杀功臣。魏武帝《对酒歌》曰："耄耋皆得以寿终，恩泽广及草木昆虫。"坑流兵四十余万。魏文帝《猛虎行》曰："与君结新婚，托配于二仪。"甄后被谗而死。……予笔此数事，以为行不顾言之诫。（《四溟诗话》）

清·朱乾：魏武乐府，好为有道之言。不言文王周公，便言齐桓晋文；不言唐尧虞舜，便言许由伯夷。其意不过欲自粉饰为汉征西张本，留汤武太公为子丕做也。后人被其所欺，谓魏武才高，善翻用古题，独步建安。不知其处心积虑，实在于此。但其所翻用者，九变复贯，不离本宗。于见其才高，不似后人粘则胶柱调瑟，纵则飘蓬离根，二者胥失之矣。《对酒》歌太平，得乐民之乐意，不嫌假借。（《乐府正义》）

清·陈祚明：序述太平景象，极尽形容，须知反言之并以哀世也。（《采菽堂诗集》）

陌上桑

驾虹霓①，乘赤云，登彼九疑历玉门②。济天汉③，至昆仑④，见西王母谒东君⑤。交赤松⑥，及羡门⑦，受要秘道爱精神⑧。食芝英，饮醴泉⑨，柱杖桂枝⑩，佩秋兰⑪。绝人事⑫，游浑元⑬，若疾风⑭游欻⑮飘翩。景未移⑯，行数千，寿如南山不忘愆⑰。（《乐府诗集》卷二十八）

【题解】

《陌上桑》,属乐府《相和歌·相和曲》。崔豹《古今注》:"陌上桑者,出秦氏女子。秦氏邯郸人,有女名罗敷,为邑人千乘王仁妻。王仁后为赵王家令。罗敷出,采桑于陌上,赵王登台,见而悦之,因置酒欲夺焉。罗敷巧弹筝,乃作《陌上桑》之歌以自明,赵王乃止。"

《乐府解题》:"古辞言罗敷采桑,为使君所邀,盛夸其夫婿为侍中郎以拒之。"

本诗只是沿用这个题目,内容与古诗无关。曹操此篇希望通过邀游仙界,与神仙结交,来表达他追慕神仙、幻求长生的想法;同时又表现了诗人对人生无常的感慨。诗歌形式大体一致,即两个三言,一个七言。

【注释】

①虹霓:雨后天空出现的彩色圆弧,有红、橙、黄、绿、青、蓝、紫七色。常同时出现两个:红色在外,紫色在内,颜色鲜艳的叫"虹";紫色在外,红色在内,颜色较淡的叫"霓"。王褒《九怀》:"乘虹骖霓兮,载云变化。"

②登彼九疑历玉门:九疑,又作"九嶷"或"苍梧山",在今湖南宁远县南。据《史记》记载:"舜南巡,死于苍梧,葬在九疑山。"《汉书·武帝纪》注:"九疑山,半在苍梧,半在零陵。其山九峰,形势相似,故曰九疑山。"历,经过。玉门,关名,在今甘肃敦煌市西,为古代通往西方的重要关口。《后汉书·班超传》注:"玉门关,属敦煌郡,金沙州也,去长安三千六百里。"

③济天汉:济,渡。天汉,银河。《诗》:"维天有汉,监亦有光。"

④昆仑:古代神话中的西方神山。《离骚》:"邅吾道夫昆仑兮,路修远以周流。"

⑤见西王母谒东君:西王母,神话传说中的女神,居昆仑瑶池,为女仙之首。谒,拜见。东君,指东王公。道家认为,东华为男仙居住之处,东王公为男仙之首;西华为女仙居住之处,西王母为女仙之首。

⑥赤松:即赤松子,古代传说中的仙人,相传他是神农氏的雨师。

⑦羡门:羡门高,古代传说中的仙人。宋玉《高唐赋》:"有方之士,羡门高谿。"《史记·封禅书》:"宋毋忌、正伯侨、充尚、羡门子高皆燕人,为方仙道。"

⑧要秘道爱精神:要秘道,指成仙和养生之道。精神,指人体的精华、灵气。

⑨醴泉:甘美的泉水。《史记·大宛传》:"河出昆仑……上有醴泉瑶池。"

⑩拄杖桂枝:拄着桂枝手杖。《楚辞》:"结桂枝兮延伫。"

⑪佩秋兰:佩,带在身上。秋兰,香草,属菊科,高三四尺,秋天开淡蓝色小花,和属兰科的兰花不同。《离骚》:"纫秋兰以为佩。"

⑫人事:指功名利禄、饮食男女等世俗之事。绝人事,指排除人间俗务的干扰。

⑬浑元:大气,指大自然。班固《幽通赋》"浑元运物",李善注:"曹大家曰:浑,大也,元气运转也。"

⑭疾风:暴风。

⑮欻:吹动。

⑯景未移:形容时间很短。景,日光。

⑰寿如南山不忘愆:寿如南山,寿命像南山一样长久。《诗·小雅》:"如南山之寿。"不忘愆:不忘自己的过失。《诗·大雅》:"不愆不忘,率由旧章。"

【汇评】

清·朱嘉征:《陌上桑》歌"驾虹霓",魏宫夜宿歌也。季春之月,虹始见;夏月,天子乃驾赤骝,服赤玉,是月也,阴阳争,死生分,君子节者欲,定心气,以定晏阴之所成;夏小正,七月,汉案户,又迎秋也,爱精神、不忘愆,宜为房中夏秋之燕曲。(《乐府广序》)

清·陈祚明:"若疾风游",上句连下,句法变宕,语亦飘忽,笔古无侪言。(《采菽堂诗集》)

短歌行 二首

其一

对酒当歌①,人生几何?譬如朝露②,去日③苦多。慨当以慷④,忧思⑤难忘。何以解忧?唯有杜康⑥。青青子衿,悠悠我心⑦。但为君故,沉吟⑧至今。呦呦鹿鸣,食野之苹⑨。我有嘉宾，鼓瑟吹笙⑩。明明如月，何时可掇⑪？忧从中来，不可断绝。越陌度阡，枉用相存⑫。契阔谈䜩，心念旧恩⑬。月明星稀，乌鹊南飞。绕树三匝，何枝可依⑭？山不厌高，海不厌深⑮。周公吐哺，天下归心⑯。（《乐府诗集》卷三十）

【题解】

《短歌行》，乐府曲调名，属《相和歌·平调曲》，古辞已佚。崔豹《古今注》说："《长歌》《短歌》，言人寿命各有定分，不可妄求。"此说前人多非之。《乐府解题》云：按《古诗》"长歌正激烈"，魏文帝《燕歌行》"短歌微吟不能长"，晋傅玄《艳歌行》"咄来长歌续短歌"，盖歌声有长短，非言寿命也。

被收录在《乐府诗集》中曹操的《短歌行》共两首，其一首句为"对酒当歌"，从内容推断，这首诗写作时间当在赤壁之战以后。诗人在赤壁之战中虽遭失败，但不灰心，仍要招贤纳士，壮大力量，再图进取。其二首句是"周西伯昌"，在这首诗中，他大加赞扬周文王、齐桓公和晋文公，就是表示要像他们那样"以大事小""奉事周室"。黄节曰：魏武此题二篇，惟"对酒当歌"一篇有本辞，其意不尽言及时为乐，观篇末"周公吐哺，天下归心"语，则是与"周西伯昌"篇意同。

【注释】

①当歌：当，与"对"同义。

②朝露：比喻人生的短促。《汉书》：李陵谓苏武曰"人生如朝露"。

③去日：过去的岁月。

④慨当以慷："慷慨"的间隔用法，"当以"无实际意义。这句是指歌声慷慨激昂。

⑤忧思：这里指为吴、蜀未平而年岁已老引起的忧虑。

⑥何以解忧？唯有杜康：何以解忧，晋乐所奏作"何以解愁"。杜康，相传是最早造酒的人，这里作酒的代称。《毛诗》曰："微我无酒，以敖以游。"《博物志》曰："杜康作酒。"王著《与杜康绝交书》曰："康，字仲宁，或云黄帝时宰人，号酒泉太守。"《汉书》：东方朔曰："臣闻消忧者莫若酒也。"

⑦青青子衿，悠悠我心：衿，衣领。青衿，周代学生的服装。悠悠，长

久,形容思念不忘。《诗经·郑风》:"青青子衿,悠悠我心。纵我不往,子宁不嗣音?"写一个女子对情人的思念,并责其忘己。这里借以表示对贤才的思慕,并兼用"纵我"二句的含义,暗示自己与所思慕的人有故旧情谊,并含有"责其忘己"之意。可与下面"心念旧恩"相印证。

⑧沉吟:反复低声吟唱。《古诗》曰:"驰情整巾带,沉吟聊踯躅。"

⑨呦呦鹿鸣,食野之苹:呦呦,鹿的叫声。苹,艾蒿,鹿找到艾蒿就互相召唤发出呦呦的叫声。

⑩我有嘉宾,鼓瑟吹笙:嘉宾,尊贵的客人。瑟,古代的一种弦乐器。以上四句出自《诗经·小雅·鹿鸣》首章,意为殷勤接待。

⑪掇:拾取。《乐府诗集》作"辍",据《文选》改。"明明"四句晋乐所奏在"呦呦"句前,此下八句,晋乐所奏无。

⑫越陌度阡,枉用相存:陌,阡:都是田间小路。古谚说:"越陌度阡,更为客主。"意思是走过许多道路,互相拜访。枉,空。存,问候,拜望。《长门赋》曰:"孔雀集而相存。"

⑬契阔谈讌,心念旧恩:契阔,久别。《毛诗》曰:"死生契阔。"谈讌,谈心饮宴。旧恩,以前的交情。《汉书》曰:"张贺思念旧恩。"

⑭月明星稀,乌鹊南飞,绕树三匝,何枝可依:这四句写眼前景物,即景生情,从鸟择木而栖,想到贤才正择主而事,希望贤才来归,共建功业。

⑮山不厌高,海不厌深:这两句借山海作比,说明接纳贤才越多越好。《管子·形解》:"海不辞水,故能成其大;山不辞土,故能成其高;明主不厌人,故能成其众。"

⑯周公吐哺,天下归心:《乐府诗集》卷二十六"但为君故,沉吟至今"本辞无此八字,据晋乐所奏及《文选》补。周公,西周人,周武王之弟,姓姬名旦。相传他为了招纳人才,吃饭时常吐出正在咀嚼的食物来迎接到来的贤士。哺,咀嚼着的食物。《史记·鲁周公世家》载周公自谓:"我一沐三握发,一饭三吐哺,起以待士,犹恐失天下之贤。"曹操以周公自比,表示要热情而周到地接待愿意来辅助自己的贤才。归心,民心归附,引申为国家统一。

【汇评】

明·谢榛:有简而妙者,若刘桢"仰视白日光,皎皎高且悬",不如傅玄"日月光太清"。……亦有简而弗佳者,若鲍泉"夕鸟飞向月",不如曹孟德

"月明星稀，乌鹊南飞"。(《四溟诗话》)

明·王世贞：《垓下歌》，正不必以虞兮为嫌，悲壮呜咽，与《大风》各自描写帝王兴衰气象。千载而下，惟曹公"山不厌高""老骥伏枥"，司马仲达"天地开辟，日月重光"语，差可嗣响。(《艺苑卮言》)

明·胡应麟：东汉之末，猥杂甚矣。魏武雄才崛起，无论用兵，即其诗豪迈纵横，笼罩一世，岂非衰运人物。然亦时有诙谐，如"何以解忧，唯有杜康"等句，信类其为人也。(《诗薮》外编)

明·钟惺、谭元春：谭云：少小时读之，不觉其细；数年前读之，不觉其厚。至细，至厚，至奇。英雄骚雅，可以验后人心眼。钟云：四言至此，出脱《三百篇》殆尽。(《古诗归》)

明·吴淇：从来真英雄，虽极刻薄，亦定有几分吉凶与民同患意；思其与天下贤才交游，一定有一段缱绻体恤情怀。观魏武此作，及后《苦寒行》，何等深，何其真。所以当时豪杰，乐为之用，乐为之死。(《六朝选诗定论》卷五)

清·宋长白：曹公诗："忧从中来，不可断绝。"写出无限缠绵。张司空曰："前悲尚未弥，后感方复起。"是绝妙注脚。后人送别怀远诸诗，总不能出其范围。(《柳亭诗话》)

其二

周西伯昌①，怀此圣德。三分天下，而有其二②。修奉贡献，臣节不坠③。崇侯④谗之，是以拘系。一解。后见⑤赦原，赐之斧钺⑥，得使征伐。为仲尼所称⑦：达⑧及德行，犹奉事殷，论叙其美。二解。齐桓⑨之功，为霸之首。九合诸侯，一匡天下⑩。一匡天下，不以兵车⑪。正而不谲⑫，其德传称。三解。孔子所叹，并称夷吾⑬，民受其恩。赐与庙胙，命无下拜。小白不敢尔，天威在颜咫尺⑭。四解。晋文亦霸，躬奉天王⑮。受赐珪瓒，秬鬯彤弓，卢弓矢千，虎贲三百人⑯。五解。威服诸侯，师之者尊⑰。八方闻之，名亚⑱齐桓。河阳之会⑲，诈称周王，是其名纷葩⑳。六解。(《乐府诗集》卷三十)

【注释】

①周西伯昌:即周文王姬昌。殷纣王任命他为西伯,就是西方诸侯的首领。《史记·周本纪》:"公季卒,子昌立,是为西伯。"

②三分天下,而有其二:郑玄《诗谱》:"纣又命文王典治南国江汉汝坟(长江、汉水、汝水两岸)之诸侯,于是三分天下而有其二,以服事殷,故雍、梁、荆、豫、徐、扬之人,咸被其德而从之。"按,相传当时全国分为九州,文王控制六州,所以说三分天下而有其二。

③修奉贡献,臣节不坠:修,整治。臣节,做臣子的礼节、职分。

④崇侯:殷代崇国(在今陕西西安市沣水北岸)诸侯,名虎。据《史记·周本纪》记载:崇侯虎在殷纣面前说文王积善修德,诸侯都归附于他,将不利于纣王。于是纣王把文王囚在羑里(今河南汤阴)。《史记·周本纪》:"崇侯虎谮西伯于殷纣曰:'西伯积善累德,诸侯皆向之,将不利于帝。'纣乃囚西伯于羑里。"

⑤见:被。

⑥赐之斧钺:钺,大斧。天子赐给斧钺,表示授予征伐和杀人的权力。据《史记》记载:文王被囚,他的部下拿美女、好马等献给纣王,纣王就赦免了他,并赐给他斧钺。

⑦为仲尼所称:仲尼,孔丘的字。称,赞扬。《论语·泰伯》:"三分天下而有其二,以服事殷,周之德可谓至德也已矣。"曹操借用其意,表明自己尊奉汉室。

⑧达:指地位尊显。

⑨齐桓:齐桓公,姓姜,名小白。他任用管仲改革政治,使国家富强。他又以"尊王攘夷"相号召,多次会盟诸侯,成为春秋时的五霸之首。

⑩九合诸侯,一匡天下:九合诸侯,多次召集诸侯会盟。九,指多次。匡,矫正,指纠正诸侯互相兼并争战的局面。《论语》:"管仲相桓公,霸诸侯,一匡天下,民到于今受其赐。"

⑪不以兵车:指不通过战争或武力威胁。《论语》:"桓公九合诸侯,不以兵车,管仲之力也。"

⑫正而不谲:意思是正派而不欺骗。谲,诡诈,欺骗。《论语·宪问》:"晋文公谲而不正,齐桓公正而不谲。"

⑬孔子所叹,并称夷吾:叹,赞美。夷吾,管仲,名夷吾,字仲,颍上人,

春秋初期的政治家。齐桓公用他为卿，在齐国实行改革，富国强兵，使齐桓公成为春秋五霸之首。《论语·宪问》："桓公九合诸侯，不以兵车，管仲之力也。"

⑭赐与庙胙，命无下拜。小白不敢尔，天威在颜咫尺：庙胙，祭祀用的肉。小白，齐桓公的名。尔，这样。天威，天子的威严。颜，面前。咫尺，指距离很近。咫，八寸。据《左传·僖公九年》记载：周襄王派宰孔赐给桓公祭肉和其他物品，并说桓公年老，不让他到堂下拜谢。管仲认为不合礼节。桓公说："天威不违颜咫尺，小白余敢贪天子之命，无下拜。"于是下堂拜谢后才接受物品。

⑮晋文亦霸，躬奉天王：晋文，指晋文公，姓姬，名重耳。曾出亡十九年，后回国做了晋君。他以"尊王"相号召，又大胜楚军，继齐桓公之后成为诸侯霸主。躬奉，亲自侍奉。天王，指周天子。

⑯受赐珪瓒，秬鬯彤弓，卢弓矢千，虎贲三百人：珪瓒，用玉作柄的像勺一样的器物，祭祀用来舀酒。秬鬯，用黑黍和香草作的，用于祭祀的酒。彤，红色。卢，黑色。虎贲，武士，天子的警卫人员。据《左传·僖公二十八年》记载：晋文公打败楚国，把俘虏献给天子，以表示对天子的尊奉和忠诚。周天子命他做伯，并赐给珪瓒等物品。

⑰师之者尊：学习晋文公尊奉周室的得到诸侯的推崇。

⑱亚：次于。

⑲河阳之会：据《左传·僖公二十八年》记载：这年冬天，晋文公在河阳(今河南孟州西)会盟，召请周天子参加。但以臣召君是不合礼法的，于是让天子假装到河阳打猎，遇上诸侯会盟而参加会议。因为这是用欺骗的办法，假借天子的名义，所以说"诈称周王"。

⑳纷葩：缤纷，这里指议论纷纷。马融《长笛赋》："纷葩烂漫。"

【汇评】

明·胡应麟：其一亦四言，首言西伯，次齐桓，又次言晋文，则终篇皆挟天子令诸侯，三分天下之意，而犹以"尊王攘寇，臣节不赘"为盛德。噫！孟德之心，不待分香履而后见矣。(《诗薮》内编)

清·陈祚明：情见乎辞，语气高古。其押韵必有法。云"诈称"，盖谓吾知之矣，道在是矣。(《采菽堂诗集》)

清·朱乾：建安二十四年，曹操表孙权为荆州牧，封南昌侯。权上书称臣于操，称说天命，操以示外曰："是儿欲踞吾着炉火上邪！"陈群等皆曰："汉祚已终，宜正大位。"操曰："若天命在吾，吾为周文王矣。"此诗意也。尹起莘曰：操十八年自立为魏公，加九锡，建社稷宗庙，置尚书等官。次年，进位诸侯王上。二十一年，进爵为王。二十二年，遂用天子车服，出入警跸，已全用天子之制矣。使操不死，则废帝为山阳公，岂待出于五官将之手。操躬自篡汉之实，昭昭若此，其奸诈之心，果可以欺天下后世乎？（《乐府正义》）

苦寒行

　　北上太行山①，艰哉何巍巍②！羊肠坂诘屈③，车轮为之摧④。树木何萧瑟⑤！北风声正悲。熊罴⑥对我蹲，虎豹夹路啼。溪谷少人民⑦，雪落何霏霏⑧！延颈⑨长叹息，远行多所怀。我心何怫郁⑩？思欲一东归⑪。水深桥梁绝，中路正徘徊。迷惑失故路，薄暮无宿栖。行行日已远，人马同时饥。担囊行取薪，斧冰持作糜⑫。悲彼东山诗，悠悠令我哀⑬。（《乐府诗集》卷三十三）

【题解】

　　《苦寒行》属汉乐府《相和歌·清调曲》。《乐府解题》："晋乐奏魏武帝《北上篇》，备言冰雪溪谷之苦。其后或谓之《北上行》，盖因武帝辞而拟之也。"曹操借旧题写时事，反映严寒时节在太行山中行军的艰辛，是传诵的名篇，故被《文选》辑录，列入卷二十七乐府类。

　　建安九年(204)曹操夺取冀州以后，袁绍的外甥、并州刺史高幹投降曹操，曹操仍让他做并州刺史。建安十年，他听说曹操将北征乌丸，于是乘机叛变，据守壶关。建安十一年正月，曹操自邺城北上太行山，征讨高幹。这首诗可能写于行军途中。诗中描写苦寒行军的艰苦和自己的感慨，表现了曹操不得已而用兵的思想，从侧面反映了他削平割据、实现统一的愿望。

【注释】

①北上太行山：太行山，起自河南济源市，北入山西，再经河南，入河北。曹操自邺(今河北临漳县西南)入太行山，攻高幹拒守的壶关(今山西长治市东南)，所以说"北上"。

②何巍巍：何，多么。巍巍，高耸的样子。《吕氏春秋》曰："天地之间，上有九山。何谓九山？曰太行羊肠。"高诱曰："太行山，在河内野王县北也。"

③羊肠坂诘屈：羊肠坂，地名，在今山西长治县东南。诘屈，盘旋曲折。

④摧：损坏、折断。

⑤萧瑟：秋风吹动树木的声音。

⑥罴：一种大熊。

⑦溪谷少人民：溪谷，山中低洼有水处，是山中居民集中的地方。这句诗表明山中居民十分稀少。

⑧霏霏：雪下得很大的样子。《诗经》："雨雪霏霏。"

⑨延颈：伸长脖颈，眺望远方。《吕氏春秋》："天下莫不延颈举踵也。"

⑩怫郁：愁闷。《楚辞》："怫郁兮不陈。"

⑪东归：回师东方。曹操自邺向西进军，所以说"东归"。

⑫斧冰持作糜：斧，作动词，是凿开的意思。糜，稀饭。

⑬东山：《诗经》篇名，相传周公东征，战士离乡三年，在回来的路上，战士思念家乡而写的一首诗。悠悠，思念深长的样子。这句表现作者同情长期征战的将士，渴望结束战争，实现统一的心情，也含有以周公自比之意。

【汇评】

唐·吴兢：晋乐奏魏武帝"北上太行山"，备言冰雪溪谷之苦，或谓《北上行》。盖因魏武帝作此词，今人效之。(《乐府古题要解》)

元·刘履：此盖武帝屯兵河内时，登陟太行遇天寒而赋之也。首言道路之艰险，次叙景物之变异，因叹吾行旅日远，思欲一归而不可得。末又念及征夫劳苦，迫于饥寒而不得休息也。(《选诗补注》)

清·王尧衢：此诗盖孟德屯兵于外，正值苦寒而作。前半言山溪之险也……后半言行客之苦。(《古唐诗合解》)

清·方东树:《苦寒行》不过从军之作,而取境阔远,写景叙情,苍凉悲壮,用笔沉郁顿挫,比之《小雅》,更促数嘶杀。后来杜公往往学之。大约武帝诗沉郁直朴,气真而逐层顿断,不一顺平放,时时提笔换气换势;寻其意绪,无不明白;玩其笔势文法,凝重屈蟠;诵之令人满意。后惟杜公有之。可谓千古诗人第一之祖。(《昭昧詹言》)

清·陈祚明:写征人之苦,淋漓尽情。笔调高古,正非子桓兄弟所能及。(《采菽堂诗集》)

秋胡行 二首

其一

晨上散关山①,此道当何难②!晨上散关山,此道当何难!牛顿③不起,车堕谷间。坐磐石④之上,弹五弦之琴⑤。作为清角⑥韵,意中迷烦。歌以言志⑦,晨上散关山。一解。有何三老公⑧,卒⑨来我身旁?有何三老公,卒来我身旁?负揜被裘⑩,似非恒人。谓卿云何困苦以自怨,徨徨⑪所欲,来到此间?歌以言志,有何三老公?二解。我居昆仑山,所谓者真人⑫。我居昆仑山,所谓者真人。道深有可得。名山历观,遨游八极,枕石漱流饮泉⑬。沉吟不决,遂上升天。歌以言志,我居昆仑山。三解。去去不可追,长恨相牵攀⑭。去去不可追,长恨相牵攀。夜夜安得寐,惆怅以自怜。正而不谲,辞赋依因⑮。经传所过⑯,西来所传⑰。歌以言志,去去不可追。四解。

【题解】

《秋胡行》,乐府诗题,按题意是写鲁国男子秋胡戏妻的故事,夸奖秋胡妻坚贞的情操,属《相和歌·清调曲》。据《魏志·武帝纪》:"建安二十年(215)三月,公(即曹操)西征张鲁,至陈仓。夏四月,公自陈仓,以出散关。"

《秋胡行》当写于这个时候。这时，曹操已经六十一岁。三国鼎立之势已经形成，使他感到实现统一的艰难，因而"意中迷烦"，忽而进入仙境，忽而又回到人间，反映了他欲求不得、欲罢不能的复杂矛盾的心情。

第一首写他遇到仙人，由于"沉吟不决"，仙人远去。延长寿命，统一国家的愿望既难以实现，于是只有像齐桓公那样，任用宁戚那样的贤才，来完成西伐的事业。

第二首写他"思得神药"，延长寿命，好实现统一。可是诗人又清楚地知道，这可能成为幻想，因而又以"戚戚欲何念，欢笑意所之"来自我宽慰。但是这种消极思想毕竟同诗人"壮心不已"的进取精神不相容，因而最后又以"泛泛放逸，亦同何为"做了断然否定。

【注释】

①散关山：在今陕西宝鸡市西南。关在岭上，叫"大散关"，为秦蜀往来要道。《魏志》："建安二十年三月，公西征张鲁，至陈仓，夏四月，公自陈仓，以出散关。"《读史方舆纪要》："散关，在凤翔府宝鸡县西南五十二里。汉中府凤县东北百二十五里有大散岭，置关岭上，亦曰大散关，为秦蜀之咽喉。南山自蓝田而西，至此方尽。又西则陇首突起，汧渭萦流。关当山川之会，扼南北之交。北不得此，无以启梁益，南不得此，无以图关中。盖自禹迹已来，散关恒为孔道矣。"

②当何难：该多么艰难。

③顿：因极度疲困而倒在地上。《释名》："顿，僵也。"

④磐石：大石块。《穆天子传》："天子北征，至于胡，觞天子于磐石之上。"曹操西征张鲁，借喻自己代表天子，以伐有罪。

⑤五弦之琴：古乐器名，有五根弦。《礼记·乐记》："舜作五弦琴，以歌《南风》。"《南风》歌词是："南风之熏兮，可以解吾民之愠兮！南风之时兮，可以阜吾民之财兮！"这里可能借弹五弦琴，暗喻忧心国事。

⑥清角：古曲调名，声调凄清，相传为黄帝所作。《韩非子·十过》上说：晋平公问师旷："声调中没有比清征更悲的了吗？"师旷说："清征赶不上清角。"晋平公要师旷奏清角，他说："今主君德薄，不足听之。听之恐将有败。"平公坚持要听，师旷不得已才为他演奏。结果，刮起了大风，下了大雨，连帷幕都刮裂了。后晋国大旱，赤地三年。这里，曹操有以有德者自比之意。

⑦歌以言志：用诗歌表达心意。《尚书·舜典》："诗言志，歌永言。"这句为配乐演唱时所加，与正文无关。

⑧三老公：指三位神仙。《史记》："汉王南渡平阴津，至洛阳，新城三老董公，遮说汉王。"

⑨卒：同"猝"，"突然"的意思。

⑩负挶被裘：挶，古代皮衣外面的罩衣，即裼衣。《礼记》："君衣狐白裘，锦衣以裼之。"古代服制，皮衣外面都加罩衣。被，同"披"。

⑪徨徨：同"惶惶"，心神不安的样子。

⑫真人：仙人。《文子》曰："得天地之道，故谓之真人也。"

⑬枕石漱流饮泉：指脱离人间、不食人间烟火的神仙生活。

⑭牵攀：指为人间俗务缠绕。意谓作者不能忘情于自己的功业。

⑮正而不谲，辞赋依因：正而不谲，出自《论语·宪问》："齐桓公正而不谲。"谲，欺骗、诡诈。辞赋依因，指凭借唱歌，使君王发现自己。

⑯经传所过：过，已往。指经传所记载的往事。

⑰西来所传：《史记·太公世家》："桓公称曰：'寡人西伐大夏，涉流沙，束马悬车，登太行，至卑耳山而还。'"曹操以桓公西伐大夏，比喻自己西征张鲁。

【汇评】

明·王夫之：当其始唱，不谋其中，言之已中，不知所毕，已毕之余，波澜合一，然后知始以此始，中以此中，此古人天文斐蔚夭矫引申之妙。盖意伏象外，随所至而与俱流，虽令寻行墨者，不测其绪。要非如苏子瞻所云"行云流水，初无定质"也。惟有定质，故可无定文，质既无定，则不得不以钩锁映带起伏间架为画地之劳矣。（《船山古诗评选》）

其二

愿登泰华山，神人共远游。愿登泰华山，神人共远游。经历昆仑山，到蓬莱。飘飘八极，与神人俱。思得神药，万岁为期。歌以言志，愿登泰华山。一解。天地何长久①！人道居之短②。天地何长久！人道居之短。世言伯阳③，殊④不知老；赤松王乔⑤，亦云得道。得之未闻，庶以寿考⑥。歌以言志，天地何长久！二解。明明日月光，何所不光昭⑦！明

29

明日月光,何所不光昭!二仪合圣化⑧,贵者独人不⑨?万国率土,莫非王臣⑩。仁义为名⑪,礼乐为荣⑫。歌以言志,明明日月光。三解。四时更逝去,昼夜以成岁⑬。四时更逝去,昼夜以成岁。大人先天而天弗违⑭。不戚年往,忧世不治。存亡有命,虑之为蚩⑮。歌以言志,四时更逝去。四解。戚戚欲何念!欢笑意所之⑯。戚戚欲何念!欢笑意所之。壮盛智慧,殊不再来。爱时进趣,将以惠谁?汎汎放逸⑰,亦同何为!歌以言志,戚戚欲何念!五解。(《乐府诗集》卷三十六)

【注释】

①天地何长久:《老子》:"天长地久,天地所以能长且久者,以其不自生,故能长生。"

②人道:人生。居:停留。

③伯阳:老子的字。见《史记·老庄申韩列传》。老子姓李,名耳,楚国苦县(今河南鹿邑县东)人,曾任周朝史官,为道家学派的创始人。

④殊:极,绝,这里是"根本"的意思。

⑤赤松:即赤松子,古代传说中的仙人。王乔,古代传说中的仙人。

⑥庶:也许,差不多。寿考:长寿。考,老。

⑦明明日月光,何所不光昭:这句话是指日月光辉普照。明明,《毛诗》:"明明上天,照临下土。"昭,光明。

⑧二仪:指天地。圣化:化育万物。《易》曰:"夫大人者,与天地合其德。"

⑨贵者独人不:独,岂,难道。不,同"否"。这句和《度关山》中"天地间,人为贵"的思想是一致的。《孝经》:"天地之性,人为贵。"

⑩万国率土,莫非王臣:《诗·小雅·北山》:"普天之下,莫非王土;率土之滨,莫非王臣。"

⑪仁义为名:以施行仁义作为自己的职责。名,名分,即本分,职分。

⑫礼乐为荣:以制礼作乐(建立封建国家的典章制度)为光荣。

⑬四时更逝去,昼夜以成岁:四季交替往还,昼夜推移合成一年。

《书》："期三百有六旬有六日，以闰月定四时，成岁。"

⑭大人先天而天弗违：大人，有德行的人。先天，先于天，有预见性。而天弗违，然而却没有违背天道。语出《易·乾·文言》："大人者，与天地合其德……先天而天弗违，后天而奉天时。"

⑮蚩：无知之貌。

⑯意所之：随自己心意。

⑰汎汎放逸：汎汎，同"泛泛"，漂浮，放任。放逸，放纵享乐。

【汇评】

明·杨慎：曹孟德乐府，如《苦寒行》《猛虎行》《短歌行》，脍炙人口久矣，其稀僻罕传者，若"不戚年往，忧世不治。存亡有命，虑之为蚩"。又云"壮盛智慧，殊不再来，爱时进趣，将以惠谁"，不特句法高迈，而识趣近于有道，可谓文奸也已。（《升庵诗话》）

明·钟惺、谭元春：钟云：老瞒生汉末，无坐而臣人之理，然其发念起手，亦自以仁人忠臣自负，不肯便认作奸雄。如"不戚年往，忧世不治"，亦是真心真话，不得概以"奸"之一字抹杀之。谭云：总是大胸襟，原与奸不相妨。龌龊无关系人，亦奸不得。（《古诗归》）

清·陈祚明：孟德天分甚高，因缘所至，成此功业。疑畏之念，既阻于中怀，性命之理，未达于究竟。游仙远想，实系思心。人生本可超然，上智定怀此愿。但沉吟不决，终恋世途。沦陷之端，多因是故。及其胥堕，下鬼茫茫。介在几希，深可悯轸。进趣谁惠，于己何欢。再世膺图，忽焉已往。孟德非不慨然，而位居骑虎，势近黏天。入世出世，不能自割。累形歌咏，并出至情。（《采菽堂诗集》）

善哉行 三首

其一

古公亶甫，积德垂仁①。思弘一道②，哲王于豳③。一解。太伯仲雍④，王德之仁。行施百世，断发文身⑤。二解。伯夷叔齐⑥，古之遗贤。让国不用，饿殂首山⑦。三解。智哉山甫，相彼宣王⑧。何用杜伯，累我圣贤⑨。四解。齐桓之霸，赖得仲父⑩。后任竖刁，虫流出户⑪。五解。晏子平仲，积德兼仁⑫。与世沉德，未必思命⑬。六解。仲尼之世，王国为君⑭。随制饮酒⑮，扬波使官⑯。七解。（《乐府诗集》卷三十六）

【题解】

《善哉行》，乐府旧题，属《相和歌·瑟调曲》。《乐府解题》曰："古辞云，来日大难，口燥唇干，言人命不可保，当见亲友，且永长年术，与王乔八公游焉。"郭茂倩《乐府诗集》曰："善哉者，盖叹美人之辞也。"

《善哉行》第一首歌咏古事，表明曹操赞扬奠定周朝基业的古公亶父和让国的太伯、仲雍、伯夷、叔齐，以表明自己尊奉汉室和谦让的政治态度。对周宣王、齐桓公后来不能用贤，造成身亡政乱的教训，则引以为鉴戒。对晏婴的守正不屈加以赞美。表现了他平乱安邦的政治抱负。对孔丘的赞扬使臣（管仲），有暗示他是尊崇汉室的意思。

【注释】

①古公亶甫，积德垂仁：古公亶甫，周文王的祖父。"古公"是他的称号，后来被尊为"太公"。《史记·周本纪》中说他对百姓仁厚，后被西方少数民族熏育攻伐，就迁到岐下（今陕西岐山县东北）。百姓扶老携幼，去归附他。"积德垂仁"即指此而言。

②思弘一道：弘，发扬光大。一道，指仁政。《汉书·董仲舒传》："是以禹继舜，舜继尧，三圣相受，而守一道。"《史记·周本纪》："公刘复修后稷之业，古公亶父复修后稷、公刘之业。"这里指古公亶父发扬他祖先后稷、公刘的事业，继承他们发展农业生产，施行"仁政"的治国办法。

③豳：地名，今陕西彬县一带。

④太伯仲雍：太伯、仲雍，指古公亶甫的长子和次子。古公亶父想立少子季历，使季历传位给孙子姬昌（周文王），但按惯例应采取嫡长子继承制，太伯、仲雍为了让位，就避居南方，故称其"王德之仁"。事见《史记·周本纪》。《论语》："泰伯其可谓至德业已矣。"

⑤断发文身：截短头发，身上刺花纹。这是古代荆蛮地方少数民族的习俗。

⑥伯夷叔齐:商末孤竹君的儿子,兄弟二人互让君位。商亡后,逃逸首阳山,誓不食周粟,采薇而食,后饿死。事见《史记·伯夷列传》。

⑦饿殂首山:殂,死。首山,首阳山,在今山西运城市南。

⑧智哉山甫,相彼宣王:山甫,仲山甫,周宣王时大臣。西周经过周厉王时的变乱而衰弱,仲山甫辅佐周宣王革新政治,使诸侯王尊重周王室,史称"中兴"。相,辅佐。《诗·大雅·丞民》:"肃肃王命,仲山甫将至。邦国若否,仲山甫明之。既明且哲,以保其身。夙夜匪解,以事一人。"《毛传》曰:"美宣王也,任贤使能,周室中兴焉。仲山甫,樊侯也。"

⑨何用杜伯,累我圣贤:杜伯,周宣王臣,无罪被杀。用,因为。累,连累。圣贤,圣君贤相,这里指周宣王和仲山甫。

⑩齐桓之霸,赖得仲父:齐桓,即齐桓公,姜姓,名小白,桓公是其谥号,齐襄公弟。齐襄公被杀后,齐桓公从莒国回国取得政权,任用管仲进行改革。以"尊王攘夷"相号召,九合诸侯,一匡天下,成为春秋时五霸之首。仲父,即管仲,名夷吾,由鲍叔牙推荐,被齐桓公任命为卿,尊称"仲父"。

⑪后任竖刁,虫流出户:管仲死后,桓公不听管仲遗言,任用竖刁等坏人,朝政日益混乱。桓公死后,他的五个儿子争位相攻,尸体六十七天无人收敛。以致尸体腐烂,蛆虫爬出了门外。事见《史记·齐太公世家》。竖刁,齐桓公宠信的宦官。

⑫晏子平仲,积德兼仁:晏子,即晏婴,字平仲。春秋时齐国大夫,曾任灵公、庄公、景公三代的大臣。积德兼仁,指晏子崇尚节俭,言行高尚。他听说被囚禁的越石父很有才能,就解左骖(左边驾车的马)为他赎罪,即"积德兼仁"。

⑬与世沉德,未必思命:与,从,任随。沉德,潜德。齐庄公和他的大臣崔杼的妻子通奸,被崔杼杀死。崔杼要晏子顺从他,晏子守正不屈。《史记·管晏列传》说晏子"国有道,即顺命;国无道,即衡(抗拒)命"。

⑭仲尼之世,王国为君:仲尼,孔丘的字,他生在春秋末年,当时诸侯强大,王室衰微,周天子实际上和诸侯等同。王国,周朝王室。君,列国之君,指诸侯。这句话意思是,孔丘时代,王室衰微,等同诸侯。

⑮随制饮酒:《论语·乡党》:"唯酒无量。"意为:只有喝酒没有定量,因个人酒量不同。制,限制,当指酒量。

⑯扬波使官:扬波,当作"扬彼"。据《左传·僖公十二年》,齐桓公派管仲出使到周,周王用上卿礼接待他,他只受下卿礼,君子称赞他的谦让。这

里君子指孔丘。

清·朱乾：此篇隐然以太王肇基王迹自居，以太伯仲雍伯夷叔齐让国为法。而责山甫管仲之不能任贤，平仲之不能讨贼，末以孔子之进退随时结之，皆非第二等人语也。(《乐府正义》)

黄节：秬堂以"惟酒无量"，释"随制饮酒"，以"尝为委吏"，释"扬波使官"，谓扬波即浮沉也，此释未见典确。责平仲之不能讨贼，以语气寻之，亦恐未是。《魏志》："董卓废帝为弘农王，而立献帝，京都大乱。卓表太祖为骁骑校尉，欲与计事。太祖乃变易姓名，间行东归。出关，过中牟，为亭长所疑，执诣县。邑中或窃识之，为请，得解。"此与平仲遇崔杼之乱相向，盖以自比也。山甫管仲，不能任贤，即《薤露》篇意，末引仲尼春秋之义，示尊王也。(《魏武帝文帝诗注》)

其二

自惜身薄祜①，夙贱罹孤苦②。既无三徙教③，不闻过庭语④。一解。其穷如抽裂⑤，自以思所怙⑥。虽怀一介志⑦，是时其能与⑧！二解。守穷者贫贱，惋叹⑨泪如雨。泣涕于悲夫⑩，乞活安能睹？三解。我愿于天穷⑪，琅邪倾侧左⑫。虽欲竭忠诚，欣公归其楚⑬。四解。快人由为叹⑭，抱情不得叙⑮。显行天教人⑯，谁知莫不绪⑰。五解。我愿何时遂？此叹亦难处。今我将何照于光曜？释衔不如雨⑱。六解。(《乐府诗集》卷三十六)

【题解】

《善哉行》第二首，前三解自述孤苦的身世和困难遭遇，后三解抒发他对父亲惨死的悲痛和迎天子后的苦闷，表现他壮志难酬、不能及时建功立业的愤慨。

【注释】

①祜：福。

②夙贱罹孤苦：夙，旧，平素。罹，遭遇。

③三徙教:典故见《列女传》。孟轲的母亲为了教育孟轲,曾三次搬家,选择邻居。最后定居在学宫附近,使陈设祭器,学习礼仪。这里指母教。徙,迁移。

④过庭语:见《论语·季氏》,孔丘的儿子孔鲤从庭院里走过,孔丘要他读《诗》、读《礼》。这里指父教。

⑤抽裂:抽肠裂肤,形容十分痛苦。

⑥怙:依靠,这里指父亲。《诗·小雅》:"无父何怙,无母何恃。"

⑦一介志:很小的愿望。曹操青年时代"欲为一郡守,好作政教以建立名誉"(《让县自明本志令》),但因受豪强排挤,被迫辞官回家。介,同"芥",比喻极小的东西。

⑧是时其能与:与,从。这句是说不能从愿。

⑨惋叹:叹息。《乐府诗集》作"惋欢",据《宋书·乐志》改。

⑩于悲夫:于、悲夫,都是叹词。

⑪天穷:当作"天穹",即苍天。

⑫琅邪倾侧左:琅邪,山名,在今山东诸城东南。左,东方。这句是指曹操的父亲曹嵩的死。董卓之乱,曹嵩避乱琅邪(这里当指琅邪国,治所在开阳,今山东临沂南),被徐州刺史陶谦的部下所杀。这里用琅邪山的崩倒,比喻父亲的死。

⑬欣公归其楚:指献帝还洛阳。初平元年(190),董卓胁迫献帝迁都长安。兴平二年(195),董承等护献帝东迁,建安元年(196)七月至洛阳。《春秋·襄公二十九年》:"公至自楚。"欣,喜欢。其,助词。

⑭快人由为叹:快人,使人欣喜。指天子还洛阳。由,同"犹"。为叹,为之叹息。

⑮抱情不得叙:指不得向天子表达自己的忠诚。据《魏志·武帝纪》,建安元年,曹操派曹洪西迎天子,献帝由于受杨奉、韩暹挟持,曹洪又被董承、袁术所拒,所以曹操不能迎天子来表达自己的忠心。

⑯显行天教人:显行,大德行,这里指建功立业。天教人,用天子的政令教化万民。这里指实现自己的政治抱负。

⑰谁知莫不绪:绪,残,引申为失败。这句是说迎天子、实现自己政治抱负的愿望没有实现。

⑱释衔不如雨:释衔,解除所含之忧。《诗·小雅》曰:"出则衔恤。"衔,含。恤,忧。不如雨,意为雨有停时,而忧无尽期。

35

清·朱嘉征:《善哉行》歌自惜,王业为艰,诏后王也。英雄失路,自叙却真,不真不成英雄。(《乐府广序》)

清·朱乾:内痛父死,外悲君难。君父至情,忠孝至性,安得疑其有伪。只是初心不守,夺于利欲,后遂无所不至耳。故圣贤因忧患而德性固,奸雄因忧患而机械深,此周召操莽之分,而王道之必本于诚意也。(《乐府正义》)

其三

朝日乐相乐,酣①饮不知醉。悲弦激新声②,长笛吹清气③。一解。弦歌感人肠,四坐皆欢悦。寥寥④高堂上,凉风入我室。二解。持满如不盈⑤,有德者能卒⑥。君子多苦心,所愁不但一。三解。慊慊下白屋⑦,吐握不可失⑧。众宾饱满归,主人苦不悉⑨。四解。比翼翔云汉⑩,罗者安所羁⑪?冲静得自然⑫,荣华何足为⑬!五解。(《乐府诗集》卷三十六)

【题解】

《善哉行》第三首,《乐府诗集》作武帝,《宋书·乐志》作文帝。但从内容判断,应为曹操所作。

这首诗写笙歌美酒,欢宴佳宾,担心贤才不能为己尽知和一部分人不为自己所用,反映曹操希望延揽天下人才的迫切心情。

【注释】

①酣:酒喝得很畅快。

②悲弦激新声:悲弦,琴弦发出悲壮的声音。激,激扬,指音调的强烈。新声,新的曲调。

③清气:清澈的音响。《宋书·乐志》引王僧虔表曰:"今之清商,实犹铜雀,魏氏三祖,风流可怀。"这里的"清气"即清商曲。

④寥寥:空虚,这里指宽敞。

⑤持满如不盈:拿了装满水的器具好像水没有满,指居高位而不骄傲。《孝经》"节制谨度,满而不溢",《老子》"持而盈之,不如其已",《淮南子》"周

公可谓能持满矣"。

⑥卒：完毕、终了，这里指始终如一。

⑦慊慊下白屋：慊慊，同"谦谦"，谦逊的样子。下，动词，谦恭地对待在下的人。白屋，茅屋，贫贱者居住的地方，这里指贫苦的士人。《汉书》："恐非周公躬吐握之礼，致白屋之意。"

⑧吐握不可失：吐握，吐哺握发，指《史记·鲁周公世家》记周公之言"一沐三握发，一饭三吐哺"。指在吐握之间，不可丧失招揽贤人的机会。

⑨主人苦不悉：主人，指作者自己。悉，尽。这句是说唯恐不能尽收天下贤才。

⑩比翼翔云汉：比翼，《尔雅》："南方有比翼鸟焉，不比不飞，其名谓之鹣鹣。"云汉，天河，这里指高空。《诗》："倬彼云汉，为章于天。"

⑪罗者安所羁：罗者，张网捕鸟的人。羁，束缚、捕捉。用鸟的高飞，不能网罗，比喻有些贤才不为自己所用。

⑫冲静得自然：冲静，恬静淡泊，即不追逐名利。这句是说有些不愿做官的人，用荣华富贵也不能罗致。《老子》"道冲而用之，或不盈"，又曰"致虚极守静笃"，又曰"人法地，地法天，天法道，道法自然"。

⑬荣华：见《离骚》："及荣华之未落兮，相下女之可诒。"

【汇评】

清·朱嘉征：《善哉行》歌朝日，燕宾客之作。（《乐府广序》）

清·朱乾：地危势逼，心多忧惧，不如脱然物外之为善也。然曰"众宾饱满归，主人苦不悉"，则所谓"吐握不可失"者，不得已焉耳。冲净自然，岂其情哉，朝日相乐，恐不及也，饮不知醉，乐无知也。（《乐府正义》）

清·王夫之：悲愉酬酢，俱用情始，一入烂漫，即屏去之。引气如此，那得不清。（《古诗评选》）

却东西门行

鸿雁出塞北，乃在无人乡。

举翅万余里，行止①自成行。

冬节食南稻，春日复北翔。

田中有转蓬②,随风远飘扬。

长与故根绝,万岁不相当③。

奈何此征夫,安得去四方④!

戎马⑤不解鞍,铠甲不离傍。

冉冉⑥老将至,何时返故乡?

神龙藏深泉⑦,猛兽步高冈。

狐死归首丘⑧,故乡安可忘!（《乐府诗集》卷三十七）

【题解】

《却东西门行》篇是《相和歌·瑟调曲》歌词。余冠英《三曹诗选》说:"乐府有《东门行》《西门行》,又有《东西门行》。《却东西门行》大约是合并《东门行》和《西门行》的调子。曹操此题作《却东西门行》,后来陆机又有《顺东西门行》,'却'和'顺'有人以为是倒唱和顺唱之别,这些都是乐调的变化。"

这首诗描写在战争岁月里,将士怀念故乡的心情,反映了连年征战给人们带来的痛苦。

【注释】

①行止:飞行和宿栖。

②转蓬:草名,又名"飞蓬"。茎长尺余,叶小似柳,开白色小花。秋天叶枯,随风飘扬。用来比喻人远离故乡,没有定所。

③当:遇合。

④安得去四方:安得,怎得。去,离开。四方,指各地战场。

⑤戎马:战马。

⑥冉冉:渐渐地。《楚辞》:"老冉冉其将至兮,恐修名之不立。"

⑦泉:当作"渊",黄节《魏武帝魏文帝诗注》说"泉当作渊,避唐讳改"。

⑧狐死归首丘:古代谚语"狐死首丘"。意为狐狸死时,头还要向着它的窟穴。屈原《哀郢》中有"鸟飞反故乡兮,狐死必首丘"句,用以比喻人不该忘记故乡。

明·徐祯卿：乐府《鸟生八九子》《东门行》等篇，如淮南小山之赋，气韵绝峻，止可与孟德道之，王、刘文学，皆当袖手尔。（《谈艺录》）

明·王夫之：着意处皆以兴比写生。"万岁不相当"，情真悲极。（《船山古诗评选》）

清·宋长白：奸雄虽惨刻无情，然延望枌榆，亦未尝漠然无动也。（《柳亭诗话》）

清·王尧衢：此戍卒思归，而托鸿雁以起兴。言雁之冬南春北，去来自如；若转蓬则随风飘荡，一离故根，永不相复。叹征夫之似飘蓬，而不如塞雁也多矣！（《古唐诗合解》）

清·朱嘉征：《却东西门行》歌鸿雁，征戍曲也。道将士离索之悲，以劝劳之。（《乐府广序》）

清·陈祚明：兴意杂集，词旨婉转。"狐死"句用比，意切，而以"神龙"二句为兴，与"狐"相排，法变。（《采菽堂诗集》）

清·张玉毂：此伤久从征役之诗。首六，鸿雁有时归乡，一层反兴；"田中"四句，转蓬长辞故根，一层正兴。"奈何"六句，方正叙征夫久从征役，老至难归苦衷。末四，谓故乡终不能忘也。却用"神龙"三句，物各安居，死犹恋土，两层三比，然后一句拍合陡收，笔势凌厉，通首增色。（《古诗赏析》）

步出夏门行四首

艳

云行雨步①，超越九江之皋②。

临观异同③，心意怀游豫④，不知当复何从？

经过至我碣石⑤，心惆怅我东海⑥。（《乐府诗集》卷三十七）

【题解】

《步出夏门行》，属于《相和歌·瑟调曲》，乐府古辞保存一首，写的是求仙得道。"夏门"是洛阳西北边的城门。曹操用乐府旧题写时事,在诗歌中写出自身的政治抱负。

这组诗写于建安十二年(207)北征乌丸时。东汉末年,居住在中国东北边境的乌丸奴隶主贵族,乘汉末大乱之际,不断侵扰。建安十年,曹操平定冀州以后,袁绍集团的残余势力袁尚、袁熙投奔乌丸。为彻底消灭袁氏集团,安定北方,建安十二年五月,曹操率军北征。七月,到达无终(今天津市蓟县),因大水,沿海道路不通,由田畴做向导,出卢龙塞(今河北迁西县西北喜峰口附近),直捣柳城(今辽宁朝阳县南),获得全胜。这年九月,曹操胜利回师,这组诗当是凯旋途中或以后写成的。

全诗共分四章(称四解),表现了诗人的胸襟和抱负。四章之前有一段"艳"辞,相当于序言,描写征战前的沿途景色和自己犹豫不决的心情。

【注释】

①雨步:指雨下。雨点称雨脚,故雨下称"步"。

②九江:在洛阳夏门附近,见《水经注·谷水》。皋,水边高地。

③临观:临行时观察形势。异同:指部下对北征乌丸还是南征刘表意见不一致。据《魏志·郭嘉传》知,曹操将征乌丸,部下都担心刘表会使刘备乘机袭许。但郭嘉认为刘表不过是"坐谈客",必不能信用刘备,力劝曹操北征。

④游豫:同"犹豫",拿不定主意。《魏志·武帝纪》注引《曹瞒传》说,曹操征乌丸回来,厚赏劝阻他北征的人。他认为这次出兵是"乘危以徼幸",所以开始是犹豫的。

⑤碣石:山名,在今河北昌黎县北十五里。主峰顶海拔 695 米,距离海约十五千米。天晴时登临观海,海上渔船皆历历可见。有巨石矗立山顶,高数十丈,所以称作"碣石"。

⑥东海:指渤海。

【汇评】

清·朱乾:时袁熙、袁尚奔乌桓,诸将皆欲南犁刘表。郭嘉曰:"袁绍有恩于民夷,而尚兄弟生存,今舍而南征,尚因乌桓之资,招其死主之臣,以生蹋顿之心,恐青、冀非己之有也。表坐谈客耳,自知才不足以御辅,虽虚国远征,公无忧矣。"操从之。篇中"心怀游豫"二句,盖斟酌于南北之用师也。(《乐府正义》)

观沧海

东临碣石，以观沧海①。水何澹澹②，山岛竦峙③。树木丛生，百草丰茂。秋风萧瑟④，洪波涌起。日月之行，若出其中；星汉灿烂，若出其里⑤。幸甚至哉，歌以咏志⑥。

【题解】

《观沧海》这首诗，写诗人登临碣石，眺望大海之所见和由此引起的联想。气势宏大，意境深远，表现了诗人的豪迈情怀。

【注释】

①沧海：大海。沧，通“苍”，指海水的深绿色。

②澹澹：水波动荡的样子。

③竦峙：高高耸立。竦，同“耸”。

④萧瑟：秋风吹动草木发出的响声。

⑤星汉灿烂，若出其里：星汉，银河。“日月之行”四句是从汹涌的海涛引起的联想。

⑥幸甚至哉，歌以咏志：幸，庆幸。至，极。歌以咏志，用诗歌抒发自己的心意。“幸甚”二句为合乐时所加，每章后面都有，与正文无关。

【汇评】

唐·吴兢：晋乐奏魏武帝词，首章言东临碣石，见沧海之广，日月出入其中；二章言农功毕而商贾往来；三章言乡土不同，人性各异；四章言“老骥伏枥，志在千里。烈士暮年，壮心不已”也。（《乐府古题要解》）

明·钟惺、谭元春：钟云：直写其胸中眼中，一段笼盖吞吐气象；谭云：亦自有“五岳起方寸，隐然讵能平”意。（《古诗归》）

明·王夫之：不言所悲，而充塞八极无非悲者。孟德于乐府，殆欲踞第一位置，惟此不易步耳，不知者但谓之霸心。（《船山古诗评选》）

明·王士祯：古人山水之作，莫如康乐、宣城；盛唐王、孟、李、杜及王昌龄、刘昚虚、常建、卢象、陶翰、韦应物诸公，搜抉灵奥，可谓至矣。然总不如曹操“水何澹澹，山岛竦峙”二语，此老殆不易及。（《带经堂诗话》）

清·王尧衢：今以观海而言山水之流峙，草木之丛茸，风波之汹涌，日月星汉，出没其中，积水无极，真大观也。我幸而至此，安得不托之歌咏以

言志哉。(《古唐诗合解》)

清·沈德潜:有吞吐宇宙气象。(《古诗源》)

清·陈祚明:浩漾动宕,涵于淡朴之中。(《采菽堂诗集》)

清·张玉毅:此志在容纳,而以海自比也。(《古诗赏析》)

冬十月

孟冬十月①,北风徘徊②。天气肃清③,繁霜霏霏④。鹍
鸡⑤晨鸣,鸿雁南飞;鸷鸟⑥潜藏,熊罴窟栖⑦。钱镈停置⑧,
农收积场。逆旅整设⑨,以通贾商⑩。幸甚至哉! 歌以咏
志。(《乐府诗集》卷三十七)

【题解】

第二章《冬十月》和第三章《土不同》,描写地方上的风土人情,对土地
荒芜、百姓贫困和由此引起的社会不安感到忧虑。《冬十月》描写诗人在征
战途中,见到局部地区的百姓在初冬来临时安居乐业的生活场景。

【注释】

①孟冬十月:孟冬,指冬季的第一个月,即农历十月。孟,始。

②徘徊:来回地走,这里指北风不停地吹。

③肃清:冷清。

④繁霜霏霏:繁霜,浓霜。《诗·小雅》曰:"正月浓霜。"霏霏,多的样
子,指霜下得很厚。

⑤鹍鸡:鸟名,黄白色,红嘴长颈,形状似鹤。

⑥鸷鸟:猛禽。如鹰、雕等。

⑦熊罴窟栖:熊罴躲在洞里。罴,一种大熊。《易通卦验》:"小雪,熊罴
入穴。"

⑧钱镈停置:钱,古代平整土地和除草用的农具,类似铁铲。镈,古代
除草用的农具,类似锄头。《诗·周颂》曰:"庤乃钱镈。"停置,放置不用。

⑨逆旅整设:逆旅,客店。整设,整理、开设。冬天农事完毕,正是商业
活跃季节,所以客店都开张了。

⑩以通贾商:意思是客店修整开张,以给客商便利。通,通行,指接待。

贾,坐商。商,行商。《礼记·月令》:"仲秋,乃命有司,趣民收敛,多积聚。是月也,易关市,来商旅,纳货贿,以便民事。"

【汇评】

明·王夫之:愈缓愈迫,笔妙之至,惟有一法曰:忍。"忍"字固不如"忍"篇。(《船山古诗评选》)

清·陈祚明:其源出于《楚辞》,而笔矫健。(《采菽堂诗集》)

清·朱乾:《冬十月》,叙其途路所经天时物候。又自秋经冬,虽当军行,而不忘民事也。(《乐府正义》)

土不同

乡土^①不同,河朔隆寒^②。流澌^③浮漂,舟船行难。锥不入地,蘴藾深奥^④。水竭不流,冰坚可蹈^⑤。士隐^⑥者贫,勇侠轻非^⑦。心常叹怨,戚戚多悲。幸甚至哉!歌以咏志。

(《乐府诗集》卷三十七)

【题解】

《土不同》记叙征战途中所见所感,表达了诗人对社会动乱、田园荒芜的忧虑。

【注释】

①乡土:指各地风土人情。

②河朔隆寒:河朔,黄河以北。《尔雅》曰:"朔,北方也。"《后汉书·荀彧传》:"袁绍既兼河朔之地,有骄气。"隆寒,严寒。

③澌:漂浮的冰块。《风俗通》曰:"冰流曰澌,冰解曰泮。"

④蘴藾深奥:蘴,芜菁,蔬类植物,俗名大头芥。藾,野生的蒿类植物。奥,积聚。黄节《魏武帝魏文帝诗注》曰:"深奥之地,蘴藾生焉,盖无余地可容锥,言田亩荒芜,蘴藾满目,禾稼不生也。"

⑤水竭不流,冰坚可蹈:河水枯竭不流,冰坚能够踏行。《魏志》裴注引《曹瞒传》曰:"时寒且旱,二百里无复水,军又乏食,凿地入三十余丈乃得水。"

⑥隐:痛苦。《诗·邶风》曰:"如有隐忧。"毛传:"隐,痛也。"

⑦勇侠轻非:勇侠,勇武好斗。轻非,轻易犯法。

【汇评】

明·钟惺、谭元春:钟云:此章较《沧海》《龟寿》等篇稍平,在古乐府中,犹然气骨,此魏武身分也。"士隐者贫"四句,钟云:四语古今致乱之本,深忧长虑,燕雀处堂之人不可与道。(《古诗归》)

明·王夫之:"隐贫""侠非",亦比也。笔铦墨采,所在皆可寓志。(《船山古诗评选》)

清·沈德潜:即"好勇疾贫乱也"之意。写得苍劲萧瑟。(《古诗源》)

黄节:河朔士气,好勇疾贫,职为乱阶,叹怨多悲,魏武忧念及之也。(《魏武帝魏文帝诗注》)

龟虽寿

神龟①虽寿,犹有竟②时;腾蛇③乘雾,终为土灰。老骥伏枥④,志在千里;烈士⑤暮年,壮心不已。盈缩⑥之期,不但在天;养怡⑦之福,可得永年。幸甚至哉! 歌以咏志。

(《乐府诗集》卷三十七)

【题解】

《龟虽寿》又称《神龟虽寿》,这一首诗主要是批判天命论,抒发个人的雄心壮志,表现了曹操奋发进取、人定胜天的积极精神,也反映出朴素的唯物论的思想。

【注释】

①神龟:古代用龟甲占卜吉凶,把龟看成神奇的动物。《庄子·秋水》:"吾闻楚有神龟,死已三千岁矣。"

②竟:终结,这里指死亡。

③腾蛇:又作"螣蛇",传说中的龙类动物,据说能腾云驾雾。《韩非子·难势》:"飞龙乘云,腾蛇游雾。"

④老骥伏枥:骥,千里马。枥,马棚。《汉书》:"李寻上王根书曰:'马不伏历,不可以趋道。'"师古曰:"伏历,谓伏槽历而秣之也。""枥"省作"历"。《广韵》:"枥,马枥也。"

⑤烈士:指有雄心壮志的人。

⑥盈缩:指生命的长短。盈,满;缩,亏。《史记·天官书》:"岁星赢缩,其趋舍而前曰赢,退舍曰缩。"

⑦养怡:养和,指保养身体,使身心健康。

【汇评】

唐·房玄龄等:(王敦)每酒后,辄咏魏武乐府歌曰:"老骥伏枥,志在千里。烈士暮年,壮心不已。"以如意打唾壶为节,壶边尽缺。(《晋书·王敦传》)

明·徐祯卿:气本尚壮,亦忌锐逸。魏祖云:"老骥伏枥,志在千里。烈士暮年,壮心不已。"犹暖暖也。思王《野田黄雀行》,譬如锥出囊中,大索露矣。(《谈艺录》)

明·王世贞:王处仲每酒间歌:"老骥伏枥,志在千里。烈士暮年,壮心不已。"其人不足言,其志乃大可悯矣。至以如意击唾壶为节,唾壶尽缺,即玄德悲髀肉生意也。(《艺苑卮言》)

明·胡应麟:惟孟德"老骥伏枥"四语,奇绝足当。若"山不厌高"及仲达"天地开辟"等句,虽规模宏远,渐有蹊径可寻。(《诗薮》内编)

明·钟惺、谭元春:"盈缩之期"二句,钟云:拗气横语。在"不但"二字上,有君相造命之意;谭云:"不但在天",腐儒吐舌。及读下二句,始知真英雄无欺人语。(《古诗归》)

明·王夫之:四篇皆题"碣石",未有海语,自有海情。孟德乐府,固卓莹笃人,而意抱渊永,动人以声不以言。彼七子者,臣仆之有余矣。陈思气短,尤不堪瞠望阿翁。(《船山古诗评选》)

清·沈德潜:"盈缩之期,不但在天"言己可造命也。曹公四言,于《三百篇》外,自开奇响。(《古诗源》)

清·陈祚明:名言激昂,千秋使人忧慨。孟德能于《三百篇》外,独辟四言声调,故是绝唱。(《采菽堂诗集》)

谣俗词

瓮中无斗储①,发箧无尺缯②。友来从我贷③,不知所

以应。(《初学记》卷十八)

【题解】

谣,歌谣,即民歌。因从民谣中可以看出各地风俗习惯和人民的思想感情,所以叫作"谣俗"。

这首诗写一个无衣无食的人因无力帮助亲友而感到为难。从侧面反映了人民生活的贫苦。

【注释】

①瓮中无斗储:瓮,腹大口小的陶器,这里指盛粮的土瓮。储,积存。

②发箧无尺缯:发,打开。箧,竹箱。缯,丝织品的总称。

③贷:借。

董卓歌

德行不亏缺,变故自难常①。郑康成行酒,伏地气绝②;郭景图命尽于园桑③。(《魏志·袁绍传》注引《英雄记》)

【题解】

《董卓歌》,乐府曲调名,属《相和歌·清调曲》。又作《董逃歌词》《董逃行》。

曹操这首诗的历史背景和写作年代都无从查考。从诗的内容看,是通过一代大儒郑玄行酒伏地气绝等事实,说明德行的好坏与生死寿夭无关。

【注释】

①德行不亏缺,变故自难常:意思是尽管德行没有损伤,意外的灾祸却难以料想。

②郑康成行酒,伏地气绝:郑康成,郑玄,字康成,东汉高密(今属山东)人,是著名经学家。行酒,挨次敬酒。郑玄死于建安五年(200),正当曹操与袁绍在官渡决战的时候。

③郭景图命尽于园桑:郭景图,生平不详。观全诗可知,他可能与郑康

成一样,都是"德行无亏缺"的人。"命尽于园桑"是指郭景图在桑园里一命身亡。

【汇评】

鲁迅:曹操作诗,竟说是"郑康成行酒伏地气绝",他引出离当时不久的事实,这也是别人所不敢用的。(《魏晋风度及文章与药及酒之关系》)

善哉行

痛哉世人,见欺神仙。(《文选》卷二十四《赠白马王彪诗》李善注)

【题解】

这首诗只存两句,见《文选》卷二十四《赠白马王彪诗》李善注。它反映了曹操不信神仙的朴素唯物主义思想。这句话的意思是:痛心啊,世人竟被神仙之说欺骗。

登台赋

引长明①,灌街里。(《水经注·浊漳水》)

【题解】

建安十五年(210)冬,曹操在魏都邺城建铜雀台,《登台赋》当作于此项工程完成之后。全文已散失。这两句见于北魏人郦道元《水经注·浊漳水》。《三国志·魏书·陈思王植传》:"时邺铜雀台新成,太祖悉将诸子登台,使各为赋。"台,即指铜雀台,故址在今河北临漳县西南,建安十五年曹操修建铜雀、金虎、冰井三台,铜雀台高十丈,周围殿屋一百二十间,在楼顶置大铜雀,其形鼓翼若飞,故称铜雀台。

【注释】

①长明:即长明沟。曹操建铜雀台后,又凿渠引水自邺城西面,向东经

铜雀台下伏流入城,成为长明沟。《水经注》云:"魏武引漳水入铜雀台下伏流入城,谓之长明沟。"

沧海赋

览岛屿之所有。(《文选·吴都赋》刘逵注)

【题解】

曹操北征乌丸凯旋时,曾"东临碣石,以观沧海"。《沧海赋》大概也是这时所作。全文已散失,仅留此一句。这句意思是观看岛屿上所有的景物。

塘上行

蒲生我池中,其叶何离离。傍能行仁义,莫若妾自知。众口铄黄金,使君生别离。念君去我时,独愁常苦悲。想见君颜色,感结伤心脾。念君常苦悲,夜夜不能寐。莫以豪贤故,弃捐素所爱?莫以鱼肉贱,弃捐葱与薤?莫以麻枲贱,弃捐菅与蒯?出亦复苦愁,入亦复苦愁。边地多悲风,树木何修修!从君致独乐,延年寿千秋。(郭茂倩《乐府诗集》卷三十五)

【题解】

《塘上行》属《相和歌·清调曲》的一种乐府古辞,可配乐演唱。这首诗,诸书及不同版本或题古词,或标甄后作,或说曹操作。从内容和风格来看,似非曹操所作。

郭茂倩《乐府诗集》卷三十五所收此诗题为《塘上行五解》,标明作者为魏武帝,题下录题解曰:"《邺都故事》曰:'魏文帝甄皇后,中山无极人。袁绍据邺,与中子熙娶后为妻。后太祖破绍,文帝时为太子,遂以后为夫人。后为郭皇后所谮,文帝赐死后宫。临终为诗曰:蒲生我池中,绿叶何离离。岂无兼葭艾,与君生别离。莫以贤豪故,弃捐素所爱。莫以麻枲贱,弃捐菅与蒯。莫以鱼肉贱,弃捐葱与薤。'《歌录》曰:'《塘上行》,古辞。或云甄皇后造。'《乐府解题》曰:'前志云:晋乐奏魏武帝《蒲生篇》,而诸集录皆言其词文帝甄后所作,叹以谗诉见弃,犹幸得新好,不遗故恶焉。若晋陆机"江蓠生幽渚",言妇人衰老失宠,行于塘上而为此歌,与古辞同意。'"对署名"魏武帝"又作校注如下:"魏武帝:按本书解释则以为甄后作。朱柜堂《乐府正义》:'凡魏武乐府诸诗皆借题寓意,于己必有所为,而《蒲生篇》则但为弃妇之词,与魏武无当也,知其非魏武作矣。'"由这些题解和校注可知,这首诗不是曹操所作。

现收录其中以供鉴赏。

令

春祠令 建安二十一年

议者以为祠庙上殿当解履①，吾受锡命②，带剑不解履上殿，今有事于庙而解履，是尊先公③而替④王命，敬父祖而简⑤君主，故吾不敢解履上殿也。又临祭就洗⑥，以手拟水而不盥⑦。夫盥以洁为敬，未闻拟而不盥之礼，且"祭神如神在⑧"，故吾亲受水而盥也。又降神礼讫，下阶就坐⑨而立，须奏乐毕竟，似若不衎烈祖⑩，迟祭不速讫也，故吾坐俟乐阕⑪送神乃起也。受胙纳袖⑫，以授侍中⑬，此为敬恭不终实也。古者亲执祭事，故吾亲纳于袖，终抱而归也。仲尼曰："虽违众，吾从下⑭"，诚哉斯言也。（《魏志·武帝纪》注引《魏书》）

【题解】

春祠，指春祭。建安二十一年二月，曹操夺取汉中以后，回到邺城。在庆祝胜利、策封功臣、祭告宗庙时，发布了这篇令文。

在这篇令文中，曹操对一些旧时祭祀礼节的虚伪性进行了批判。比如，在临祭时，到水盆旁，模仿洗手的样子而不浇水洗手。曹操认为浇水洗手是以清洁表示对神的敬意，没听说过只做洗手的样子而不浇水洗手的礼节等。

【注释】

①解履：古时席地而坐，入室上殿都脱鞋。建安十七年，献帝命曹操"剑履上殿"，就是允许他带剑和穿鞋上殿，这是给曹操的特殊待遇。

②锡命：帝王的命令。锡，赐。

③先公：祖先。

④替：废除。

⑤简：简慢，轻视。

⑥洗：古代用盘浇水洗手，在下接洗手盛水的用具叫洗，形状和盆相似。

⑦盥：用盘浇水洗手。

⑧祭神如神在：见《论语·八佾》，意思是祭神就像神真在面前一样。

⑨坐：原作"幕"，据《文馆词林》改。

⑩似若不衎烈祖：衎，喜爱。原作"愆"，据《文馆词林》改。烈祖，祖先。

⑪俟乐阕：俟，等待。乐阕，乐章奏完。

⑫受胙纳袖：胙，祭肉。袖，原作"神"，据《文馆词林》改。意思是以前，祭祀完毕，都把祭肉放在袖里。

⑬侍中：皇帝的侍从顾问官。

⑭虽违众，吾从下：出自《论语·子罕》：孔丘认为臣见君先在堂下拜，再在堂上拜，是礼；现在只在堂上拜，显得不敬，所以他和众不同，还在堂下拜。这里借来说明，他为了恭敬，和众人不同。

述志令 _{建安十五年}

孤始举孝廉①，年少，自以本非岩穴知名之士②，恐为海内人之所见凡愚，欲为一郡守③，好作政教以建立名誉，使世士明知之；故在济南④，始除残去秽⑤，平心选举，违迕诸常侍⑥。以为强豪所忿，恐致家祸，故以病还⑦。

【题解】

又作《让县自明本志令》。

曹操在建安十五年（210）发布了此令。他在进行统一战争的过程中，采取"挟天子以令诸侯"的策略，在政治上占据主动地位。他的政敌也看到了这一点，不断攻击他有"不逊之志"，抨击他"托名汉相，实为汉贼"，"欲

51

废汉自立"。赤壁之战,曹操遭受挫折,形势对他不利。为了反对政敌的攻击,安定部下拥汉之心,发布了这篇令文。

在这篇令文中,曹操叙述了自己的思想发展历程,反复说明自己忠于汉室,并无"不逊之志"。这篇令文是研究曹操生平和思想发展的重要材料。

【注释】

①孝廉:东汉选拔官吏的一种科目。郡国满二十万户,每年推举孝廉一人,由朝廷任命官职。曹操被举为孝廉时方二十岁。孝,指善事父母;廉,指清廉方正。

②岩穴知名之士:岩穴,山谷,指隐居之处。当时,有些人借隐居山林来抬高身价,以待征聘。

③郡守:郡太守,一个郡的行政长官。

④济南:王国名,属青州,治所在东平陵(今山东济南市东)。曹操在中平元年(184),任济南国相(相当郡太守)。

⑤除残去秽:扫除强暴和污浊势力。曹操任济南国相时,曾奏免八个依附豪强的不法官吏,许多豪强逃往他郡。他还毁坏祠屋,禁止淫祀。《魏志·武帝纪》载:"迁为济南相,国有十余县,长吏多阿附贵戚,赃污狼藉,于是奏免其八;禁断淫祀,奸宄逃窜,郡界肃然。"

⑥违连:触犯,得罪;常侍:官名,后汉都用宦官担任,这里指有权势的宦官。

⑦病还:曹操在中平四年(187)称病还乡。

去官之后,年纪尚少①,顾视同岁②中,年有五十,未名为老。内自图之,从此却去③二十年,待天下清,乃与同岁中始举者等耳。故以四时归乡里,于谯④东五十里筑精舍⑤,欲秋夏读书,冬春射猎,求底下之地⑥,欲以泥水自蔽⑦,绝宾客往来之望。然不能得如意。后征⑧为都尉⑨,迁典军校尉⑩,意遂更,欲为国家讨贼立功,欲望封侯作征西将军⑪,然后题墓道言"汉故征西将军曹侯之墓",此其志也。

【注释】

①年纪尚少:曹操任济南相期满,朝廷调他为东郡太守。他托病还乡,年方三十岁。

②同岁:同一年举孝廉的人。

③却去:退去,指辞官归隐。

④谯:今安徽省亳县,曹操的故乡。

⑤精舍:书房。

⑥底下之地:《太平寰宇记·鄻县》下引《魏略》:"太祖于谯东五十里泽中筑精舍,读书射猎,闭绝宾客。"因精舍筑在泽中,所以说"底下之地"。

⑦自蔽:把自己与外界隔绝。

⑧征:朝廷征召。

⑨都尉:掌管一郡军事的武官。

⑩迁:升迁;典军校尉:武官名,汉灵帝中平五年(155),东汉政府建立西园新军,设立八校尉,典军校尉是其中之一。

⑪征西将军:高级武官名,不常设,遣将出征时临时任命。

而遭值董卓之难①,兴举义兵②。是时合兵能多得耳,然常自损,不欲多之;所以然者,多兵意盛,与强敌争,倘更为祸始③。故汴水之战④数千,后还到扬州更募⑤,亦复不过三千人,此其本志有限也。后领兖州⑥,破降黄巾三十万众。又袁术僭号于九江⑦,下皆称臣,名门曰建号门,衣被皆为天子之制,两妇预争为皇后。志计已定,人有劝术使遂即帝位,露布⑧天下,答言"曹公尚在,未可也"。后孤讨禽其四将⑨,获其人众,遂使术穷亡解沮⑩,发病而死。及至袁绍⑪据河北,兵势强盛,孤自度势,实不敌之;但计投死为国,以义灭身,足垂于后。幸而破绍,枭其二子⑫。又刘表⑬自以为宗室⑭,包藏奸心,乍前乍却⑮,以观世事,据有当州⑯,孤复定之,遂平天下。身为宰相⑰,人臣之贵已极,意

53

望已过矣。今孤言此，若为自大，欲人言尽，故无讳耳。设使国家无有孤，不知当几人称帝，几人称王！

【注释】

①董卓之难：董卓原是凉州(今甘肃、宁夏一带)豪强，灵帝时任并州(今山西太原)牧。中平六年(189)，汉灵帝死，少帝刘辩即位，外戚何进为了消灭宦官，召董卓领兵入洛阳，废少帝刘辩，立献帝刘协，自封相国，专断朝政。各州郡起兵反对，成立讨伐董卓联军。

②兴举义兵：初平元年(190)，关东各州郡纷纷起兵讨伐董卓，都自称"义兵"。曹操也在陈留郡招募三千人响应。

③倘更为祸始：倘，可能。祸始，祸根。

④汴水之战：初平元年(190)，讨伐董卓的各路军队惧怕董卓兵强，不敢前进。曹操独自率领五千人西进，与卓将徐荣战于汴水，曹操兵败。汴水，即今河南荥阳东北。

⑤后还到扬州更募：曹操在汴水战败后，与夏侯惇等到扬州丹阳郡(今安徽宣城市)募兵。扬州，后汉时治所在历阳(今安徽和县)，后移寿春(今安徽寿县)。

⑥后领兖州：后任兖州牧。兖州，今在山东济字。初平三年(192)，青州黄巾农民军百万人攻入兖州，杀刺史刘岱。济北相鲍信与兖州官吏迎曹操为兖州牧。曹操领兵在寿张(今山东东平西南)以东攻击黄巾军，追至济北(今山东长清南)，黄巾军三十万被迫投降。曹操从中挑选精壮之人组成自己的强大军事力量，号为"青州兵"。

⑦僭号于九江：僭，超越本分。僭号，盗用天子名号。九江，古郡名。

⑧露布：又叫露板，这里指檄文，犹宣言，不加封缄，所以叫"露布"。

⑨讨禽其四将：建安二年(197)九月，曹操东征袁术，斩杀了袁术的大将桥蕤、李丰、梁纲、乐就。禽，同"擒"。

⑩穷亡解沮：穷迫逃走，溃散瓦解。

⑪袁绍：字本初，袁术之兄。建安四年(199)三月，消灭了公孙瓒，占有黄河以北的冀、青、幽、并四州，成为北方最强大的割据势力。

⑫枭其二子：建安五年(200)曹操击败袁绍，建安九年击败袁尚，夺取冀州。袁尚投奔辽东，为辽东太守公孙康所杀。建安十年，曹操斩杀袁谭。

枭,悬头示众。

⑬刘表:字景升,汉皇族鲁恭王刘余的后代,东汉末豪强军阀。献帝初平(190—193)中任荆州刺史。

⑭宗室:皇帝的同族。刘表是西汉景帝之子鲁恭王刘余的后代。

⑮乍前乍却:忽进忽退。当曹操在官渡与袁绍作战时,刘表暗中勾结袁绍,但又按兵不动,坐观成败。乍前乍却即指这种观望和举棋不定的态度。

⑯当州:指荆州,辖今湖北、湖南等地。建安十三年(208)七月,曹操南征刘表,八月刘表病死,九月其幼子刘琮在荆州投降曹操。

⑰宰相:建安十三年,汉献帝为了表彰曹操平定三郡乌桓的功绩,废止太尉、司徒、司空的三公之制,恢复了西汉的丞相和御史大夫制度,任命曹操为丞相。

或者人见孤强盛,又性不信天命①之事,恐私心相评,言有不逊之志,妄相忖度,每用耿耿②。齐桓、晋文③所以垂称至今日者,以其兵势广大,犹能奉事周室也。《论语》云:"三分天下有其二,以服事殷,周之德可谓至德矣。"夫能以大事小也。昔乐毅④走赵,赵王欲与之图燕。乐毅伏而垂泣,对曰:"臣事昭王,犹事大王;臣若获戾⑤,放在他国,没世然后已,不忍谋赵之徒隶,况燕后嗣乎!"胡亥之杀蒙恬⑥也,恬曰:"自吾先人及至子孙,积信于秦三世⑦矣;今臣将兵三十余万,其势足以背叛,然自知必死而守义者,不敢辱先人之教以忘先王也。"孤每读此二人书,未尝不怆然流涕⑧也。

【注释】

①不信天命:当时封建统治阶级都鼓吹"天命论",认为皇帝是天所命。曹操自言不信天命,所以有人怀疑曹操要夺帝位。

②每用耿耿:用,因。耿耿,心里不安。

③齐桓、晋文:即齐桓公和晋文公,他们都是春秋时的霸主,提出"尊周室、攘夷狄"的口号,得到当时诸侯各国的拥戴。

④乐毅:战国时燕昭王大将,曾攻下齐国七十余城。昭王死后,乐毅遭到昭王儿子惠王的猜忌,被迫逃亡赵国。

⑤获戾:得罪。

⑥胡亥:秦始皇的小儿子,即秦二世;蒙恬,秦始皇大将,率军防御匈奴。始皇死后,赵高篡权,他伙同二世强迫蒙恬自杀。

⑦三世:指蒙恬的祖父蒙骜、父亲蒙武和蒙恬。他们三代都做秦国大将。

⑧怆然:悲伤的样子。流涕,流泪。

孤祖父以至孤身,皆当亲重之任①,可谓见信者矣,以及子桓②兄弟,过于三世矣。孤非徒对诸君说此也,常以语妻妾,皆令深知此意。孤谓之言:"顾我万年之后,汝曹皆当出嫁,欲令传道我心,使他人皆知之。"孤此言皆肝鬲之要③也。所以勤勤恳恳叙心腹者,见周公有《金縢》之书④以自明,恐人不信之故。

【注释】

①孤祖父以至孤身,皆当亲重之任:曹操祖父曹腾,汉桓帝时任中常侍、大长秋,封费亭侯。父亲曹嵩,汉灵帝时做太尉,曹操本人为丞相,所以说"皆当亲重之任"。

②子桓:曹操的儿子曹丕字子桓。

③肝鬲之要:发自肺腑的要紧话。肝鬲,指内心。

④周公有《金縢》之书:据《尚书·金縢》可知,周武王有病,周公祭告祖先,愿代武王死,祷词藏在金縢柜中。武王死,成王年幼,周公摄政。周公的弟弟管叔、蔡叔造谣周公将夺取王位。周公为避嫌出居东都(今河南洛阳市西)。后成王在金縢柜中发现了祷词,知道周公忠贞,就迎他回来,让他重新执政。金縢,用金属封口的柜子。縢,缄封。

然欲孤便尔委捐所典①兵众,以还执事②,归就武平侯国③,实不可也。何者?诚恐已离兵为人所祸也。既为子孙计,又已败则国家倾危,是以不得慕虚名而处实祸,此所不得为也。前朝恩封三子为侯④,固辞不受,今更欲受之,非欲复以为荣,欲以为外援为万安计。孤闻介推⑤之避晋封,申胥⑥之逃楚赏,未尝不舍书而叹,有以自省也。奉国威灵,仗钺⑦征伐,推弱以克强,处小而禽大,意之所图,动无违事,心之所虑,何向不济,遂荡平天下,不辱主命,可谓天助汉室,非人力也。然封兼四县⑧,食户三万,何德堪之!江湖未静,不可让位;至于邑土,可得而辞。今上还阳夏、柘、苦三县户二万,但食武平万户,且以分损谤议,少减孤之责也。(《魏志·武帝纪》注引《魏武故事》)

【注释】

①典:掌管。

②执事:主管人员。

③武平侯国:建安元年(196),汉献帝以曹操为大将军,封武平侯。武平,在今河南鹿邑县。

④封三子为侯:建安十六年,朝廷封曹操之子曹植为平原侯、曹据为范阳侯、曹豹为饶阳侯。

⑤介推:即介子推,春秋时晋国人,曾随晋公子重耳出亡十九年。重耳回国即位后,大封从亡诸臣。介子推不言己功,偕其母隐于绵山而死。后世又传说重耳曾烧山要他出来做官,他坚不出山,抱木被烧而死。

⑥申胥:申包胥,春秋时楚国大夫。伍子胥率吴军攻破楚国国都郢(今湖北江陵县东北),申包胥到秦国请得救兵,击退吴军。楚昭王回国大封功臣,申包胥逃走。

⑦仗钺:拿着大斧。皇帝把钺赐给大臣,表示授予征伐的权力。

⑧四县:指阳夏(今河南太康县)、柘(今河南柘城县北)、苦(今河南鹿邑县东)和武平(今河南鹿邑县西北)四县。

【汇评】

明·张溥:《述志》一令,似乎欺人,未尝不抽序心腹,慨当以慷也。(《汉魏六朝百三家集》)

军谯令 建安七年

吾起义兵,为天下除暴乱。旧土人民,死丧略尽,国中①终日行,不见所识,使吾凄怆②伤怀。其举义兵已来,将士绝无后者,求其亲戚以后之③,授土田,官给耕牛,置学师以教之。为存者立庙,使祀其先人。魂而有灵,吾百年之后④何恨哉!(《魏志·武帝纪》)

【题解】

曹操在官渡击败袁绍以后,又于建安六年秋击败了奉袁绍之命夺取汝南(今河南汝南县东南)的刘备。建安七年春正月,曹操驻军谯县(今安徽省亳州,曹操的故乡),发布此令,命令为死亡将士立庙,抚恤他们的家属,以提高士气。

【注释】

①国中:犹"域中",即一定区域内。这里指曹操起兵的陈留和谯县等地。

②凄怆:悲痛。

③后之:作为他的后代。

④百年之后:指死后,百年为寿之大齐,即寿命的最大限度。

严败军令 建安八年

《司马法》①:"将军死绥②。"故赵括之母,乞不坐括③。

58

是古之将者，军破于外，而家受罪于内也。自命将征行，但赏功而不罚罪，非国典也。其④令诸将出征，败军者抵罪，失利者免官爵。（《魏志·武帝纪》，又《文馆词林》卷六百九十五）

【题解】

《严败军令》又作《败军令》，《文馆词林》作《败军抵罪令》。这是曹操在打败袁绍，接着又打败袁谭、袁尚以后，总结经验，整顿军队，以振作士气，加速完成统一事业而发布的重要命令。这道命令针对当时军法上只赏功不罚罪的缺陷，明确规定："败军者抵罪，失利者免官爵。"

【注释】

①《司马法》：古代兵书，相传是战国时齐威王命人将司马所掌管的军事制度、法令和论著汇编而成的。其中包括齐景公的名将大司马穰苴的著作，所以又叫《司马穰苴兵法》。

②将军死绥：对临阵脱逃的将士处以死刑。绥，畏缩、退却。

③赵括之母，乞不坐括：据《史记·廉颇蔺相如列传》，赵括是战国时赵国名将赵奢的儿子，虽熟读兵书，但不会作战。前260年，秦国进攻赵国，赵王要用赵括代替名将廉颇，赵括的母亲上书劝阻，赵王不听。赵母就请求：不要因赵括打败仗而处罚她，赵王答应了。结果赵括果然被打败，因赵母有话在先得免于治罪。

④其：表示命令的语气词。

重功德令 建安八年

议者或以军吏虽有功能，德行不足堪任郡国之选①。所谓"可与适道，未可与权"②者也。管仲③曰："使贤者食于能则上尊，斗士食于功则卒轻于死，二者设于国则天下治。"未闻无能之人，不斗之士，并受禄赏，而可以立功兴国者也。故明君不官无功之臣，不赏不战之士；治平尚德行，有事赏功能。论者之言，一似管窥④虎铁⑤！（《魏志·武帝纪》注引《魏书》，《文馆词林》卷六百九十五"所谓"句下有"者也"字，据补）

【题解】

《重功德令》，一作《论吏士行能令》。官渡之战以后，曹操的统治区域迅速扩大。为了把地方政权牢牢掌握在自己手里，曹操想从军队中选拔一批有战功、有才能的将吏，担任地方行政长官。但有人却提出"军吏虽有功能，德行不足堪任郡国之选"的意见，抵制曹操的这一措施。曹操明确提出"明君不官无功之臣，不赏不战之士"的原则，批驳了这些人的谬论。

【注释】

①堪任郡国之选：堪任，胜任。郡国之选，指地方行政长官。郡国，指郡和封国。汉朝的地方行政区划除州、郡、县外，还有诸侯的封国。

②可与适道，未可与权：《论语·子罕》曰："可与适道，未可与立；可与立，未可与权。"意思是，能够同他走正道的人，未必能够坚守正道；能够坚守正道的人，未必能够随机应变。

③管仲：名夷吾，字仲，颍上人，春秋初期的政治家。齐桓公用他为卿，在齐国实行改革，富国强兵，使齐桓公成为春秋五霸之首。管仲说的这句话出自《管子·法法》。

④管窥：在管子中观测老虎，所见者小。

⑤铁：《文馆词林》作"矣"。

修学令 建安八年

丧乱以来，十有五年①，后生者不见仁义礼让之风②，吾甚伤之。其令郡国各修文学③，县满五百户置校官④，选其乡之俊造⑤而教学之，庶几先王之道⑥不废，而有以益于天下。（《魏志·武帝纪》）

《修学令》,一作《建学令》。建安八年,曹操打败了当时豪强割据势力的代表袁绍集团,奠定了统一中国北方的基础,他的政策措施也在斗争中一步步发展,并在这年七月发布了《修学令》。但由于历史条件的限制,国家一直没有统一,曹操的主要精力用在战争上,因而在教育上没有形成思想体系。

【注释】

①十有五年:十又五年,即十五年。

②后生者不见仁义礼让之风:后生者,指青少年。仁义礼让,指各种道德观念。

③修文学:设置文学的官。文学,本指学术,又指掌管文献和教育的官。

④校官:主管学校的官。

⑤俊造:俊士、造士的省称,指被选拔到各级学校里去的优秀青年。

⑥庶几先王之道:庶几,表希望,含有"或许可以"的意思。先王之道,先王治国的方法。先王,指古代帝王。

求贤令 建安十五年

自古受命①及中兴之君,曷尝②不得贤人君子与之共治天下者乎！及其得贤也,曾③不出闾巷④,岂幸相遇哉？上之人不求之耳⑤。今天下尚未定⑥,此特求贤之急时也。"孟公绰为赵、魏老则优,不可以为滕、薛大夫⑦。"若必廉士而后可用,则齐桓其何以霸世！今天下得无有被褐怀玉而钓于渭滨⑧者乎？又得无有盗嫂受金而未遇无知者乎⑨？二三子其佐我明扬仄陋⑩,唯才是举,吾得而用之。(《魏志·武帝纪》)

建安十三年(208),曹操率军南征,与孙权、刘备的联军战于赤壁,受到严重挫折。他感到事业艰难,只有不断壮大自己的力量,才能尽快完成统一大业,因此于建安十五年春,下了这道令。

文中鲜明地提出"唯才是举"的口号,与东汉以来选拔官吏的旧传统、旧标准相对立,这在当时是有进步意义的。

【注释】

①受命:开国即位为受天命,这里指开国。

②曷尝:曷,何。曷尝,哪有。

③曾:乃,却,往往。

④闾巷:里弄,古代二十五家为一"里",里门叫作"闾"。

⑤上之人不求之耳:《魏志·武帝纪》作"上之人不求之耳",《文馆词林》六九五作"上之人求取之耳",今据改。

⑥未定:《文馆词林》作"未安定"。

⑦孟公绰为赵、魏老则优,不可以为滕、薛大夫:出自《论语·宪问》篇。孟公绰,鲁国大夫,属于孟孙氏家族。赵、魏,晋国的贵族赵氏和魏氏两家。老,家老,家臣的头头。优,指才力有余。滕、薛,春秋时的小国,在今山东藤县及其东南薛城一带。这段话的意思是,适合做大国贵族的家老,不一定适合做小国的大夫。在这里借指廉士不一定有才能。

⑧被褐怀玉而钓于渭滨:被褐怀玉,比喻怀才而人未所知,见《老子》。褐,指粗布短衣。钓于渭滨,相传姜子牙在陕西渭水边钓鱼,周文王访到了他,用他当了国师,周从此兴盛起来。

⑨又得无有盗嫂受金而未遇无知者乎:盗嫂受金,据《史记·陈丞相世家》记载,陈平由魏无知推荐给刘邦,有人攻击他私通嫂子,又接受过贿赂,刘邦就此问魏无知,魏无知说,你所问的是"行",我所荐的是"才",当今楚汉相争,最需要的是人才,盗嫂受金算得了什么,刘邦因而更重用陈平。无知,即魏无知。

⑩二三子其佐我明扬仄陋:二三子,指左右僚属,即"你们"。佐,帮助。明扬,发现和推举出来。仄陋,狭隘、卑贱,指出身贫贱、被埋没的人才。这段话的意思是,你们要帮助我发现那些地位低下的被埋没的人才。

举士令 建安十九年

夫有行之士未必能进取，进取之士未必能有行也。陈平岂笃行，苏秦岂守信邪？而陈平定汉业，苏秦济弱燕①。由此言之，士有偏短，庸②可废乎！有司明思此义，则士无遗滞③，官无废业矣。（《魏志·武帝纪》）

【题解】

《举士令》，又作《敕有司取士勿废偏短令》，颁布于建安十九年（214）。汉朝选拔人才由地方推举，重"德行"，像所谓"孝廉"，造成弄虚作假。曹操为了纠正这种弊病，曾提出"唯才是举"的用人方针。这个令要求主管人事的部门要选拔有所作为的进取之士，不要因他们的品德上的缺点而抛弃他们。

【注释】

①陈平岂笃行，苏秦岂守信邪？而陈平定汉业，苏秦济弱燕："苏秦岂守信邪"，在《文馆词林》中作"苏秦宁守信也"。陈平，汉初阳武（今河南原阳县东南）人，他辅佐刘邦建立汉朝。笃，纯厚。苏秦，战国时期的纵横家，洛阳（今属河南）人，他游说六国联合抗秦，劝齐王归还燕国十个城，所以说他济弱燕，齐国人因此说他卖国，反复无信。

②庸：难道。

③遗滞：遗，遗弃。滞，停滞。

选举令

夫遣人使于四方①，古人所慎择也。故仲尼曰："使乎，使乎②。"言其难也。（《初学记》二十）

邺县③甚大，一乡万数千户，兼人④之吏，未易得也。（《书钞》七十七）

闻小吏或有著巾帻⑤。（《书钞》七十七）

魏诸官印，各以官为名，印如汉法，断二千石者章⑥。

国家旧法，选尚书郎⑦，取年未五十者，使文笔真草⑧，有才能谨慎，典曹⑨治事，起草立义，又以草呈示令⑩、仆⑪讫，乃付令史⑫书之耳。书讫，共省读内⑬之。事本来台郎⑭统之，令史不行知也。书之不好，令史坐之；至于谬误，读省者之责。若郎不能为文书，当御⑮令史，是为牵牛不可以服箱⑯，而当取辩于茧角⑰也。（《太平御览》二百十五）

令诏书省司隶官⑱，钟校尉⑲材智决洞⑳，通敏先觉，可上请参军事，以辅暗㉑政。（《太平御览》二百四十九引《魏武选令》）

谚曰："失晨之鸡，思补更鸣。"昔季阐在白马㉒，有受金取婢之罪，弃而弗问，后以为济北相㉓，以其能故。（《太平御览》四百九十六引《魏武选令》）

【题解】

这六段话是从几种类书中辑来，第一段讲选举，故称《选举令》。其余五段主要是讲用人问题的。

【注释】

①使于四方：出自《论语·子路》，指出使到其他国家去。

②使乎，使乎：《论语·宪问》："蘧伯玉使人于孔子，孔子与之坐而问焉，曰：'夫子何为？'对曰：'夫子欲寡其过而未能也。'"使者出，子曰："使乎！使乎！"此为孔子赞扬使者的话。

③邺县：《全三国文》"邺县"上有"今"字。今河北省临漳县西南。

④兼人：一人能办两人的事。

⑤巾帻：头巾。

⑥印如汉法，断二千石者章：印如汉法，是指汉朝的官，俸禄在两千石

以上的,刻的官印作"某官之章",称"章";两千石以下的,刻的官印作"某官之印",称"印"。断,断限,这里作界限讲。此条出处未明。

⑦尚书郎:东汉官名,尚书令手下的属官,处理政务,起草文书。

⑧文笔真草:文,韵文;笔,散文;真,楷书;草,草书。

⑨典曹:典,管理。曹,指分科办事的官署。

⑩令:尚书令,东汉执行政务的总机构尚书台的长官。

⑪仆:尚书仆射(yè)的简称,尚书台的副长官。

⑫令史:指尚书令史,尚书郎以下掌文书的官员。

⑬内:同"纳",上缴。

⑭台郎:即尚书郎。

⑮御:使用。

⑯牵牛不可以服箱:《诗经·小雅·大东》:"睆彼牵牛,不以服箱。"意思是牵牛星虽叫牛,但是不能拉车。这句承接上文意为:尚方郎如果不能为文书,如同牵牛星不可以拉车。

⑰茧角:角像茧壳那么大的小牛。

⑱司隶官:即司隶校尉。管理京都一带的地方官,相当于州刺史。他有权监察京中官吏的不法行为。

⑲钟校尉:指原司隶校尉钟繇,字元常,颍川长社(今河南长葛市西)人。镇守关中时,招抚流民,恢复和发展农业生产。魏国建立后任大理,迁相国。

⑳决洞:指果断明察。

㉑暗:自谦不明察。

㉒季阐在白马:季阐,人名,生平不详,可能是白马的地方官。白马,县名,今河南省滑县东。

㉓济北相:济北,王国名,属兖州,治所在卢(今山东长清南)。相,王国的长官。

求逸才令 建安二十二年

昔伊挚、傅说①出于贱人;管仲,桓公贼②也,皆用之以兴。萧何、曹参③，县吏也；韩信、陈平④负污辱之名，有见笑之耻，卒能成就王业，声著千载。吴起⑤贪将，杀妻自信，散金求官，母死不归，然在魏，秦人不敢东向，在楚则三晋⑥不敢南谋。今天下得无有至德之人放在民间，及果勇不顾，临敌力战，若文俗之吏⑦，高才异质，或堪为将守；负污辱之名，见笑之行，或不仁不孝而有治国用兵之术：其各举所知，勿有所遗。（《魏志·武帝纪》注引《魏书》）

【题解】

《求逸才令》是曹操在建安二十二年(217)颁布的令文，又称《举贤勿拘品行令》。这是曹操在继《求贤令》《敕有司取士勿废偏短令》之后下的第三道求贤令。

【注释】

①伊挚、傅说：伊挚，即伊尹，夏末商初人，奴隶出身，后辅佐商汤灭夏建立商朝。傅说(yuè)，商朝人，奴隶出身，商王武丁用他为相。

②贼：乱臣，此指敌人。最初，管仲是齐桓公之兄公子纠的部下，在公子纠与桓公的斗争中，他曾射中桓公的带钩，险些把他射死，所以说他是桓公的仇人。然而，桓公回国即位后，不记前仇，任管仲为相，九合诸侯，一匡天下，成就霸业。

③萧何、曹参：两人都曾为县吏，沛县(今江苏沛县)人，最终都官至汉代相国。萧何，秦末辅佐刘邦起义，他留守关中，输送士卒粮饷，支援前线作战，对刘邦战胜项羽，建立汉朝，做出重大贡献。曹参，在楚汉之争和平定异姓诸侯王的过程中多次参与战争，作战勇猛，曾经负伤七十处，攻下两国，一百二十二个县，俘虏诸侯王两名、高官十数人，他是继萧何后的汉代第二位相国。

④韩信、陈平：韩信，西汉淮阴(今属江苏)人，年轻时，淮阴少年欺侮他说："能死，刺我；不能，出胯下。"他只好从胯下爬过，后为刘邦的大将，破赵，取齐，击败项羽。陈平，传说其年轻时曾盗嫂受金，后为刘邦的谋士，在楚汉相争时，曾多次出计谋助刘邦。

⑤吴起：战国初期卫国人。在鲁国时，鲁君想任他为将，但因他的妻子是齐国人而怀疑他，他就杀妻求为鲁将，打败了齐国。他年轻时，为了出外求官，花了千金，把家产花光了。他同母亲分别，立誓不做卿相不归，因此母死不归。后来为魏文侯将，击败秦国，秦兵不敢攻魏。魏文侯死，吴起到了楚国，楚悼王用他为相，韩、赵、魏三国不敢谋楚。楚悼王死，楚国贵族把他杀了。

⑥三晋：魏、赵、韩三国原是晋国的三家世卿，后来分晋各自立国，所以称为三晋。

⑦文俗之吏：指从事普通文书工作的小官吏。

求直言令_{建安十一年}

夫治世^①御众，建立辅弼^②，戒在面从^③，《诗》称"听用我谋，庶无大悔^④"，斯实君臣恳恳^⑤之求也。吾充重任，每惧失中^⑥，频年以来，不闻嘉谋，岂吾开延^⑦不勤之咎邪？自今以后，诸掾属治中、别驾^⑧，常以月旦^⑨各言其失，吾将览焉。（《魏志·武帝纪》注引《魏书》，《文馆词林》卷六百九十五）

自今诸掾属侍中、别驾^⑩，常以月朔^⑪各进得失，纸书函封^⑫，主者朝常给纸函各一。（《初学记》二十一）

【题解】

《求直言令》，又作《求言令》，曹操发布于建安十一年（206）。《文馆词林》卷六百九十五作《令掾属等月旦各言过令》。这篇令文是曹操为了广开言路，发动部下向他提意见和革除当面顺从的恶习而下的令。

【注释】

①治世：《文馆词林》作"化俗"。

②辅弼：辅，帮助。弼，纠正过失。《尚书大传·虞夏传》："古者天子必有四邻：前曰疑，后曰丞，左曰辅，右曰弼。"本指宰相等大臣，这里指曹操的

谋臣。

③面从：《尚书·益稷》："汝无面从，退有后言。"你不要当面顺从，背后说不满的话。

④听用我谋，庶无大悔：出自《诗经·大雅·抑》，相传是卫武公告诫他人而作。庶，差不多。大悔，大的悔恨。

⑤恳恳：恳切，诚恳。

⑥失中：出偏差。

⑦开延：开门请进，指虚心征求意见。

⑧掾属侍中、别驾：掾属，东汉时，三公府分曹(相当于后来的部、处)办事，各曹的主管官员叫"掾"，副职叫"属"。这里指曹操丞相府的官员。治中，原作"侍中"，据《曹操集译注》："侍中是掌管章奏，备顾问，不是王府属官，疑误，因改。"侍中是官名，州刺史的助理，专管文书。别驾，官名，为州刺史的佐使。刺史巡视辖境时，别乘驿车随行，所以叫"别驾"。这里指曹操兼任的冀州牧属官。

⑨月旦：月初。

⑩这一条见于《初学记》，与《三国志》所收之文中一部分意同而文小异，故列于其后。治中，原作"侍中"，今据《曹操集译注》改正。

⑪月朔：每年旧历初一。

⑫纸书函封：写在纸上装入封套加封。

封功臣令 建安十二年

　　吾起义兵，诛暴乱，于今十九年①，所征必克，岂吾功哉？乃贤士大夫②之力也。天下虽未悉定，吾当要与贤士大夫共定之；而专飨③其劳，吾何以安焉！其促定功行封。

（《魏志·武帝纪》）

【题解】

　　建安十二年(207)，曹操消灭了袁绍集团后，为了激励将士继续战斗，下令封赏功臣。把有功劳的二十多人封为列侯,其余人依次受封。

【注释】

①于今十九年:曹操自中平六年(189)在陈留郡己吾县(今河南宁陵县西南)起兵,到建安十二年共十九年。

②贤士大夫:指在统一战争中做出贡献的将士。《周礼》规定,师帅是中大夫,旅帅是下大夫,卒长是上士,所以把士大夫作为将士的通称。

③飨:同"享"。

【汇评】

傅亚庶:这篇令文发布于西征东征之后,北征乌丸的前夕,其目的在于提高部队士气,使有功者受其赏,为北征做准备。(《三曹诗文全集译注》)

分给诸将令 建安十二年

昔赵奢、窦婴①之为将也,受赐千金,一朝散之,故能济成大功,永世流声;吾读其文,未尝不慕其为人也。与诸将士大夫共从戎事,幸赖贤人不爱其谋,群士不遗其力,是以夷②险平乱,而吾得窃③大赏,户邑三万④。追思赵窦⑤散金之义,今分所受租与诸将掾属及故戍于陈、蔡者⑥,庶以畴⑦答众劳,不擅⑧大惠也。宜差死事之孤⑨,以租谷及之。若年殷用足,租奉毕入,将大与众人悉共飨之。(《魏志·武帝纪》注引《魏书》,《文馆词林》卷六百九十五)

【题解】

《分给诸将令》又作《分租与诸将掾属令》,《文馆词林》卷六百九十五又作《分租赐诸将令》。继《封功臣令》之后,曹操又下令将自己封地的租赋收入分给众将领、掾属和入伍早的士兵,同时免除死难将士子女的徭役。

【注释】

①赵奢、窦婴：赵奢，战国时赵国名将，因破秦军立功，赵惠文王封他为马服君。他得到的赏赐，都分给部下。窦婴，汉景帝大将，吴楚等七国叛乱时，以窦婴为大将军，得到赏金千斤。他把赏金放在廊檐下，让部下自己取用。

②夷：铲平、消灭。

③窃：窃取，这里是谦辞。

④户邑三万：户邑即食邑。曹操食邑有武平、阳夏、柘、苦四县，共三万户。

⑤赵窦：《三国志·武帝纪》注作"窦婴"，与上文并提赵奢、窦婴不合，据《文馆词林》改。

⑥戍于陈、蔡者：指早年随曹操起兵，在陈、蔡作战的将士。戍，防守，这里泛指征战。陈、蔡，今河南淮阳和上蔡一带，是曹操早年起兵的地方。

⑦畴：同"酬"，报答。

⑧擅：专，这里是专享的意思。

⑨差死事之孤：即对死亡将士的孤儿，评定等级。

效力令

今清时①，但当尽忠于国，效力王事，虽私结好于他人，用千匹绢、万石谷，犹无所益。

【题解】

《效力令》，又作《清时令》。这一篇出处待考，是曹操为处理好内部相互之间关系而下的令文。

【注释】

①清时：指政治清明之时。

礼让令

里谚曰:"让礼一寸,得礼一尺。"斯合经之要矣。(《御览》四百二十四)

辞爵逃禄,不以利累名①,不以位亏德②之谓让。(《艺文类聚》二十一引《魏武帝杂事》)

【题解】

《礼让令》和前面的《效力令》一样,都是曹操为处理好内部相互之间关系而下的令文。

【注释】

①以利累名:因为利禄而损害名声。

②以位亏德:因为官位而损害品德。

抑兼并令 建安九年

"有国有家者①,不患寡而患不均,不患贫而患不安②。"袁氏之治也,使豪强擅恣,亲戚兼并;下民贫弱,代出租赋,衒鬻③家财,不足应命④。审配宗族⑤,至乃藏匿罪人⑥,为逋逃⑦主;欲望百姓亲附,甲兵强盛,岂可得邪!其收田租亩四升⑧,户出绢二匹⑨、绵二斤⑩而已,他不得擅兴发⑪。郡国守相⑫明检察之,无令强民有所隐藏,而弱民兼赋也。(《魏志·武帝纪》注引《魏书》)

禁比周令 建安十年

阿党比周①,先圣所疾②也。闻冀州俗,父子异部③,更相毁誉④。昔直不疑⑤无兄,世人谓之盗嫂;第五伯鱼⑥三娶孤女⑦,谓之挝⑧妇翁;王凤擅权,谷永比之申伯⑨;王商

忠义,张匡谓之左道⑩:此皆以白为黑,欺天罔⑪君者也。吾欲整齐风俗,四者不除,吾以为羞。(《魏志·武帝纪》)

【题解】

《禁比周令》,又作《整齐风俗令》。这是曹操在建安十年(205)颁布的令文。曹操平定冀州以后,为了整顿社会风气,下了这个命令。

【注释】

①阿党比周:《全三国文》在"阿"之前有"令"。阿党,指结成私党。比周,即拉拢勾结。

②先圣所疾:先圣,指前代英明的君主。疾,痛恨。

③异部:不属一派。

④毁誉:偏义副词,指毁。

⑤直不疑:南阳(今河南省南阳市)人,西汉文帝时为郎,后迁中大夫。有人毁谤他说:"不疑状貌甚美,无奈与嫂子私通。"不疑说:"我从来就没有哥哥。"

⑥第五伯鱼:姓第五名伦,字伯鱼,长陵(在陕西咸阳市东)人。《后汉书·第五钟离宋寒列传》:"建武二十七年,举孝廉,补淮阳国医工长,随王之国。光武召见,甚异之。二十九年,从王朝京师,随官属得会见,帝问以政事,伦因此酬对政道,帝大悦。……帝戏谓伦曰:'闻卿为吏笞妇公,不过从兄饭,宁有之邪?'伦对曰:'臣三娶妻皆无父,少遭饥乱,实不敢妄过人食。'"

⑦孤女:死了父亲的女儿。

⑧挝:打。

⑨王凤擅权,谷永比之申伯:王凤,字孝卿,元城(在河北大名县)人。西汉成帝的舅父,任大司马、大将军,领尚书事。他子弟满朝,独断专权。谷永,字子云,长安人。他看到王凤专权,就想投靠王凤,上奏章吹捧王凤,将之比作周宣王的大臣申伯。王凤因此提拔他做光禄大夫。申伯,周宣王的大臣,安抚南方诸侯有功。

⑩王商忠义,张匡谓之左道:王商,字子威,蠡吾(今河北博野县)人,汉成帝时为丞相。据《汉书·王商传》,王商性情忠直,对王凤专权不满,后被王凤陷害免职,忧虑吐血而死。张匡,蜀郡(治所在成都)人,大中大夫。

张匡在王凤授意下陷害王商,他根据董仲舒"天人感应"之说,上书成帝,把日蚀说成是王商"执左道以乱政"之故。左道,歪门邪道。

⑪罔:蒙蔽。

存恤令 建安十四年

自顷以来,军数征行,或遇疫气,吏士死亡不归,家室怨旷①,百姓流离,而仁者岂乐之哉?不得已也。其令死者家无基业不能自存者,县官勿绝廪②,长吏存恤抚循,以称吾意。(《魏志·武帝纪》)

【题解】

《存恤令》,又作《存恤从军吏士家室令》。建安十三年十二月,曹操在赤壁之战中受到严重挫折,同时又发生疫病,将士死亡较多。建安十四年(209)七月,曹操为鼓舞士气及安定死亡将士家属,而颁布了此令文。

【注释】

①怨旷:男女成年不能婚配的叫"怨女旷夫"。这里指夫妻生离死别,不能团聚。

②廪:政府供应的口粮。

给贷令 建安二十三年

去冬天降疫疠,民有凋伤,军兴于外,垦田损少,吾甚忧之。其令吏民男女:女年七十已上无夫子,若年十二已下无父母兄弟,及目无所见,手不能作,足不能行,而无妻子父兄产业者,廪食①终身。幼者至十二止。贫穷不能自赡者,随口给贷。老耄②须待养者,年九十已上,复不事③家

一人。（《魏志·武帝纪》注引《魏书》）

【题解】

《给贷令》，又作《赡给灾民令》。建安二十二年冬天，在曹操统治的地区发生严重疾病，百姓死亡甚多，垦田面积也有所减少。为了赈济灾民，恢复和发展农业生产，曹操在建安二十三年(218)颁布此令文。

【注释】

①廪食：由官府供给口粮。

②老耄：泛指老年人。耄，八十岁。

③复不事：免除徭役。

慎刑令 建安十九年

夫刑，百姓之命也。而军中典狱者或非其人，而任以三军①死生之事，吾甚惧之。其选明达法理者，使持典刑。（《魏志·武帝纪》）

【题解】

《慎刑令》，又作《选军中典狱令》。典狱，是指主管刑狱的司法官。这篇令文是曹操在建安十九年(214)颁布的，他主张用人要得当，尤其是选择主管刑法的人才。

【注释】

①三军：全军的统称。古时军队分上、中、下三军。

禁绝火令 建安十一年

闻太原、上党、西河、雁门①，冬至后百五日皆绝火寒食^②，云为介子推^③。子胥沉江^④，吴人未有绝水之事^⑤，至于子推独为寒食，岂不偏乎？且北方沍寒^⑥之地，老少羸^⑦弱，将有不堪之患。令到，人不得寒食。若犯者，家长半岁刑，主吏^⑧百日刑，令长^⑨夺一月俸。（《艺文类聚》四；《御览》二十八，又三十，又八百六十九）

【题解】

《禁绝火令》，又作《明罚令》，这是曹操在建安十一年（206）颁布的令文。曹操征高幹占领并州（今山西省）以后，为破除太原等四郡流行的有害人民健康的"寒食"旧风俗下的令。

【注释】

①太原、上党、西河、雁门：这四个都是东汉郡名，当时都属并州。太原治所在晋阳（今山西太原市）、上党治所在长子（今山西长治市）、西河治所在离石（今属山西省吕梁市）、雁门治所在阴馆（今山西代县西北）。

②冬至后百五日皆绝火寒食：《太平御览》在"至"后有"之"字，"百"后有"有"字。根据《后汉书·周举传》记载，太原郡旧俗，为纪念介子推，人们在介子推死的这一个月，不举火，吃冷食。周举改为三天吃冷食。这里当指冬至后一百○五日的寒食节前后三日都吃冷食。

③介子推：春秋时晋国贵族。据《左传·僖公二十四年》所记，他曾随从晋文公流亡国外。文公回国后，他和母亲一同隐居绵山之中。文公烧山逼他出来，他因不愿出来而被烧死。寒食相传是为哀悼介子推而举行的一种习俗。蔡邕《琴操》："介子推抱木而死，晋文公哀之，令人五月五日不得举火。"《汝南先贤传》："介子推三月三日自燔，后成禁火之俗。"

④子胥沉江：伍子胥，名员，春秋时吴国大夫。他助吴王阖闾整军经武，攻破楚国，使吴国强盛。吴王夫差时，他因劝吴王拒越求和，被吴王赐死，尸体沉入江中。

⑤吴人未有绝水之事：吴国人没有因此不喝水。

⑥沍寒：严寒冻闭。沍，闭塞。

⑦羸：瘦弱。

⑧主吏：主管教化的官员。

禁鲜饰令

平参王作问大人语元盈言卒位①,上设青布账,教撤去,以为大人自可施帐,当今君臣上下悉共见。(《书钞》一百三十二)

孤不好鲜饰严具②,所用杂新皮韦笥③,以黄韦缘中④。遇乱世无韦笥,乃更作方竹⑤严具,以皂韦衣之⑥,粗布作里,此孤之平常所用者也⑦。内中妇曾置严具,于时为之推坏。今方竹严具缘漆甚华好。⑧(《书钞》一百三十六,《御览》七百一十七引《魏武内严器诫令》)

百炼利器⑨,以辟不详,摄服奸宄⑩者也。(《太平御览》三百四十五)

吾衣被皆十岁也,岁岁解浣补纳之耳⑪。(《太平御览》八百一十九)

今贵人位为贵人⑫,金印蓝绂⑬,女人爵位之极。(《太平御览》六百九十一)

吏民多制文绣之服,履丝不得过绛紫金黄⑭丝织履。前于江陵⑮得杂綵⑯丝履,以与家,约当著尽此履,不得效作也。(《太平御览》六百九十七)

孤有逆气病⑰,常储水卧头。以铜器盛,臭恶,前以银作小方器,人不解,谓孤喜银物,令以木作。(《太平御览》七百五十六)

昔天下初定,吾便禁家内不得香熏⑱。后诸女配国家为其香,因此得烧香。吾不好烧香,恨不遂所禁,今复禁不得烧香,其以香藏衣著身亦不得⑲。(《太平御览》九百八十一)

房室不洁，听得烧枫胶及蕙草^㉑。(《太平御览》九百八十二)

【题解】

《禁鲜饰令》，又作《内诫令》。上面九段文字分别辑录于《北堂书钞》《太平御览》，其目的就是以节俭告诫吏民和他的家人。

【注释】

①这一句因文字有脱落和错误，不能成句，意思无法理解，所以暂且不释。

②严具：箱子，即"庄具"，因避汉明帝刘庄讳改。

③韦笥：皮箱。韦，熟皮。

④缘中：镶在中间。

⑤方竹：《太平御览》卷七百一十七作"方竹"。

⑥以皂韦衣之：皂韦，黑皮。衣，罩在外面。"之"字本缺，据《太平御览》增补。

⑦此孤之平常所用者也：《太平御览》"孤"下无"之"字，"常"下"所"作"之"，"用"下有"者"字。

⑧这一句是根据《太平御览》增补。

⑨利器：指兵器。曹操曾铸五把宝刀，取名为"百辟刀"，赐给他的儿子。

⑩奸宄：犯法作乱之人。

⑪这一句里的"被""岁"是据《太平御览》卷四百三十一增补。

⑫贵人：女官名，地位仅次于皇后。建安十八年，献帝聘曹操的三个女儿为贵人。

⑬蓝绂：蓝色的绶带。绂，系在印环上的丝带。

⑭绛紫金黄：古代以朱红和黄色为贵，故不得用。

⑮江陵：县名，今湖北江陵县。

⑯杂綵：各种花色的丝织品。

⑰逆气病：即气往上冲，以致出现头疼、面红等症状。《遗令》中说"吾有头病"，即指此。

⑱香熏：即熏香。《全三国文》中作"熏香"。古代把香料燃着放在熏笼中，以香熏衣被。下面的"烧香"也指"熏香"。

⑲《全三国文》中这里"著"字前有"香"字。

⑳枫胶及蕙草:枫胶,枫树胶,有香味。蕙草,一种香草,又叫佩兰。

【汇评】

宋·吴聿:陆龟蒙《邺官词》云:"魏武生平不好香,枫胶蕙炷洁官房。可知《遗令》非前事,却有余熏在绣囊。"或疑蕙不可焚,然事见《广志》,云:"蕙草,绿叶紫花,魏武帝以为香焚之。"(《观林诗话》)

百辟刀令 _{建安十六年—二十二年}

往岁作百辟刀五枚适①成,先以一与五官将②。其余四,吾诸子中有不好武而好文学③,将以次与之。(《艺文类聚》卷六十,《太平御览》三百四十五)

【题解】

百辟刀是曹操为宝刀起的名字,取"百炼利器,以辟不详"的意思。辟,即辟除不详。曹植曾写《宝刀赋》记述此事。此令称曹丕为五官将,可能发布于建安十六年(211)曹丕为五官中郎将之后和二十二年(217)立曹丕为太子之前。

【注释】

①适:刚好。

②五官将:指五官中郎将曹丕。

③《全三国文》中的"学"字后有"者"字。

修卢植坟墓令 _{建安十二年}

故北中郎将卢植①,名著海内,学为儒宗②,士之楷模,乃国之桢干③也。昔武王入殷,封商容之闾④;郑丧子产,而仲尼陨涕⑤。孤到此州,嘉其余风。春秋⑥之义,贤者之后,

有异于人⑦。敬遣丞掾⑧修坟墓，[存其子孙]⑨，并致薄醳⑩，以彰厥⑪德。（《魏志·卢毓传》注引《续汉书》）

【题解】

《修卢植坟墓令》，又作《告涿郡太守令》。这篇令文是曹操平定冀州以后，北征乌桓，经过涿郡时写的，写于建安十二年（207）。曹操号召社会人士，以卢植为楷模，从而能够支持他的事业，为他出力。

【注释】

①故北中郎将卢植：故，前。北中郎将，中郎将是保卫京城、宫室的羽林军的武官。后来统兵将领多用此名，其上再加称号，如"北中郎将"等。卢植，字子干，涿郡涿（今河北省涿州市）人，汉灵帝时，历任博士、九江太守。中平元年（184），黄巾大起义，卢植任北中郎将，曾积极镇压黄巾起义。后来做尚书，董卓入京，议废少帝，卢植表示反对，险遭杀害，后逃归乡里，因此很有名声。

②儒宗：研究儒学经典的大师。

③桢干：古代用实土筑墙，先于两端立木为"桢"，在中间夹板为"干"。借喻为重要人才。

④武王入殷，封商容之闾：见《尚书·武成》。武王，姓姬名发，前11世纪攻入殷都城朝歌（今河南省淇县西），灭纣，建立周王朝。封，表彰。商容，殷大夫，因劝阻纣王被贬斥。闾，里巷。

⑤郑：春秋时国名，在今河南郑州一带。子产，即公孙侨，字子产，春秋时郑国大夫，郑简公二十三年（前543）执政，在郑国实行改革。陨涕：落泪。《左传·昭公二十年》："及子产卒，仲尼闻之，出涕曰：'古之遗爱也（指古来留下来的被人敬爱的人）。'"曹操借以说明他对卢植的尊敬。

⑥春秋：鲁国的编年史，相传为孔子据鲁国的史料所编。

⑦贤者之后，有异于人：指对贤者的后代，不能和一般人同样看待。解释《春秋》的《公羊传·昭公二十年》："君子之善善也长，恶恶也短；恶恶止其身，善善及子孙，贤者子孙，故君子为之讳也。"意思是君子赞美善人的时间长，憎恶恶人的时间短，憎恶恶人只限于他本人，赞美善人连及他的子孙。对善人的子孙（倘有缺点），君子要替他掩盖。

⑧丞掾：丞，令丞，三公府的属官。掾，东汉时，三公府分曹（相当于后

来的部、处)办事,各曹的主管官员叫"掾"。

⑨这句本无,据《艺文类聚》卷四十及《全三国文》增补。意思是使其子孙享受俸禄。

⑩并致薄醊:意思是并加祭奠。醊,酒。致醊,即致祭。

⑪厥:他的。

褒扬泰山太守吕虔令 建安六年

夫有其志,必成其事,盖烈士之所徇①也。卿在郡以来,禽奸讨暴,百姓获安,躬蹈②矢石,所征辄克。昔寇恂立名于汝、颍③,耿弇建策于青、兖④,古今一也。(《魏志·吕虔传》)

【题解】

泰山,东汉郡名,属兖州,郡治在奉高县(今山东泰安市东北)。吕虔,字子恪,任城(今山东济宁)人,自率家兵,随曹操平定兖州。官渡之战后,曹操派夏侯渊、吕虔等人治理兖州,任吕虔为泰山(今山东泰安地区)太守。吕虔到任后,消灭了盘踞在这里的袁绍的残余势力郭祖、公孙犊等人,同时还配合夏侯渊镇压了济南、乐安的黄巾军,因此受到曹操的褒扬,推举他为茂才。因此此篇又称为《举泰山太守吕虔茂才令》。

【注释】

①烈士之所徇:烈士,有气节的、肯为节义而牺牲的人。徇,通"殉",从死。《史记》:"贪夫徇财,烈士徇名。"殉名,即为名节而牺牲。

②躬蹈:亲自冒犯。

③寇恂立名于汝、颍:寇恂,字子翼,东汉昌平(今北京市昌平区)人。据《后汉书·寇恂传》记载:刘秀占有河内,任他为太守。他注意发展生产,为刘秀输送粮饷,并与冯异镇压绿林军。后历任颍川、汝南太守,封雍奴侯。汝、颍,即汝南、颍川,东汉两郡名,属豫州,汝南郡治所在平舆(今河南汝南县东南)。颍川郡,治所在阳翟(今河南禹州)。

④耿弇建策于青、兖：耿弇，字伯君，《后汉书·耿弇传》曰：最开始从光武帝在青、兖，多次建议夺取战略要地邯郸，最后他说服他的父亲耿况，联合彭宠共同夺取了邯郸，被封为建德大将军。青，州名，辖今山东东北部，治所在临淄(今山东省淄博市)。兖，州名，在今山东省中部和西部，河南省北部。治所在昌邑(今山东金乡县)。

表封田畴令 建安十四年

蓨令①田畴，志节②高尚，遭值州里戎、夏交乱③，引身深山，研精味道④，百姓从之，以成都邑。袁贼之盛，命召不屈⑤。慷慨守志，以徼⑥真主。

及孤奉诏征定河北，遂服幽都⑦，将定胡寇，时⑧加礼命。畴即受署⑨，陈建攻胡蹊路⑩所由，率齐山民，一时向化，开塞导送，供承使役，路近而便，令虏不意。斩蹋顿⑪于白狼⑫，遂长驱于柳城⑬，畴有力焉。

及军入塞，将图其功，表封亭侯⑭，食邑五百，而畴恳恻，前后辞赏⑮。出入三载，历年未赐，此为成一人之高，甚违王典⑯，失之多矣。宜从表封，无久留吾过⑰。(《魏志·田畴传》注引《先贤行状》)

【题解】

《表封田畴令》，又作《爵封田畴令》。建安十二年，曹操上表，封田畴为亭侯，食邑五百户。田畴坚决辞让，曹操迁就了他。后来曹操意识到论功行赏乃国家制度，自己听任田畴谢封是不对的，于是又在建安十四年(209)下此令文。

【注释】

①蓨令：蓨，县名，在今河北省景县南。令，汉代万户以上的县长称令。
②志节：原作"至节"，据明刻毛氏汲古阁本《三国志》改。

③州里戎、夏交乱:州里,故乡。戎、夏交乱,戎指乌丸,夏指公孙瓒等。

④研精味道:研究和体味立身处世的精微道理。

⑤命召不屈:据《三国志·田畴传》知,袁绍父子曾五次征聘田畴,并授给将军印,田畴始终拒不受命。

⑥徼:寻求。

⑦幽都:指袁绍次子袁熙统治的幽州。

⑧时:宋本《三国志》为"特"。

⑨受署:接受任命。

⑩蹊路:山间小路。

⑪蹋顿:乌丸奴隶主的首领。

⑫白狼:山名,在今辽宁省凌源市。

⑬柳城:今辽宁省朝阳县南。

⑭亭侯:汉代较县侯小的侯爵。

⑮前后辞赏:指田畴从开始到表封后一再推辞对他的封赏。

⑯王典:指国家的制度。

⑰无久留吾过:不要使我的过失长期存在。曹操认为他上一次同意田畴谢封,只是成全个人的清高之节,却不合乎国家的制度,所以这一次一定要纠正过来。

下田畴让封令 建安十三年

昔伯成弃国①,夏后不夺②,将欲使高尚之士,优贤之主③,不止于一世也。其听畴所执。(《魏志·田畴传》注引《魏书》)

【题解】

《下田畴让封令》,又作《听田畴谢封令》。建安十二年,曹操根据田畴的功劳,上《表论田畴功》,封其为亭侯,食邑五百户。田畴坚决推辞,不肯受封,曹操当时迁就了他,在建安十三年(208)下了这篇令文。

【注释】

①伯成弃国:伯成子高是帝尧时代的一个诸侯。尧让位给舜,舜让位给禹。伯成便辞去职位去种田。

②夏后不夺:夏后,夏禹。不夺,不强迫他改变志愿。

③高尚之士,优贤之主:分指伯成和夏后。

与张范令 _{建安十三年}

邴原①名高德大,清规邈世②,魁然而峙③,不为孤用。闻张子④颇欲学之,吾恐造之者富⑤,随之者贫⑥也。(《魏志·邴原传》注引《原别传》)

【题解】

《与张范令》,又作《为张范下令》。东汉末年,军阀割据,政治黑暗。有些人洁身自好,超脱世俗,以求免祸,这些人被称为"名士"。曹操打击豪强,革新政治,赢得了他们的同情和支持。名士邴原接受曹操的招聘,但由于一时改变不了"超脱世俗"的习气,称病不到职。张范字公仪,河内修武(今河南省修武县)人,也是当时的名士,也学邴原的清高,曹操为了争取知识界,在建安十三年(208)下了这篇令文,对他们进行婉转含蓄的批评。

【注释】

①邴原:字根矩,北海朱虚(今山东临朐县东)人,是当时北方较有影响的"名士",曹操召他为东阁祭酒,又转曹丕的长史,并让曹丕以师傅之礼待他。建安十九年随曹操南征,病死途中。

②清规邈世:清规,清高品行。邈世,超脱世俗。

③魁然而峙:魁然,高大的样子。峙,耸立。

④张子:对张范的尊称。

⑤造之者富:造,造端、开端。富,引申为收获大。

⑥随之者贫:随之,跟人学。贫,指一无所获。

傅亚庶:这篇令文对张范欲学邴原"清规邀世"的行为提出委婉的批评,指出步他人后尘,恐怕会一无所获。曹操这篇令文表面上是为张范而写,实际上是向当时社会的整个"名士"阶层表明自己的态度。(《三曹诗文全集译注》)

徐晃假节令 建安二十三年

此阁道①,汉中②之险要咽喉也。刘备③欲断绝外内以取汉中,将军一举,克夺贼计,善之善者也。(《魏志·徐晃传》)

【题解】

《徐晃假节令》,又作《假徐晃节令》。假,凭借;节,凭证。在汉代假节可以杀违反军令的人。徐晃,字公明,河东杨(今山西洪洞)人,曹操的五良将之一,原是杨奉部下,投降曹操后,拔为将军,因功封右将军,阳平侯。曹操平定汉中以后,于建安二十一年二月还邺,留夏侯渊、徐晃等拒刘备于阳平。建安二十三年,刘备乘曹操退走,想乘机争夺汉中,领兵进攻阳平关(今陕西勉县境内),派陈式去断马鸣阁栈道。徐晃别领一军击败陈式,守住了险要。曹操大喜,下了此令。

【注释】

①阁道:即马鸣阁道,在今四川昭化境内,是一条在悬崖陡壁间立支架,铺木板而成的路,又叫"栈道"。

②汉中:东汉郡名,郡治在南郑(今陕西汉中境内)。

③刘备:字玄德,涿州市(今属河北)人,西汉中山王胜的后代。东汉末,参加镇压黄巾起义有功,后继陶谦做徐州牧。失败后投奔刘表,用诸葛亮策联吴抗曹。赤壁战后,占有荆州,定巴蜀汉中。刘备代汉,就在成都称帝,国号蜀,后人一般称其为先主。

劳徐晃令 建安二十四年

　　贼围堑鹿角①十重，将军致战②全胜，遂陷③贼围，多斩首虏。吾用兵三十余年，及所闻古之善用兵者，未有长驱径入敌围者也。且樊、襄阳之在围，过于莒、即墨④，将军之功，逾孙武、穰苴⑤。（《魏志·徐晃传》）

【题解】

　　建安二十四年(219)，蜀汉荆州守将关羽领兵围困襄、樊，形势十分危急，曹操派徐晃去援救。徐晃击败关羽，在关羽退入设立十重鹿角的营垒时又乘胜追击，冲入敌营，解了樊城之围。这时东吴又乘机袭取荆州，导致关羽败亡，吴、蜀联盟因此破裂。这次战役的胜利意义重大，因而曹操下了这个令，高度赞扬了徐晃的战功。劳，慰问。

【注释】

　　①围堑鹿角：围堑，围绕营垒的壕沟。鹿角，军用障碍物，将带枝树木削尖埋在地上，形似鹿角。

　　②致战：交战。

　　③陷：攻破。

　　④莒、即墨：莒，今山东莒县。即墨，今山东平度市东南。莒和即墨在春秋时都是齐国的城邑，燕国大将乐毅攻齐，连下七十余城，只有齐将田单防守的莒和即墨没有被攻下。后田单以二城而破燕军，全部收复齐国失地。

　　⑤孙武、穰苴：孙武，春秋时齐国人，当时著名军事家，吴王任用他为将军，先后打败了楚、齐、晋等国，使吴国称霸于诸侯，著有《孙子》十三篇。穰苴，春秋时齐国名将，当时著名军事家，曾打败燕、晋的军队，本姓田，因其做大司马官，又称司马穰苴。

下州郡美杜畿令 _{建安十八年}

　　昔仲尼之于颜子①，每言不能不叹，既情爱发中，又宜率马以骥②。今吾亦冀众人仰高山，慕景行③也。（《魏志·杜畿传》注引《杜氏新书》）

【题解】

　　《下州郡美畿令》，又作《下州郡》。这是曹操为表扬杜畿发到各州郡的通报。平虏将军刘勋原为曹操宠信，"贵震朝廷"。他曾向杜畿索取河东特产大枣，杜畿托故拒绝。后刘勋犯法处死，曹操发现了杜畿拒绝刘勋的信，对他的不媚权贵，不结私好，十分赞赏。因此发了这个通报。杜畿，字伯侯，京兆杜陵（今属陕西西安长安）人。在河东任太守十六年。文帝时进封乐亭侯，位至尚书仆射。

【注释】

　　①颜子：颜回，又名颜渊，孔子最得意的学生。《论语·为政篇》："子曰：'吾与回言终日，不违，如愚。退而省其私，亦足以发，回也不愚。'"《淮南子·人间篇》："人或问孔子曰：'颜回何如也？'曰：'仁人也，丘弗如也。'"

　　②率马以骥：在马群中挑一匹好马领头。比喻在众人中要找一个贤人作为表率。

　　③仰高山，慕景行：《诗·小雅·车辖》："高山仰止，景行行止。"意思是对有德的人，像高山一样仰慕他；对行为高尚的人，则效法他。

赐杜畿令 _{建安十八年}

　　昔萧何定关中①，寇恂平河内②，卿③有其功。间④将授卿以纳言⑤之职，顾念河东，吾股肱⑥郡，充实之所，足以制天下，故且烦卿卧镇⑦之。（《魏志·杜畿传》）

《赐杜畿令》,又作《以杜畿为尚书仍镇河东令》。杜畿为河东(郡名,属司隶,治所在安邑,即今山西省夏县北)太守时,镇压叛乱,发展生产,得到曹操的赞赏。建安十八年(213)魏国建立后,任命他为尚书,曹操考虑到河东郡的重要性,要他镇守河东,于是下了此令。

【注释】

①萧何定关中:萧何,秦末辅佐刘邦起义,他留守关中,输送士卒粮饷,支援前线作战,对刘邦战胜项羽、建立汉朝做出重大贡献。关中,今陕西省中部一带。

②寇恂平河内:寇恂,字子翼,东汉昌平(今北京市昌平区)人。据《后汉书·寇恂传》记载:刘秀占有河内,任他为太守。他注意发展生产,为刘秀输送粮饷,并与冯异镇压绿林军。后历任颍川、汝南太守,封雍奴侯。河内,郡名,属司隶,治所在怀县(今河南武陟县西南)。

③卿:古代君对臣的称呼。

④间:近来。

⑤纳言:古官名,掌管传达天子命令,后称尚书为纳言。

⑥股肱:大腿和胳膊,在这里比喻河东郡的重要。

⑦卧镇:据《汉书·汲黯传》记载:西汉武帝时汲黯做东海(今山东郯城县西南)太守,多病,经常躺在屋里,但却把东海郡治理得很好。后召他为淮阳(今河南周口市淮阳区西)太守,他不愿接受。武帝说:"我只想借重你的威望,让你躺着就能治理好淮阳。"这里指要借重杜畿的威望来镇守河东。

与辛毗令 建安二十二年

昔高祖贪财好色,而良、平①匡其过失,今佐治、文烈忧不轻矣。(《魏志·辛毗传》)

《与辛毗令》,又作《使辛毗曹休参治下辨令》。辛毗,字佐治,颍川阳翟(今河南禹州)人,原来是袁绍的谋士,后归曹操。先为议郎,后任丞相长史。曹休,字文烈,曹操族侄,曹操称赞他:"此我家千里驹也。"当时任骑都尉。参治,指参与治理曹洪的军队。曹洪,是曹操的堂弟,讨董卓时,曹操在荥阳战败,坐骑受伤,曹洪把自己的马献给曹操,使曹操得以脱险,之后他又立下很多战功,深受曹操赏识。建安二十二年(217),曹操和刘备争夺汉中,刘备令张飞、马超、吴兰屯兵下辨(今甘肃成县西),曹操令曹洪前往征讨,但他又深知曹洪贪财好色,所以又特意派骑都尉曹休和谋士辛毗去当他的参军。曹洪明白曹操的意图,所以事事都同曹休商量。

【注释】

①良、平:指张良、陈平,但据《史记·高祖本纪》"沛公……欲止宫休舍,樊哙、张良谏,乃封秦重宝财物府库,还军霸上"可知,应是张良、樊哙。张良,字子房,城父(今河南宝丰县)人,他跟随刘邦入关灭秦,在刘邦与项羽的斗争中,他为刘邦谋划,立功最多,后封留侯。樊哙,沛县(今属江苏)人。始业杀狗,从刘邦起兵,屡立战功,封舞阳侯。

与邴原令 _{建安十六年}

子弱不才,惧其难正,贪欲相屈,以匡励①之。虽云利贤②,能不恧恧③!(《魏志·邴原传》注引《原别传》)

【题解】

《与邴原令》,又作《转邴原为五官长史令》。邴原,字根矩,北海朱虚(今山东临朐县东)人,是当时北方较有影响的名士。五官,即五官中郎将,统领皇帝的侍卫,保卫京城和皇帝的安全。长史,五官府内的总管。曹操看到邴原清高正直,不肯阿附权势,建安十六年(211)就让他担任他儿子曹丕的属官五官将长史。

①匡励:纠正和勉励。

②利贤:对贤人的信任和重用。

③恧恧:惭愧。

辟王必令 建安十八年—二十二年

领①长史王必,是吾披荆棘时吏也。忠能勤事,心如铁石,国之良②吏也。蹉跌久未辟③之,舍骐骥④而弗⑤乘,焉遑遑⑥而更求哉?故教辟之⑦,已署所宜,便以领长史统事如故。(《魏志·武帝纪》注引《魏武故事》)

【题解】

《辟王必令》,又作《敕王必领长史令》。王必,是东汉末年曹操部下的官吏,建安三年(198)曹操擒吕布时,王必任主簿。曹操为魏公以后,任命他为丞相府长史,留守许昌。建安二十三年(218),汉太医令吉本等发动叛乱,烧王必营,王必伤重而死。这篇是曹操在建安十八年至二十二年(213—217)间发的令文,内容是任命王必为长史。

【注释】

①领:《太平御览》卷二百四十八作"府"。

②良:《太平御览》卷二百四十八作"长"。

③未辟:未,《太平御览》卷二百四十八作"不"。辟,汉代中央最高行政长官如三公,地方官如州牧、郡守都可自行征聘僚属,这一行为称辟。

④骐骥:好马,比喻贤才。

⑤弗:《太平御览》卷二百四十八作"不"。

⑥遑遑:匆忙的样子。《梁书·韦叡传》:"弃骐骥而不乘,焉遑遑而更索?"

⑦故教辟之:《太平御览》卷二百四十八"故"上有"今"字。

拜高柔为理曹掾令 建安十九年

　　夫治定之化，以礼为首；拨乱之政，以刑为先。是以舜流四凶①族，皋陶作士②；汉祖除秦苛法③，萧何定律④。掾清识平当⑤，明于宪典，勉恤⑥之哉！（《魏志·高柔传》）

【题解】

　　《拜高柔为理曹掾令》，又作《以高柔为理曹掾令》。高柔，陈留郡圉县（今河南杞县南）人，袁绍的外甥高幹的堂弟。最初跟随高幹，后归顺曹操。曹操用他做刺奸令史，他持法公正，办事负责。建安十九年（214）十二月，丞相府设置理曹，掌管刑法，并任命高柔为理曹掾。理曹，丞相府管刑法的部。掾，官理一曹的长官。

【注释】

　　①四凶：指鲧、共工、驩兜、三苗，传说他们分别被舜处以死刑或流放。《史记·五帝本纪》："讙兜进言共工，尧曰不可而试之工师，共工果淫辟。四岳举鲧治鸿水，尧以为不可，岳彊请试之，试之而无功，故百姓不便。三苗在江淮、荆州数为乱。于是舜归而言于帝，请流共工于幽陵，以变北狄；放驩兜於崇山，以变南蛮；迁三苗于三危，以变西戎；殛鲧於羽山，以变东夷：四罪而天下咸服。"

　　②皋陶作士：皋陶当司法官。《史记·五帝本纪》："舜曰：'皋陶，蛮夷猾夏，寇贼奸宄，汝作士，五刑有服。'"《集解》："马融曰：'狱官之长。'"

　　③汉祖除秦苛法：汉高祖刘邦攻克秦都咸阳后，废除秦朝的苛法，宣布"约法三章"。

　　④萧何定律：汉相萧何在秦律的基础上制定了汉律九章。

　　⑤掾清识平当：掾，这里指高柔。清识，见识清明。平当，公允正直。

　　⑥勉恤：勉力体察。

下诸侯长史令 约建安二十二年

诸侯长史及帐下吏,知吾出,辄将①诸侯行意否？从子建②私开司马门③来,吾都不复信诸侯也。恐吾适出,便复私出,故摄④将行,不可恒使吾以⑤谁为心腹也!（《魏志·陈思王植传》注引《魏武故事》）

【题解】

《下诸侯长史令》,又作《又下诸侯长史令》。诸侯长史,指曹操封侯诸子的府总管。因曹植私开司马门,曹操为此下令给诸侯府长史。诸侯,指曹操的几个被封为侯的儿子。

【注释】

①辄将:辄,常常。将,带领。

②子建:曹植的字。

③司马门:王宫的外门,在宫墙内有司马官守卫,所以叫司马门。

④摄:制,犹管束。

⑤以:原误作"尔",依今本《三国志》改。

诸儿令 建安二十一—二十二年

今寿春、汉中、长安①,先欲使一儿各往督领之,欲择慈孝不违吾令,亦未知用谁也。儿虽小时见爱,而长大能善,必用之。吾非有二言也,不但不私臣吏,儿子亦不欲有所私。（《太平御览》四百二十九）

寿春面对孙权,汉中面对刘备,长安是西汉故都,都是重镇,所以曹操要派儿子们去镇守。魏军于建安二十年(215)七月夺取汉中,建安二十四年(217)正月,汉中被蜀军夺取,曹操发布此令文正在此期间。

【注释】

①寿春、汉中、长安:寿春,县名,今安徽寿县。汉中,郡名,治所在陕西南郑(今陕西汉中境内)。长安,西汉首都,今西安市西北。

列孔融罪状令 建安十三年

太中大夫①孔融既伏其罪矣,然世人多采其虚名,少②于核实,见融浮艳,好作变异,眩其诳诈,不复察其乱俗也。此州③人说平原祢衡④受传融论,以为父母与人无亲,譬若甀⑤器,寄盛其中,又言若遭饥馑,而父不肖,宁赡活余人。融违天反道,败伦乱理,虽肆市朝⑥,犹恨其晚。更以此事列上,宣示诸军将校⑦掾属,皆使闻见。(《魏志·崔琰传》注引《魏氏春秋》)

【题解】

《列孔融罪状令》,又作《宣示孔融罪状令》。孔融,字文举,孔子第二十世孙。公元195年,刘备举荐42岁的孔融为青州刺史。次年,袁绍之子袁谭攻打青州,孔融逃出青州。后来,孔融辗转来到曹操帐下。孔融聪明过人,才华横溢,在曹操手下做事做得很好。然而,他又经常反对曹操的决定,并出言讥讽曹操。比如,曹操攻克邺城,曹操之子曹丕私纳袁熙妻甄氏。孔融就给曹操写信,称"武王伐纣,以妲己赐周公",以此来讥讽曹操。又比如,曹操征讨乌桓时,孔融又嘲笑他"大将军远征,萧条海外。昔肃慎不贡楛矢,丁零盗苏武牛羊,可并案也"。还比如,曹操颁布了一条禁酒令,说酒会亡国,其实本意是为了节约粮食,而孔融出言反对,称自古以来亡国的还有女人,怎么不把女人也禁了?"天有酒旗之星,地列酒泉之郡,人有旨酒之德,故尧不饮千钟,无以成其圣。……夏、商亦以妇人失天下,今令不断婚姻?"建安十三年,曹操以大逆不道的罪名把孔融处死。

然而,由于孔融是名士,社会影响大,他被曹操处死之后,社会上舆论纷纷,曹操就发布了这篇令文,宣布孔融的罪状。

【注释】

①太中大夫:官名,充当皇帝顾问,无固定职务。

②少:《全三国文》作"失"。

③此州:指豫州。

④平原祢衡:平原,郡名,属青州,治所在平原(今山东平原县西南)。祢衡,字正平,是当时的名士,与孔融交好。他曾当面辱骂曹操,曹操把他送给刘表,后被刘表部下黄祖所杀。

⑤瓯:口小腹大的陶器。

⑥肆市朝:把人处死后,将尸体放在街上示众。肆,陈列。市朝:街市、朝堂,指人们会聚处。

⑦将校:武官的通称。

丁幼阳令

昔吾同县有丁幼阳者,其人衣冠①良士,又学问材器,吾爱之。后以忧恚得狂病,即差②愈,往来故当共宿止。吾常遣归,谓之曰:"昔狂病,傥发作持兵刃,我畏汝。"俱共大笑,辄遣归不与共宿。(《太平御览》七百三十九)

【题解】

《丁幼阳令》,又作《追称丁幼阳令》。丁幼阳,即丁冲,谯县人,与曹操同郡。丁冲曾建议曹操迎献帝迁都许县,后来担任司隶校尉。

【注释】

①衣冠:指士子。

②差：通"瘥"，痊愈。

表青州刺史刘琮令建安十三年

楚有江汉山川之险，后服先强①，与秦争衡，荆州②则其故地。刘镇南③久用其民矣。身没之后，诸子鼎峙④，虽终难全，犹可引日。青州刺史⑤琮，心高志洁，智深虑广，轻荣重义，薄利厚德，蔑万里之业，忽三军之众，笃中正之体，敦令名之誉，上耀先君之遗尘⑥，下图不朽之余祚⑦，鲍永⑧之弃并州，窦融⑨之离五郡，未足以喻也。虽封列侯一州之位，犹恨此宠未副其人；而比⑩有笺求还州。监史⑪虽尊，秩禄未优。今听所执，表琮为谏议大夫⑫，参同军事。（《魏志·刘表传》注引《魏武故事》）

【题解】

《表青州刺史刘琮令》，又作《表刘琮令》。刘琮，荆州牧刘表的小儿子。曹操在统一北部后，于建安十三年（208）九月挥师南下，直指荆州，这时荆州牧刘表病死，他的小儿子刘琮接受规劝，投降曹操。曹操任命刘琮为青州刺史。后来，刘琮请求回到荆州去，曹操说可以接受他辞去青州刺史回到荆州的要求，并改封他为谏议大夫参同军事，同时发表了此篇令文。

【注释】

①后服先强：安定时他后归顺，动乱时他先起来。《公羊传·僖公四年》："楚有王者则后服，无王者则先叛。"扬雄《荆州牧箴》："有道后服，无道先强。"

②荆州：汉代州治在襄阳，是原来楚国的地域。

③刘镇南：即刘表。字景升，山阳高平（今甘肃省固原市）人，割据荆州的军阀，建安十三年病死。

④诸子鼎峙：指刘表宠爱后妻生的幼子刘琮，立他为后嗣，只让他的长

子刘琦担任江夏太守,刘表死后,刘琮、刘琦反目对立。

⑤刺史:一州的长官。

⑥遗尘:遗迹,遗业,指功绩。

⑦余祚:子孙的福荫。

⑧鲍永:字君长,上党屯留(今山西省长子县西)人,东汉光武帝即位时,鲍永在并州(今山西、陕西一带)割据。后来他把兵遣散,投靠光武帝。

⑨窦融:字周公,扶风平陵(今陕西省咸阳东)人,东汉光武帝即位时,他为酒泉、金城、张掖、武威、敦煌五郡割据势力的头目;后来他放弃五郡,投靠光武帝。

⑩比:近时。

⑪监史:即刺史。刺史原来是汉武帝派出去监察地方官员的,后来改为地方长官,所以这里用监史来称刺史。

⑫谏议大夫:朝廷的谏官。

寿陵令 建安二十三年

古之葬者,必居瘠薄之地。其规西门豹①祠西原上为寿陵②,因高为基,不封不树。周礼③,冢人④掌公墓之地,凡诸侯居左右以前,卿大夫居后,汉制亦谓之陪陵⑤。其公卿⑥大臣列将有功者,宜陪寿陵,其广为兆域⑦,使足相容。

(《魏志·武帝纪》)

【题解】

《寿陵令》,又作《终令》。这是曹操在建安二十三年(218),即他死前一年多为安排自己的墓葬下的令文。

【注释】

①西门豹:战国魏人,他做邺县县令时,破除"河伯娶妇"的坏习俗,带领百姓兴修水利,发展生产,受到人民的尊敬,因此死后人们为他立祠。

②寿陵:帝王生前营造的墓穴。

③周礼:叙述周代各部门的大小官吏及其职掌等内容的书。

④冢人:周代掌管墓葬的官员。

⑤陪陵:古代往往把功臣的坟墓葬在皇陵的旁边,称之为陪陵。

⑥公卿:原指三公、九卿,这里指朝廷中的高级官员。

⑦兆域:墓地的范围。

遗令 建安二十五年

吾夜半觉小不佳,至明日饮粥汗出,服当归汤①。

吾在军中持法是也,至于小忿怒,大过失,不当效也。天下尚未安定,未得遵古②也。吾有头病,自先著帻③,吾死之后,持大服如存时,勿遗。百官当临殿中者,十五举音④,葬毕便除服;其将兵屯戍者,皆不得离屯部;有司各率乃职。敛以时服⑤,葬于邺之西冈上,与西门豹祠相近,无藏金玉珍宝。

吾婢妾与伎人⑥皆勤苦,使著铜雀台⑦,善待之。于台堂上安六尺床,施繐帐⑧,朝晡上脯糒之属⑨,月旦十五日⑩,自朝至午,辄向帐中作伎乐。汝等时时登铜雀台,望吾西陵墓田。余香可分与诸夫人,不命祭⑪。诸舍中无所为,可学作组履⑫卖也。吾历官所得绶,皆著藏中。吾余衣裘,可别为一藏,不能者兄弟可共分之。(《魏志·武帝纪》,《宋书·礼志》二,《世说·言语篇》注,《文选》陆机《吊魏武文序》,《通典》八十,《书钞》一百三十二,《太平御览》五百、五六十、六百八十二、六百八十七、六百九十七、六百九十九、八百二十、八百五十九)

【题解】

这篇令文是曹操在临终前留下的遗嘱,散见在各书中,今依《曹操集》

97

本收录。

【注释】

①当归汤：一种以中药当归为主的补剂。

②遵古：指遵守关于丧葬的古礼，如服孝和用金玉珍宝陪葬等。

③著帻：著，戴。帻，头巾。

④十五举音：哭十五声。《史记·孝文本纪》记载，西汉文帝死前规定，来吊丧的官员，早晚各哭十五声，其他时间不得擅哭。

⑤敛以时服：入殓时穿当时所穿的衣服。敛，同"殓"，把死人装进棺材。时服，当时季节所穿的衣服。

⑥伎人：指乐队歌舞艺人。

⑦铜雀台：曹操在建安十五年冬所筑，地址在今河北省临漳县西南邺镇，现在还有残余的台阶。

⑧繐帐：用稀疏的麻布制的灵幔。

⑨朝晡上脯糒之属：朝，早晨。晡，下午。脯，干肉。糒，干粮。属，类。

⑩月且十五日：《太平御览》卷六百九十五作"月朝十五"。

⑪不命祭：指余香不得用于祭祀。

⑫组履：组，编织丝带。履，做鞋子。

蠲河北租赋令 建安九年

河北罹①袁氏之难，其令无②出今年租赋！（《魏志·武帝纪》）

【题解】

建安九年，曹操夺取冀州，平定了河北。河北地区在袁绍集团统治下，豪强兼并，残酷剥削，使农业生产遭到很大破坏。为了恢复和发展农业生产，取得这一地区百姓的支持，巩固自己的统治，这年九月，曹操下了此令。蠲，免除。河北，黄河以北，指袁氏统治下的冀州。

更始令 建安十年

其与袁氏同恶者，与之更始①。（《魏志·武帝纪》）

【题解】

《更始令》，又作《赦袁氏同恶令》。建安十年（205）春，曹操平定冀州，为了瓦解和争取袁氏余党，稳定民心，他下了这个令文。《魏志·武帝纪》记载，在这个令文下面，又有"令民不得复私仇，禁厚葬，皆一之于法"。可见同时还有一个禁复仇厚葬令，只是令文没有记载下来。

【注释】

①更始：重新开始，重新做人。

辞九锡令 建安十八年

夫受九锡，广开土宇。周公其人也。汉之异姓八王者①，与高祖俱起布衣②，创定王业，其功至大，吾何可比之？
（《魏志·武帝纪》注引《魏书》）

【题解】

建安十七年，曹操手下以董昭为首的谋臣等建议曹操应该封为魏国公，受九锡礼物。建安十八年（213），汉献帝封曹操为魏国公，赐九锡。这就标志着曹魏政权开始建立。曹操为了表示自谦，就写了《辞九锡令》，同时还写了《让九锡表》。九锡，古代帝王给大臣九种赏赐，表示特殊礼遇和

99

恩宠:1.车马;2.衣服;3.乐器;4.朱户(门可以涂成红色);5.纳陛(把台阶修在屋檐下使不露天);6.虎贲(武士)三百人;7.弓矢;8.鈇钺(斧与大斧,表示不经皇帝批准可以杀人的权力);9.秬鬯,供祭祀用的美酒。

【注释】

①汉之异姓八王者:指刘邦封的刘姓以外的八王,即韩王信、梁王彭越、齐王韩信、长沙王吴芮、淮南王英布、燕王臧荼、赵王张耳、燕王卢绾。

②高祖:即汉高祖刘邦,字季,沛县(今江苏沛县)人。他曾任泗水亭长,陈胜起义,他起兵响应。后入关占领咸阳,推翻秦朝统治。前202年,他战胜项羽,建立西汉王朝。俱起布衣:是指刘邦与曾为渔民的彭越和刑徒英布都出身微贱。布衣,是指一般老百姓。

褒赏令

别部司马①请立齐桓公神堂,使记室阮瑀②议之。(《北堂书钞》六十九)

【题解】

曹操曾褒扬齐桓公任人为贤,使人民生活安定,这篇令文就是为了讨论为齐桓公设立神堂的事情。

【注释】

①别部司马:当时一营分为五部,五部以外的称别部。司马,是军中掌管司法的官。

②记室阮瑀:记室,三公府内管理文书的官。阮瑀,字元瑜,尉氏(今河南开封)人,是建安七子之一,曾任曹操记室令史。

军策令

孤先在襄邑①,有起兵意②,与工师共作卑手刀③。时

100

北海孙宾硕④来候孤,讥孤曰:"当慕其大者,乃与工师共作刀耶?"孤答曰:"能小复能大,何苦!"(《北堂书钞》一百二十三、《太平御览》三百四十六)

袁本初⑤铠⑥万领,吾大铠二十领;本初马铠三百具,吾不能有十具。见其少遂不施也,吾遂出奇破之。是时士卒精练,不与今时等也。(《太平御览》三百五十六)

夏侯渊⑦今月贼烧却鹿角⑧。鹿角去本营十五里,渊将四百兵行鹿角,因使士补之。贼山上望见,从谷中卒出,渊使兵与斗,贼遂绕出其后,兵退而渊未至,甚可伤。渊本非能用兵也,军中呼为"白地将军⑨",为督帅尚不当亲战,况补鹿角乎?(《太平御览》三百三十七)

【题解】

《军策令》,《北堂书钞》卷一百二十三作《策军令》。这篇令文是三个短篇,第一篇说明如何对待大事和小事的关系。第二篇说明作战不仅要依赖物质条件,还要注意发挥主观能动作用。第三篇指出指挥人员要注意保护自己,不要轻率出击以免陷入死地。曹操发布这个短篇,就是总结自己的战斗经验,勉励军队指挥人员,提高指挥水平。军策,这里是指军事斗争方面的策略。

【注释】

①襄邑:县名,在今河南省睢县西。

②有起兵意:指曹操在中平六年(189)从洛阳逃出,到陈留(今河南开封市南)、襄邑、己吾(河南宁陵)一带,准备起兵讨伐董卓。

③卑手刀:一种军用短刀。

④北海孙宾硕:北海,郡名,治所在剧县(今山东昌乐县西)。孙宾硕,名嵩,字宾硕,北海安丘(今山东安丘)人。当过豫州刺史,初平末年(193)投奔刘表,后来死在荆州。

⑤袁本初:即袁绍。

⑥铠:古代用金属薄片制成的防护衣。

⑦夏侯渊:字妙才,沛国谯(今安徽亳县)人,是夏侯惇的族弟,曹操的亲信将领之一。建安二十四年(219),在阳平与刘备交战,为刘备所杀。

⑧鹿角:军用障碍物,用带枝树木削尖,埋在地上以阻拦敌人。

⑨"白地将军":指没有才能的将士。

鼓吹令

孤①所以能常以少兵胜敌者,常念增战士,忽余事。是以往者有鼓吹而使步行,为战士爱马也;不乐多署吏,为战士爱粮也。(《太平御览》五百六十七)

【题解】

这篇令文反映了曹操的一个重要的治军思想:增强军队的战斗力,减少非战斗人员。鼓吹,这里指军乐队。

【注释】

①孤:古代王侯自谦的称呼。

赐夏侯惇伎乐名倡令 建安二十二年

魏绛以和戎之功①,犹受金石②之乐,况将军乎!(《魏志·夏侯惇传》)

【题解】

建安二十二年(217),曹操进军驻扎在居巢(今安徽巢县东北)。孙权于濡须口(今安徽巢县东南四十里)筑城拒守,曹军进攻,孙权退走。曹操回师的时候,留夏侯惇驻扎居巢。夏侯惇把得到的赏赐都分给将士,有古代名将的风度。曹操把他比作魏绛,并赐给乐舞。夏侯惇,字元让,谯(今安徽亳县)人,曹操的亲信大将,封高安乡侯。文帝时,任命他为大将军。

【注释】

①魏绛以和戎之功:《左传·襄公十一年》记载:"晋侯以乐之半赐魏绛,曰:'子教寡人和诸戎狄以正诸华。八年之中,九合诸侯,如乐之和,无所不谐,请与子乐之。'"春秋时晋国大夫魏绛,建议与北方少数民族连和,使晋国免除后顾之忧。晋悼公采纳了他的建议,得到北方少数民族的支持,因而晋国得以在诸侯中称霸。晋悼公为了奖励魏绛,赐给他歌舞乐队。

②金石:原指钟磬一类乐器,这里泛指乐器。

褒夏侯渊令 建安十九年

宋建①造为乱逆三十余年,渊一举灭之,虎步关右,所向无前。仲尼有言:"吾与尔不如也②。"(《魏志·夏侯渊传》)

【题解】

《褒夏侯渊令》,又作《夏侯渊平陇右令》。建安十九年,驻扎长安的夏侯渊在击败马超、韩遂之后,曹操又命他去讨伐在凉州割据三十余年的宋健。这年十月,夏侯渊进军枹罕(今甘肃临夏县)。斩了宋健,陇右平定。曹操为表彰夏侯渊的功劳,下了此令嘉奖他。夏侯渊,字妙才,沛国谯(今安徽亳县)人,是夏侯惇的族弟,曹操的亲信将领之一。陇右,今甘肃南部一带。

【注释】

①宋建:割据凉州三十余年的地方豪强,在枹罕自称河首平汉王。

②吾与尔不如也:《论语·公冶长》:"子谓子贡曰:'女与回也孰愈?'对曰:'赐也何敢望回? 回也闻一以知十,赐也闻一以知二。'子曰:'弗如也,吾与子弗如也。'"

论功行封二荀令 建安十二年

忠正密谋,抚宁①内外,文若②是也,公达③其次也。(《魏

志・荀攸传》)

【题解】

　　《论功行封二荀令》，又作《下令大论功行封》。在消灭袁氏集团、平定河北的过程中，荀彧、荀攸立功最多，所以建安十二年（207）。曹操论功行封时，特别嘉奖此二人，对他们的贡献给予高度评价。

【注释】

　　①抚宁：抚慰、安定。
　　②文若：荀彧的字。
　　③公达：荀攸的字。

悼荀攸下令　建安十九年

　　孤与荀公达①周游二十余年，无毫毛可非者。

　　荀公达真贤人也，所谓"温良恭俭让以得之②"。孔子称"晏平仲善与人交，久而敬之③"，公达即其人也。（《魏志・荀攸传》注引《魏书》）

【题解】

　　《悼荀攸下令》，又作《称荀攸令》。建安十九年（214）七月，荀攸在跟随曹操征伐孙权的路上病死。曹操非常痛惜，为了表彰荀攸的功绩并且勉励后人，下了此令，同时追封荀攸为敬候。荀攸，字公达，颍川汝阴（今河南许昌市）人，曹操的主要谋士之一，他跟随曹操征战，常为曹操提出有效的策略。

【注释】

　　①公达：荀攸的字。
　　②温良恭俭让以得之：子贡认为孔丘温良恭俭让，使得人家愿意把政治情况告诉他。《论语・学而》："子禽问于子贡曰：'夫子至于是邦也，必闻其政，求之与，抑与之与？'子贡曰：'夫子温良恭俭让以得之。夫子之求之

也,其诸异乎人之求之与?'"

③晏平仲善与人交,久而敬之:出自《论语·公治长》,孔子说晏平仲善于和别人交往,相识久了,别人仍然尊敬他。

赐死崔琰令_{建安二十一年}

琰虽见刑^①,而通宾客,门若市人,对宾客虬须^②直视,若有所瞋^③。(《魏志·崔琰传》)

【题解】

《赐死崔琰令》,又作《诛崔琰令》。在曹操准备称魏王时,杨训上表对曹操歌功颂德,有人嘲笑杨训趋炎附势。由于杨训是崔琰举荐的,有人就趁机说崔琰举荐不当。崔琰找到表文来看了,写信给杨训道:"省(考察)表,事佳耳,时(时机)乎时乎,会当有变时。"曹操知道后,发怒道:"谚言'生女耳','耳'非佳语。'会当有变时'! 意指不逊。"因此,就罚崔琰去服劳役。派人去看他,他的谈话神色一点不改变。于是下了《赐死崔琰令》,迫令他自杀。崔琰,字季珪,清河东武城(今山东武城西)人。初随袁绍,后归曹操。先后任曹丕师傅,东曹掾,官至中尉。

【注释】

①刑:惩罚,当时曹操罚崔琰为徒隶,就是去服劳役。

②虬须:卷曲的带鬈胡须。

③瞋:瞪大眼睛,这里指心怀不满。

止省东曹令_{建安十七年}

日出于东,月盛于东^①,凡人言方,亦复先东,何以省东曹?(《魏志·毛玠传》)

《止省东曹令》,又作《省西曹令》。曹操任司空和丞相时,任命毛玠做东曹掾,主管人才选拔的工作。毛玠正直负责,不徇私情,严格按照"任人唯贤"的标准选拔人才,深受曹操信任。到建安十七年(212),有人利用精简合并机构的机会,以西曹地位高于东曹为理由,要求裁撤东曹,保留西曹,借此排挤毛玠。曹操看出了他们的阴谋,下了这篇令文,裁撤了西曹,保留了东曹。省,裁撤。东曹,丞相府中主管人事工作的机构,有东曹和西曹。东曹主管二千石长官的任免,西曹主管府里官员任免的事。

【注释】

①日出于东,月盛于东:这是交错用法,即日出而盛于东,月盛而出于东。

以徐奕为中尉令 建安二十四年

昔楚有子玉①,文公②为之侧席而坐;汲黯③在朝,淮南④为之折谋。诗称"邦之司直⑤",君之谓与!（《魏志·徐奕传》）

【题解】

《以徐奕为中尉令》,又作《徐奕为中尉手令》。建安二十四年(219)九月,曹操与刘备在外争夺汉中,而魏讽等人在魏都邺城谋反,后被镇压。事后,负责邺城治安工作的中尉杨俊降职。曹操叹息说:"讽所以敢生乱心,以吾爪牙之臣无遏奸防谋者故也。安得如诸葛丰者,使代俊乎!"这时,就有人推荐徐奕,曹操就任命徐奕为中尉,下了此令。徐奕,字季才,东莞(今山东沂水县)人,为人刚直威严,初为丞相长史,魏国建立后,任尚书令。中尉,负责首都治安工作的官员。

【注释】

①子玉:春秋时楚国将领成得臣的字。据《左传·僖公二十八年》记载,前六百三十二年,他率楚军与晋文公在城濮交战,兵败自杀。晋文公获

胜以后,仍然很忧虑,后来得知子玉自杀的消息,他终于放下心来:"再没有人能危害我了。"

②文公:即晋文公。

③汲黯:汉武帝时的名臣。据《汉书·汲黯传》记载:汲黯为人刚直,不畏权贵,淮南王刘安阴谋叛乱但惧怕汲黯,他认为汲黯"好直谏,守节死义,难惑以非"。

④淮南:指淮南王刘安,汉武帝时阴谋叛乱,后畏罪自杀。

⑤司直:官名。掌管劝谏君主过失。马瑞辰《通释》:"司,主也。直,正也。正其过阙也。"出自《诗经·郑风·羔裘》。

高选诸子掾属令 建安十六—十九年

侯家吏①,宜得渊深法度②如邢颙③辈。(《魏志·邢颙传》)

【题解】

《高选诸子掾属令》,又作《诸子选官属令》。《魏志·邢颙传》:"是时,太祖诸子高选官属,令曰'……'。"同时,据《陈思王传》,曹植建安十六年封平原侯,十九年徙封临淄侯,因此这篇令文可能发布于建安十六年到建安十九年(211—214)之间。高选,即严格选拔。掾属,指诸侯的属吏。

【注释】

①侯家吏:诸侯的属吏。

②渊深法度:深明法理。

③邢颙:字子昂,河间鄚(今河北任丘)人。曹操平定冀州,任他为冀州从事,后任平原侯曹植家丞。曹丕为太子后,任太子太傅。

以蒋济为扬州别驾令 建安十四年

季子①为臣,吴宜有君。今君还州②,吾无忧矣。(《魏

【题解】

赤壁之战后,曹操为了巩固东南阵地,于建安十四年(209)七、八月间整顿了扬州,把治所由寿春迁到合肥,任命温恢为刺史,蒋济为别驾。蒋济,字子通,平阿(今安徽怀远县西南)人,初为扬州治中。建安十三年(208)十二月,孙权围攻合肥,蒋济造假信,称有四万兵来救,孙权受骗退兵了,因这件事蒋济取得曹操信任,任命他为扬州别驾。建安中,扬州治所在合肥(今属安徽)。别驾,官名,为州刺史的佐吏,刺史巡视辖境时,别乘驿车随行,所以叫"别驾"。

【注释】

①季子:名札,春秋时吴王寿梦的第四个儿子,有贤名。《春秋·襄公二十九年》:"吴子使札来聘。"《公羊传》:"吴无君,无大夫,此何以有君有大夫,贤季子也。……以季子为臣,则吴宜有君者也。"当时中原地区以吴国为蛮夷之国,不承认这样的蛮夷之国有君有大夫。《春秋》这样记载,是赞美季札,因他的存在,吴国因此能算是有君有臣了。曹操在这里用来赞美蒋济。

②还州:蒋济曾任扬州治中,现在又任他为扬州别驾,所以说是"还州"。

辟蒋济为丞相主簿西曹属令 建安十四—十五年

舜举皋陶①,不仁者远。臧否得中②,望于贤属矣。(《魏志·蒋济传》)

【题解】

《辟蒋济为丞相主簿西曹属令》,又作《蒋济为丞相西曹令》。蒋济任扬州别驾后,曹操又任命他做丞相主簿西曹属。辟,征召,指由丞相府聘请。丞相主簿,丞相府中管理文书,负责各曹事务的官员。西曹属,西曹是丞相府主管人事工作的机构,曹的负责官员叫"掾",副职叫"属"。

【注释】

　①舜举皋陶：舜，原始社会中的氏族领袖，姓姚，名重华，号有虞氏，史称"虞舜"。皋陶，传说中生于尧帝统治的时候，曾经被舜任命为掌管刑法的"理官"，以正直闻名天下。《论语·颜渊》："舜有天下，选于众，举皋陶，不仁者远矣。"

　②臧否得中：臧否，好的和坏的，这里指褒扬好的和贬责坏的。得中，公允。

加枣祗子处中封爵并祀祗令建安六年

　　故陈留①太守枣祗，天性忠能。始共举义兵②，周旋征讨。后袁绍在冀州，亦贪祗，欲得之。祗深附托于孤，使领东阿③令。吕布之乱④，兖州皆叛，惟范、东阿完在，由祗以兵据城之力也。后大军粮乏，得东阿以继，祗之功也。及破黄巾⑤定许⑥，得贼资业⑦，当兴立屯田，时议者皆言当计牛输谷⑧，佃科⑨以定。施行后，祗白以为僦牛输谷，大收不增谷，有水旱灾除，大不便。反复来说，孤犹以为当如故，大收不可复改易。祗犹执之，孤不知所从，使与荀令君⑩议之。时故军祭酒⑪侯声云："科取官牛，为官田计⑫。如祗议，于官便，于客⑬不便。"声怀此云云，以疑令君。祗犹自信，据计画还白，执分田之术⑭。孤乃然之，使为屯田都尉⑮，施设田业。其时岁则大收，后遂因此大田⑯，丰足军用，摧灭群逆，克定天下，以隆王室，祗兴其功。不幸早没，追赠以郡⑰，犹未副之。今重思之，祗宜受封，稽留⑱至今，孤之过也。祗子处中，宜加封爵，以祀祗为不朽之事。（《魏志·任峻传》注引《魏武故事》）

【题解】

《加枣祗子处中封爵并祀祗令》,又作《枣祗子处中封爵令》。枣祗,早年曾跟随曹操起兵讨伐董卓,后为东阿县令。兴平元年(194),曹操与吕布争夺兖州时,他坚守东阿,接济曹操军粮。建安元年(196),他建议兴办屯田,曹操采纳了他的建议,任命他为屯田都尉,在屯田事业上他做出了很大贡献。枣祗死后,曹操追念他的功绩,在建安六年(201)下了这篇令文,给他儿子处中封爵。

【注释】

①陈留:郡名,属兖州,治所在陈留(今河南开封市南)。陈留太守是枣祗死后追封的。

②举义兵:指中平六年(189)关东各州郡起兵讨伐董卓。

③东阿:今山东阳谷县北至阿城镇一带。

④吕布之乱:兴平元年(194),陈留太守张邈和曹操部将陈宫趁曹操攻打徐州陶谦之际,迎吕布为兖州牧。兖州郡县,除鄄城(今山东鄄城县西北)、范(今山东范县东南)和东阿以外,都投降吕布。

⑤黄巾:东汉末年,由太平道首领张角领导的农民起义军,以黄巾裹头,因此被称为"黄巾军"。

⑥定许:建安元年(196),曹操镇压汝南、颍川黄巾起义后,到洛阳迎献帝迁都许。许,今河南许昌市东。

⑦得贼资业:指曹操从黄巾军手里夺取了耕牛、农具等生产资料。

⑧计牛输谷:屯田农民按租用官牛的数目,向政府缴纳租粮。

⑨佃科:官府向屯田农民征收租粮的章程。

⑩荀令君:对尚书令荀彧的尊称。

⑪军祭酒:即"军师祭酒",军中首席参谋。

⑫为官田计:为扩大官田面积着想。因为如果按牛收租,屯田农民就会扩大垦殖面积以增加收益。

⑬客:指屯田的农民。

⑭分田之术:按产量分成收租的办法。当时规定:用官牛的官六民四,不用官牛的官民各半。

⑮屯田都尉:相当于郡一级的管理屯田的武官。

⑯大田:推广屯田。

⑰追赠以郡：追赠，死后授予。郡，指陈留郡太守。
⑱稽留：拖延、耽搁。

褒杜畿令 建安十六年

　　河东①太守杜畿，孔子所谓"禹，吾无间然矣②"。增秩中二千石③。（《魏志·杜畿传》）

【题解】
　　《褒杜畿》，又作《下令增杜畿秩》。杜畿，字伯侯，京兆杜陵（今属陕西西安）人，是荀彧推荐给曹操的人才，曹操任命其为河东太守。杜畿在河东郡平定了当地豪强割据势力的叛乱，恢复和发展了当地的农业生产。建安十六年，曹操在征韩遂、马超等人的战役中，杜畿以河东郡的人力物力满足战争所需，保证了战争的胜利，所以曹操下令给他增秩。秩，即俸禄。

【注释】
　　①河东：郡名，属司隶，郡治在安邑（今山西省夏县北）。
　　②禹，吾无间然矣：意思是对于禹，我没有什么可以挑剔的了！《论语·泰伯篇》："禹，吾无间然矣！菲饮食而致孝乎鬼神；恶衣服而致美乎黻冕；卑宫室而尽力乎沟洫。禹，吾无间然矣！"
　　③中二千石：太守的俸禄本是二千石（实际是一百二十石），增加为中二千石（实际是一百八十石），即达到了九卿的标准。

原刘廙令 建安二十四年

　　叔向不坐弟虎①，古之制也。特原不问。（《魏志·刘廙传》）

111

建安二十四年,刘廙的弟弟刘伟参与魏讽的叛乱。按当时"连坐"的法律。刘廙应当被处死。但刘廙曾劝告过刘伟不要和魏讽往来,所以曹操下令免其从坐。原,赦免。

【注释】

①叔向不坐弟虎:据《左传·襄公二十四年》记载:晋国下卿栾盈的母亲因与家臣私通被栾盈发觉,于是她向自己的父亲晋卿范宣子诬告栾盈将加害于范氏,范宣子将栾盈驱逐出境,并杀死其同党叔虎等人,叔虎的哥哥叔向也因此被囚禁。后来因为大夫祁奚说服范宣子,赦免了叔向。

议复肉刑令 建安十八年

安得通理君子达于古今者,使平①斯事乎!昔陈鸿胪②以为死刑可有加于仁恩③者,正谓此也。御史中丞④能申其父之论乎!(《魏志·陈群传》)

【题解】

之前有墨(脸上刺字)、劓(割鼻)、刖(截脚大趾)三种肉刑,汉文帝刘恒下令废除这三种肉刑,取而代之的是用笞(打背)三百来代劓,笞五百来代刖,这样却往往把人打死或残废。曹操认为把没有死罪的人打死,还不如改用肉刑,保全犯人的生命;而如果把人打成残废,失去生活能力,同样不如改用肉刑。陈群的父亲陈纪跟曹操的观点一致。因此,魏国建立以后,曹操就让陈群主持讨论这件事情,在建安十八年(213)发布了这篇令文。

【注释】

①平:通"评",评论。

②陈鸿胪:即陈纪,陈群的父亲,他当过大鸿胪,大鸿胪主要掌管诸侯和少数民族来时行礼的仪节等事宜。

③死刑:指的就是肉刑;加于仁恩,意思是胜过笞刑。汉文帝废除肉刑时被称为"仁恩",因此以仁恩指笞刑。

④御史中丞:御史台的首领,有纠察百官的权力,这里指的是陈群。

为徐宣议陈矫下令 _{建安五年}

　　丧乱^①以来,风教凋薄,谤议之言,难用褒贬。自建安五年以前,一切勿论,其以断前诽议^②者,以其罪罪之^③。

（《魏志·陈矫传》注引《魏氏春秋》）

【题解】

　　《为徐宣议陈矫下令》,又作《禁用诽谤令》。徐宣、陈矫,原来都为广陵太守陈登部下,后为曹操征辟,同为司空掾属,二人相处不睦。议,是批评的意思。陈矫本来姓刘,因为过继给他的舅父而改姓陈,后来他又娶了本族女为妻。徐宣因为与陈矫不和,就经常以"本族不婚"为理由,在大庭广众之下批评陈矫。曹操爱护陈矫的才干,要保全他,在建安五年(200)下了这个令文。

【注释】

　　①丧乱:灾祸和战乱。这里指中平六年(189)开始的董卓之乱和以后的军阀混战。

　　②断前诽议:断前,规定界限(指建安五年)以前。诽议,诽谤。

　　③罪罪之:前一个"罪"是诽谤者加给别人的罪名,后一个"罪"是"治罪"的意思。意思是要用他加给别人的罪,加在他身上。

与和洽辩毛玠谤毁令 _{建安二十一年}

　　今言事者白玠不但谤吾也,乃复为崔琰触望^①。此损君臣恩义,妄为死友怨叹,殆不可忍也。昔萧、曹与高祖并起微贱,致功立勋,高祖每在屈筶^②,二相恭顺,臣道益彰,

113

所以祚及后世也。和侍中比③求实之,所以不听,欲重参之耳。(《魏志·和洽传》)

【题解】

《与和洽辩毛玠谤毁令》,又作《报和洽论毛玠令》。建安二十一年(216),曹操做了魏王,因不满崔琰的言行,下令逼迫他自杀。崔琰死后,有人称毛玠看到犯人的妻子没有成为公家的奴婢时说:"天大概不为此下雨。"可见其对崔琰的死有不满,曹操因此逮捕了他。然而,毛玠并不承认说过这些话,要求和告发的人对质。和洽等人因此要求核实情况,但遭到曹操的拒绝,并在这一年下了此令。后来曹操还是接受了和洽等人的意见,没有给毛玠办罪。和洽,原来是曹操丞相府掾属,后任侍中。毛玠,早年跟随曹操,是曹操重要谋士之一。

【注释】

①觖望:因为不满而怨恨。
②屈笮:困难、窘迫。
③比:近来。

杜袭为留府长史令 建安二十四年

释骐骥而不乘,焉皇皇①而更索。(《魏志·杜袭传》)

【题解】

建安二十四年(219)三月,曹操率军攻打刘备,到达阳平关,刘备凭借险恶地势坚守阵地,曹操准备回师。《水经注·沔水》"东过南郑县南"注:"地沃川险,魏武方之'鸡肋',曰:'释骐骥而不乘,焉皇皇而更求?'遂留杜子绪征南郑而还。"由《水经注》可知,曹操回师时,就留杜袭留守南郑。与《水经注》不同的是,《魏志·武帝纪》记载,曹操回师,五月先引军回长安,十月自长安回洛阳,派杜袭留守长安。两说法都收录于此,以备参考。杜袭,字子绪,颍川(今河南禹县一带)人。留府长史,指的是丞相府留守处的长官。

【注释】

①皇皇:同"遑遑",勿忙的样子。

曹植私开司马门下令 建安二十二年

始者谓子建,儿中最可定大事。

自临菑①侯植私出,开司马门至金门②,令吾异目视此儿矣。(《魏志·陈思王植传》注引《魏武故事》)

【题解】

《曹植私开司马门下令》,又作《临菑侯曹植犯禁令》。《魏志·陈思王植传》上说:"二十二年植尝乘车行驰道中,开司马门出,太祖大怒,公车令坐死。由是重诸侯科禁,而植宠日衰。"所以曹操下了这个令文。曹植,字子建,建武卞皇后生的第三子,是建安文学的代表人物之一,建安十六年(211)封为平原侯,十九年改封临菑侯。司马门,王宫的外门,在宫墙内有司马官守卫,所以叫司马门。

【注释】

①临菑:县名,故址在今山东淄博市东北。

②金门:王宫宫墙的门,门外有金马,称金门,在洛阳。《洛阳记》:"金马门外集众贤。"

与卫臻令 建安十八年

孤与卿君同共举事,加钦令问①。始闻越言,固自不信。及得荀令君②书,具亮忠诚。(《魏志·卫臻传》)

【题解】

《与卫臻令》,又作《辩卫臻不同朱越谋反论》。建安十八年(213),东郡(今属河南濮阳市)朱越谋反,诬陷卫臻与他同谋。曹操不相信,经过荀彧调查,弄清真相,下了此令。卫臻,陈留襄邑(今河南睢县西)人,汉献帝的黄门侍郎。曹操在陈留起兵讨董卓时,曾得到他父亲卫兹的资助,荥阳之战时,卫兹战死,所以曹操很了解卫兹父子。

【注释】

①令问:好的声望。令,好。问,通"闻"。

②荀令君:对尚书令荀彧的敬称。

教

决议田畴让官教 建安十四年

昔夷、齐①弃爵而讥武王,可谓愚暗,孔子犹以为"求仁得仁②"。畴之所守,虽不合道,但欲清高耳。使天下悉如畴志,即墨翟③兼爱尚同之事,而老聃④使民结绳之道也。外议虽善⑤,为复使⑥令司隶⑦以决之。(《魏志·田畴传》注引《魏略》)

【题解】

曹操下《爵封田畴令》后,田畴仍坚决辞让,甚至以死相拒。当时朝内有人提出应当对他"免官加刑"。曹操还是写了这个《决议田畴让官教》,让下属去决议这件事,但在文中也表明了他最终同意田畴谢封的决定。教,上对下的训示。

【注释】

①夷、齐:即伯夷、叔齐。

②求仁得仁:《论语·述而篇》:"冉有曰:'夫子为卫君乎?'子贡曰:'诺,吾将问之。'入曰:'伯夷、叔齐何人也?'曰:'古之贤人也。'曰:'怨乎?'曰:'求仁而得仁,又何怨?'出曰:'夫子不为也。'"孔丘认为伯夷、叔齐让国是仁,赞美他们的让国。

③墨翟:战国初期鲁国人,他主张"兼爱""尚同"。

④老聃:即老子,姓李,名耳,楚国苦县(今河南鹿邑县东)人,曾任周朝史官,为道家学派的创始人。他主张把历史拉回到"结绳记事"的原始社会,《老子·十八章》:"虽有舟舆,无所乘之;虽有甲兵,无所陈之。使人复结绳而用之。"

⑤外议虽善:有人建议对田畴应当免官加刑,曹丕认为,田畴所为和楚国子文辞禄、申胥逃赏一样,不应强夺他的志愿。尚书荀彧、司隶校尉钟繇也认为这个议论可以听从。"外议虽善"指的就是这些意见。

⑥使:《全三国文》无"使"字。

⑦司隶:即司隶校尉,管理京都一带的地方官,有权监察京中官吏的不法行为,相当于州刺史一级。

授崔琰东曹掾教_{建安十三年}

君有伯夷之风①,史鱼之直②,贪夫慕名而清,壮士尚称而厉,斯可以率时者已。故授东曹,往践厥职③。(《魏志·崔琰传》)

【题解】

建安十三年六月,曹操当丞相后,任命崔琰为东曹掾。这是崔琰受东曹掾时,曹操表扬他的教文。崔琰,字季珪,清河东武城(今山东武城县西)人,初随袁绍,后归曹操。东曹,丞相府中的办事机构,主管二千石以下的政府及军队里官员升降事宜之事。掾,属官之长。教,上对下的训示。

【注释】

①伯夷之风:《孟子·万章下》:"故闻伯夷之风者,顽夫廉,懦夫有立志。"这里曹操用来赞美崔琰清廉有志。

②史鱼之直:史鱼,字子鱼,春秋时卫国大夫,为人耿直。他因卫灵公用弥子瑕而不用遽伯玉这事,死后遗命不在正室治丧,实行尸谏。《论语·卫灵公篇》孔子称赞史鱼:"直哉子鱼。"

③厥职:这个职务。

征吴教_{建安十九年}

今孤戒严,未知所之①,有谏者死。(《魏志·贾逵传》注引《魏

118

略》）

曹操欲征孙权,正值连天大雨,曹操为防有人来劝阻,而下了这篇教文。《魏略》:"太祖欲征吴,大霖雨,军不愿行。恐有谏者,下教。"

【注释】

①未知所之:不知进军地点。

原贾逵教 建安十九年

逵无恶意,原①,复其职。（《魏志贾逵传》注引《魏略》）

【题解】

贾逵,字梁道,河东襄陵(今属山西襄汾县)人,为丞相主簿官。曹操下《征吴教》后,贾逵认为仍不宜出兵,于是与其他两人一起联名向曹操劝谏。曹操大怒,逮捕贾逵等人,后来认为贾逵并无他意,又下此《原贾逵教》,恢复贾逵官职。《魏略》:"逵与同僚共作谏草,入白,太祖怒,收送狱,既而复教原之。"

【注释】

①原:赦免罪行。

合肥密教 建安二十年

若孙权至者,张、李将军①出战,乐将军②守。护军③勿得与战。（《魏志·张辽传》）

《合肥密教》，又作《与张辽等教》。建安二十年二月，曹操西征张鲁，派张辽、乐进、李典领兵七千驻守合肥，用以防备东吴的孙权。行前曹操给了护军(派来的监军官)薛悌这道密教，封皮上写"贼至乃发"。八月孙权领兵十万包围合肥，曹军按密教作战，打败孙权。合肥，东汉侯国名，在今安徽合肥市东北。《三国志·张辽传》记载："太祖既征孙权还，使辽与乐进、李典等将七千余人屯合肥。太祖征张鲁，教与护军薛悌，署函边曰'贼至乃发'。俄而权率十万众围合肥，乃共发教。"

【注释】

①张、李将军：指张辽、李典。张辽，字文远，雁门马邑(今山西省朔县)人，原是吕布的部将，归附曹操后任命为中郎将，封关内侯，后又封为中坚将军。李典，字曼成，山阳巨野(今山东巨野)人。他们都是善攻的猛将，所以曹操让他们出战。

②乐将军：指乐进。字文谦，阳平卫国(今山东范县西)人，原是曹操的下级官吏，后屡立战功，升为右将军。他在作战中比较持重，所以曹操让他守城。

③护军：官名，有监督作战之权，此指薛悌，他是地方官，所以曹操不让他参加作战。

赐袁涣家谷教 约建安二十一—二十四年

以太仓①谷千斛②，赐郎中令③之家。以垣下谷千斛，与曜卿家。以太仓谷者，官法也；以垣下④谷者，亲旧也。

（《魏志·袁涣传》）

【题解】

袁涣，《三国志证闻》作"袁焕"，陈郡扶乐(今河南太康县西北，其地有袁涣碑)人，字曜卿，曾任丞相军祭酒，魏国郎中令，为官清廉，死后无遗产。曹操为抚恤其家属，下了两道教文。然仍有人对此质疑，故曹操又下了第三道教文以说明原因。

【注释】

①太仓:京城中的粮仓。

②斛:古量器,同时也是容量单位,每斛约合现在的 31.5 斤。

③郎中令:九卿之一,掌管宫殿门户,统率诸郎官,袁涣生前任此职。

④垣下:指仓垣城,在开封县西北,那里有曹操的粮仓。

表

上言破袁表 _{建安五年}

大将军邺侯袁绍①,前与冀州牧韩馥②,立故大司马刘虞③,刻作金玺,遣故任长④毕瑜诣虞,为说命禄之数。又绍与臣书云:"可都甄城⑤,当有所立。"擅铸金银印,孝廉计吏⑥,皆往诣绍。从弟济阴太守⑦叙与绍书云:"今海内丧败,天意实在我家,神应有征,当在尊兄。南兄⑧,臣下欲使即位,南兄言,以年则北兄长,以位则北兄重。便欲送玺,会曹操断道。"绍宗族累世受国重恩,而凶逆无道,乃至于此。辄勒兵马,与战官渡。乘圣朝之威,得斩绍大将淳于琼等八人首,遂大破溃。绍与子谭⑨轻身迸走⑩,凡斩首七万余级,辎重⑪财物巨亿。(《魏志·武帝纪》注引《献帝起居注》)

【题解】

《上言破袁表》,又作《上言破袁绍》。建安五年,曹操与袁绍在官渡(今河南中牟东北)会战。十月,曹操烧了袁绍粮草,以少胜多,大败袁绍。袁绍及其子袁谭仅率八百骑兵逃回河北。经过这次战役,袁绍主力几乎全部被歼,为曹操统一北方奠定了基础。这篇文章是曹操写给献帝的奏捷报告。

【注释】

①大将军邺侯袁绍:大将军,当时最高官职之一,袁绍任大将军是虚衔,不到任。邺侯,袁绍的封爵。邺,即今河北临漳县西南。

②冀州牧韩馥:冀州,包括今河北省中、南部和山东省北部,治所在邺

（今河北省临漳县西南）。韩馥,字文节,颍川（今河南许昌市）人。初为御史中丞,后被董卓任为冀州牧。

③大司马刘虞:大司马,当时最高官职之一,刘虞任大司马是虚衔,不到任。刘虞,字伯安,郯城人,东汉皇族,曾任幽州牧,董卓专权,任他为大司马,初平二年,袁绍和韩馥谋立刘虞为帝,刘虞不肯接受。

④任长:任县（今河北省任县东南）长官。人口万户以上的县的长官称令,万户以下的称长。

⑤甄城:在今山东鄄城西北,袁绍曾计划在鄄城建立都城。

⑥孝廉计吏:东汉选举官吏的一种科目,郡国满二十万户,每年推荐孝廉一人,由朝廷任命官职。计吏,州郡里属官,是负责每年向朝廷呈报所在州郡户口、屯田、赋税、盗贼等事务的官吏。

⑦从弟济阴太守:从弟,堂弟。济阴,郡名,属兖州,郡治在定陶县（今属山东省菏泽市）。太守,郡的最高行政长官。

⑧南兄:指袁术。

⑨谭:袁绍长子袁谭,盘踞青州。袁绍死后,自称车骑将军。

⑩迸走:仓皇逃走。

⑪辎重:指军械、粮草等物资。

让费亭侯表 建安元年

臣伏读前后策命①,既录臣庸才微功,乃复追述先臣,幽赞显扬②,见得思义,屏营怖惧③,未知首领④所当所授。故古人忠臣,或有连城而不辞,或有一邑而违命。所以然者,欲必正其名也。又礼制,诸侯国土以⑤绝,子孙有功者,当更受封,不得增袭。其有所增者,谓国未绝也;或有所袭者,谓先祖功大也;数未极,无故断绝,故追绍之也⑥。臣自三省,先臣虽有扶辇微劳,不应受爵,岂逮臣三叶;若录臣关东微功⑦,皆祖宗之灵祐,陛下之圣德,岂臣愚陋,何能克堪。（《艺文类聚》卷五十一）

【题解】

《让费亭侯表》，又作《上书让费亭侯》。兴平二年（195），曹操任兖州牧。这年，控制朝政的李傕、郭汜在长安互相攻击，以致长安秩序大乱，残破不堪。董承、杨奉保护献帝从长安东迁，到了安邑（今山西夏县境内）。建安元年，曹操派曹洪去迎接，遭到董承和杨奉等人的阻挡，显然他们不愿保护献帝的成果落入他人之手。这时，在献帝身边的骑都尉董昭趁着杨奉缺粮，以曹操名义给杨奉写信，称愿意供应杨奉军粮。杨奉大喜，就上表献帝举荐曹操为镇东将军，承袭父亲爵位封为费亭侯。曹操在接到献帝的封爵诏书后，就写了《上书让封》《上书让费亭侯》《谢袭费亭侯表》这三份奏章。后来，曹操又接受董昭的建议，将献帝迁往许县，摆脱了杨奉等人的控制。同年九月，献帝以曹操为大将军，封武平侯，曹操写了《上书让增封武平侯》和《上书让增封》这两封奏章。费，在今河南永城市西南。亭侯，一个乡亭的侯，比县侯小。

【注释】

①前后策命：指献帝下的《拜镇东将军》《敕镇东将军》这两道诏书。

②幽赞显扬：称赞已故的祖先，表扬活着的后代。幽，冥，指已死的。显，阳，指活着的。

③屏营怖惧：惶恐、害怕。屏营，惶恐的意思，汉魏之时，上皇帝的表文及报上司的书信都用"屏营之至"或"不胜屏营"。怖惧，即害怕。

④首领：即头颈。

⑤以：通"已"。

⑥数未极，无故断绝，故追绍之也：（子孙继承祖先的封爵）按照制度还不应该断绝，却没有理由地停止继承，所以应当继续。数，制度。极，尽头。绍，继续。

⑦关东微功：指初平元年（190）曹操起兵参加讨伐董卓这件事。关东，指函谷关以东地区。

又让封表 建安元年

臣诛除暴逆，克定二州①，四方来贡，以为臣之功。萧相国以关中之劳②，一门受封；邓禹以河北之勤③，连城食邑④。考功效实，非臣之勋。臣祖父中常侍侯⑤，时但从辇，扶翼左右，既非首谋，又不奋戟⑥，并受爵封，暨臣三叶⑦。臣闻《易·豫卦》曰："利建侯行师⑧。"有功乃当进立以为诸侯也。又《讼卦》六三⑨曰："食旧德，或从王事⑩。"谓先祖有大德，若从王事有功者，子孙乃得食其禄也。伏惟陛下垂乾坤之仁，降云雨之润，远录先臣扶掖之节，采臣在戎犬马之用，优策褒崇⑪，光曜显量，非臣尪⑫顽所能克堪。(《艺文类聚》卷五十一)

【题解】

《又让封表》，又作《上让封书》《又上书让封》。

【注释】

①克定二州：指初平三年(192)曹操镇压青州黄巾起义军，控制了青州；兴平二年(195)击败张邈、吕布，平定了兖州。

②萧相国以关中之劳：萧相国，即萧何，沛县人，曾为县吏，秦末刘邦起义时，他留守关中，为士卒输送军粮，支援前线作战，为刘邦战胜项羽，并建立汉朝，做出了重大贡献。关中，今陕西省中部一带。

③邓禹以河北之勤：邓禹，字仲华，南阳新野(在河南)人，东汉光武帝的大将，曾镇压河北铜门等农民起义军，又率军入河东，镇压绿林、王匡等部。

④连城食邑：邓禹封高密(在山东)侯，以四县为封地。食邑，指古代君主赐予臣下作为世禄的封地。

⑤中常侍侯：中常侍，皇帝的侍从官，东汉时都由宦官担任。侯，这里指曹操的祖父费亭侯曹腾。

⑥奋戟：指奋勇作战。戟，古代兵器的一种，长杆，头上附有月牙状的利刃。

⑦三叶：三代，这里指曹腾封费亭侯，曹嵩、曹操都袭封。

⑧利建侯行师：《易经·豫卦》的卦辞，大意是有利于封诸侯和出征。

⑨《讼卦》六三:《易经·讼卦》的卦形符号即卦画为☷,共六画,称六爻。阳爻是——,称"九";阴爻是--,称"六"。倒数第三爻是--,即六三。《易经》的每个卦画都有六爻,爻又分为阳爻和阴爻。阳性称为"九",阴性称为"六"。从下向上排列成六行,依次叫作"初""二""三""四""五""上"。

⑩食旧德,或从王事:《易经·讼卦》"六三"爻辞为"食旧德,贞厉,终吉。或从王事,无成。"

⑪优策褒崇:最美好的策诏来褒赏臣子。

⑫尪:弱,这里指的是才弱。

谢袭费亭侯表 建安元年

　　不悟陛下乃寻臣祖父厕预①功臣,克定寇逆,援立孝顺皇帝②。谓操不忘,获封茅土③。圣恩明发④,远念桑梓⑤。日以臣为忠孝之苗,不复量臣才之丰否。既勉袭爵邑,忝厥祖考,复宠上将鈇钺⑥之任,兼领大州万里之宪⑦;内比鼎臣,外参二伯⑧,身荷兼绂⑨之荣,本枝赖无穷之祚也。昔大彭辅殷,昆吾翼夏⑩,功成事就,乃备爵锡。臣束修无称,统御无绩,比荷殊宠,策命褒绩,未盈一时,三命交至⑪。双金重紫⑫,显以方任⑬,虽不识义,庶知无尤。(《艺文类聚》卷五十一)

【题解】

　　曹操的祖父曹腾是宦官,先后侍奉过汉朝顺、冲、质、桓四代皇帝,建和元年(147)封费亭侯。曹腾死后,他的养子曹嵩也就是曹操的父亲袭爵,曹操也是袭封。经过前两份奏表的谦让,至此曹操准备接受封爵,以此表谢封。

【注释】

①厕预：列入，参与。

②援立孝顺皇帝：汉顺帝刘保，在安帝永宁元年(120)被立为太子，后被废为济阴王。安帝死后，宦官江京等谋立北乡侯，曹腾等十九人斩江京等，共同扶立刘保。

③茅土：古代帝王在封诸侯时，用五色土为坛，封地在哪一方，就取那一方的土，用白茅草包上，赐给诸侯，即代表赐给其封地。

④明发：《诗·小雅·小宛》曰："明发不寐，有怀二人。"意思是天亮发光时不睡，在怀念父母。

⑤桑梓：桑树和梓树，是古代住宅旁边常栽的树，见了桑、梓就引起对父母的怀念，这里代指先辈。《诗·小雅·小弁》曰："维桑与梓，必恭必止。"

⑥鈇钺：斧和大斧，古代的兵器。古时，皇帝把它赐给大臣，表示授予征伐和专杀权。

⑦兼领大州万里之宪：指兴平二年(195)献帝任命曹操为兖州牧。

⑧二伯：伯是诸侯中的首领，地位仅次于天子。周朝时，天下分为左右，由二伯管辖。

⑨兼绂：兼任两种高级官职。绂，古代系印环的丝绳。

⑩大彭辅殷，昆吾翼夏：大彭，就是彭祖，是殷的侯伯；昆吾，夏的侯伯。这里指曹操也成了当时的侯伯。

⑪未盈一时，三命交至：指的是建安元年，朝廷先后封曹操为建德将军、镇东将军、费亭侯。

⑫双金重紫：指担任两种高级官职。金，金印。紫，紫绶。

⑬显以方任：显，荣耀。方任，一方重任。

让增封武平侯表 _{建安元年}

伏自三省，姿质顽素，材志鄙下，进无匡辅之功，退有拾遗之美。虽有犬马微劳，非独臣力，皆由部曲①将校之助。陛下前追念先臣微功，使臣续袭爵士，祖考蒙光照之荣,臣受不赀②之分,未有丝发以自报效。昔齐侯欲更晏婴之宅③,婴曰:"臣之先容焉,臣不足以继之。"卒违公命,以成私志。臣自顾省,不克负荷,食旧为幸④。虽上德在弘,下有因割⑤,臣三叶累宠,皆统极位,义在陨越⑥,岂敢饰辞!

(《艺文类聚》卷五十一)

【题解】

《让增封武平侯表》,又作《上书让增封武平侯》。《魏武帝集》在题后还有"及费亭侯"四字,现据《曹操集译注》删。武平,县名,在今河南省鹿邑县西北。

【注释】

①部曲:古代军队编制的总称,这里指军队。

②不赀:无法估量。

③齐侯欲更晏婴之宅:齐景公因晏婴住宅低下狭小,要替他改建。晏婴说,这是他的祖先住的,他的德行还比不上祖先,住这个屋子已经过分了。《左传·昭公三年》记载:"初,景公欲更晏子之宅,曰:'子之宅近市,湫隘嚣尘,不可以居,请更诸爽垲者。'辞曰:'君之先臣容焉,臣不足以嗣之,于臣侈矣。且小人近市,朝夕得所求,小人之利也。敢烦里旅?'"

④食旧为幸:吃原来的俸禄就很荣幸了。旧,指费亭侯的封邑。

⑤因割:取舍。割,切裂。

⑥陨越:颠坠,引申为死亡。

让增封表 建安元年

无非常之功,而受非常之福,是用忧结。比章归闻①,天慈②无已,未即听许。臣虽不敏,犹知让不过三,所以仍布腹心,至于四五,上欲陛下爵不失实,下为臣身免于苟取。(《艺文类聚》卷五十一)

《让增封表》，又作《上书让增封》。

①比章归闻：接连上表陈述我的心情。比，接连。章，写给皇帝的奏书。

②天慈：指皇上的恩惠。

让还司空印绶表_{建安元年}

臣文非师尹①之佐，武非折冲②之任，遭天之幸，干窃③重授。内踵伯禹④司空之职，外承吕尚鹰扬之事⑤，斗筲⑥处之，民其瞻观。水土不平，奸宄⑦未静，臣常愧辱，忧为国累。臣无智勇，以助万一，夙夜惭惧，若集水火，未知何地可以陨越⑧。（《艺文类聚》卷六十七）

【题解】

建安元年九月，曹操迎献帝定都许县，献帝任命他为大将军。十月，献帝任命袁绍为太尉，袁绍因耻居曹操之下，不肯接受。当时，因力量还不足以和袁绍抗衡，曹操就把大将军之位让给袁绍。之后，献帝又任曹操为司空，行车骑将军。这篇表文是曹操为表示谦让而写给献帝的。司空，官名，在东汉时期与太尉、司徒合称"三公"，为朝廷最高官职之一，主管营造水利等事，但其实曹操还是执掌军政大权的。绶，系在印环上的丝带。

【注释】

①师尹：周代官名，又称"太师"，与太傅、太保合称"三公"。这里是针对任司空而言的。

②折冲：武官名，古代统兵将军名称。冲为古战车之一种，折冲有使敌人战车撤退，击溃敌军之意，故以名官。这里针对任车骑将军而言。

③干窃:谦言辱居其位或愧得其名。《渊鉴类函》作"忝窃",按"干窃"一词在汉魏时期并未出现,并且意思也与此处不合,"干"是"忝"形近之误。

④伯禹:又叫"大禹",尧时任司空,因治水有功,被舜选为继承人。"伯禹"原作"伯禽",据《曹操集译注》改。

⑤吕尚鹰扬之事:吕尚,即姜太公,辅佐周武王灭殷,封在齐国。鹰扬,威武奋勇,像雄鹰飞翔。《诗·大雅·大明》:"维师尚父,时维鹰扬。"

⑥斗筲:斗容十升;筲,竹器,容一斗二升,皆是量小的容器。比喻气量狭小和才识短浅。

⑦奸宄:盗贼,这里指军阀割据势力。

⑧陨越:颠坠,引申为死亡。

让九锡表 建安十八年

臣功小德薄,忝宠①已过,进爵益土,非臣所宜;九锡大礼,臣所不称。惶悸征营②,心如炎灼,归情写实③,冀蒙听省。不悟陛下复诏褒诱,喻以伊、周④,未见哀许。臣闻事君之道,犯而勿欺;量能处位,计功受爵,苟所不堪,有殒⑤无从。加臣待罪上相⑥,民所具瞻⑦,而自过谬,其谓臣何!

(《艺文类聚》卷五十三)

【题解】

建安十七年,曹操手下谋臣董昭等建议曹操应该封为魏国公,受九锡礼。十八年,汉献帝封曹操为魏国公,赐九锡。这时,按习惯,曹操一定要表示谦让不受,因而写了《让九锡表》。九锡,古代帝王给大臣九种赏赐,表示特殊礼遇和恩宠:1.车马;2.衣服;3.乐器;4.朱户(门可以涂成红色);5.纳陛(把台阶修在屋檐下使不露天);6.虎贲(武士)三百人;7.弓矢;8.铁钺(斧与大斧,表示不经皇帝批准可以杀人的权力);9.秬鬯,供祭祀用的美酒。

①忝宠：有辱宠爱，自谦的话。

②惶悸怔营：惶悸，因害怕而心跳。怔营，又作"怔营"，惶恐不安的样子。

③归情写实：报告真实心情。

④伊、周：即伊尹、周公。

⑤殒：死亡。

⑥待罪上相：待罪，任职的谦词。上相，丞相。

⑦民所具瞻：《诗·小雅·节南山》："民具尔瞻。"意思是百姓都看着你。

领兖州牧表 兴平二年

入司兵校①，出总符任②，臣以累叶③受恩，膺荷洪施④，不敢顾命。是以将戈帅甲，顺天行诛⑤，虽戮夷覆亡不暇⑥，臣愧以兴隆之秩⑦，功无所执，以伪假实，条不胜华⑧，窃感讥请⑨，益以维谷⑩。（《艺文类聚》卷五十）

【题解】

初平三年(192)，青州黄巾起义军，杀死了兖州刺史刘岱；兖州地方官济北相鲍信等趁机迎曹操为兖州牧。四年(193)，曹操的父亲曹嵩，在琅琊被陶谦杀害，曹操为了报仇，东征陶谦，这时陈留太守张邈和曹操部将陈宫乘机叛变，联合吕布进攻曹操。当时除鄄城等三城以外，都倒向吕布，曹操失去了兖州。兴平二年(195)曹操以奇兵击败了吕布、张邈等，平定了兖州所属各县，这年十月汉献帝正式拜曹操为兖州牧。这篇表文即是曹操受封后所写。兖州，在今山东省中部和西部，河南省北部。治所在昌邑(今山东金乡县)。

【注释】

①入司兵校：汉灵帝中平五年(188)，朝廷设置西园八校尉，征召曹操

131

②出总符任:在外担当领兵的重任。符,兵符,古代皇帝授给兵权的凭证。

③累叶:数代。

④膺荷洪施:膺荷,表承受,有感恩之意。洪施,巨大的恩惠。

⑤顺天行诛:指按照天子的意旨进行讨伐。

⑥戮夷覆亡不暇:戮,杀;夷,削平;覆亡,灭亡;不暇,顾不上,没做到。这句意思是,讨平叛乱还没做到。

⑦兴隆之秩:指丰厚爵禄。

⑧条不胜华:条,花木的枝条;华,花朵。借喻功小赏大或名不符实。

⑨讥请:《曹操集》注:"请"疑为"诮"。

⑩维谷:《诗经·大雅·桑柔》:"进退维谷。"意思是进退两难。

陈损益表 建安元年

陛下即祚①,复蒙试用,遂受上将之任②,统领二州③,内参机事④,实所不堪。昔韩非⑤闵韩之削弱,不务富国强兵,用贤任能。臣以区区之质⑥,而当钟鼎之任⑦;以暗钝之才,而奉明明之政⑧。顾恩念责,亦臣竭节投命⑨之秋也。谨条遵奉旧训⑩权时之宜⑪十四事,奏如左,庶以蒸萤⑫,增明太阳⑬,言不足采。(《艺文类聚》卷五十二)

【题解】

曹操迎献帝定都许县后,在这年九月给献帝上了一份奏章,提出十四条改革政治的建议。然而,这十四条建议已失传,本文是它的前言部分。陈,陈述。损益,指政治上应兴应革的事。严可均的《全魏文》及原文列此表都是初平三年(192)所作,现据《曹操集译注》改为建安元年(196)。

【注释】

①即祚:即位。中平六年(189),董卓立刘协为帝,年九岁,政权归于董

132

卓。兴平元年(194),帝冠,即位当从这年算起,次年即封曹操为兖州牧。

②上将之任:建安元年封曹操为大将军,后来曹操把大将军位让给袁绍,改封车骑将军。

③二州:指兖州和司隶。

④内参机事:指曹操于建安元年八月"录尚书事",参与政事。

⑤韩非:战国末期韩国人,先秦法家思想的集大成者。

⑥区区之质:自谦之语。区区,小,少。

⑦钟鼎之任:国家的重任。钟鼎,贵重的礼器。

⑧明明之政:清明的政治。

⑨竭节投命:竭节,尽节。投命,献身。

⑩旧训:原有的典章制度。

⑪权时之宜:衡量当前情况,应该采取的措施。

⑫庶以蒸萤:庶,希望。蒸,众多。

⑬太阳:比喻皇帝。

拜九锡谢表 建安十八年

臣蒙先帝①厚恩,致位郎署②,受性疲怠,意望毕足,非敢希望高位,庶几③显达。会董卓作乱,义当死难,故敢奋身出命,摧锋率众,遂值千载之运,奉役目下。当二袁④炎沸侵侮之际,陛下与臣寒心同忧。顾瞻京师,进受猛敌,常恐君臣俱陷虎口,诚不自意能全首领。赖祖宗灵祐,丑类夷灭,得使微臣窃名其间。陛下加恩,授以上相,封爵宠禄,丰大弘厚,生平之愿,实不望也。口与心计,幸且待罪,保持列侯,遗付子孙,自托圣世,永无忧责。不意陛下乃发盛意,开国备锡,以赐愚臣,地比齐、鲁⑤,礼同藩王,非臣无功所宜膺据⑥。归情上闻,不蒙听许,严诏切至,诚使臣心俯仰逼迫。伏自惟省,列在大臣,命制王室,身非己有,岂

133

敢自私,遂其愚意,亦将黜退,令就初服⑦。今奉疆土,备数藩翰⑧,非敢远期,虑有后世;至于父子,相誓终身,灰躯尽命,报塞厚恩。天威在颜⑨,惊惧受诏。(《魏志·武帝纪》注引《魏略》)

【题解】

《拜九锡谢表》,又作《谢策命魏公书》《上书谢策命魏公》。这是曹操在《让九锡表》和《辞九锡令》之后的又一份表文。建安十九年十二月,献帝又命曹操置旄头,曹操又向献帝写了《谢置旄头表》。

【注释】

①先帝:已经死去的皇帝,这里指汉灵帝刘宏。

②郎署:议郎的官署,曹操曾被征拜为议郎,是备皇帝顾问应对的官。

③庶几:似乎,接近。

④二袁:指袁绍、袁术。

⑤齐、鲁:周武王封姜太公于齐,都营邱(今山东临菑县)。周武王封他弟弟周公旦于鲁,周公旦在朝廷辅政,由他儿子伯禽受封为鲁侯,都曲阜(今山东曲阜)。

⑥膺据:接受,占有。

⑦初服:《离骚》:"退将复修吾初服。"指做官以前的衣服。

⑧藩翰:指保卫国家的诸侯。藩,屏障。翰同"榦",筑土墙时打的木柱,《诗经》:"维国之榦。"

⑨天威在颜:《左传》:"天威不违颜咫尺。"天子的威严就在面前。

请爵荀彧表建安八年

一

臣闻虑为功首,谋为赏本,野绩不越庙堂①,战多不逾国勋②。是故曲阜之锡,不后营丘③;萧何之土,先于平阳④。珍策重计，古今所尚。侍中守尚书令彧，积德累行，少长无悔，遭世纷扰，怀忠念治。臣自始举义兵，周游征伐，与彧戮力⑤同心，左右王略⑥，发言授策，无施不效。彧之功业，臣由以济，用披浮云⑦，显光日月。陛下幸许⑧，彧左右机近⑨，忠恪祗顺，如履薄冰⑩，研精极锐，以抚庶事，天下之定，彧之功也。宜享高爵，以彰元勋⑪。（《魏志·荀彧传》注引《彧别传》）

二

　　守尚书令荀彧，自在臣营，参同计划，周旋征伐，每皆克捷，奇策密谋，悉皆共决。及彧在台⑫，常私书往来，大小同策。诗美腹心⑬，传贵庙胜⑭，勋业之定，彧之功也。而臣前后独荷异宠⑮，心所不安。彧与臣事通功并，宜进封赏，以劝后进者。（袁宏《后汉纪》二十九，建安八年七月曹操上言。《曹操集》注：此与《别传》之表相当，而文全异）

【题解】

　　荀彧字文若，颍川颍阴（今河南省许昌市）人，是曹操的谋士。在吕布攻夺兖州时，他定计巩固兖州基地，使曹操击败吕布。官渡之战，曹操因军粮不足，打算退回许昌，荀彧建议曹操坚持战斗，终用奇兵破敌。打败袁绍后，曹操想南击刘表，荀彧建议他乘胜消灭袁绍，占领河北，所以建安八年（203）曹操列举荀彧前后建立的功劳向皇帝上了《请爵荀彧表》，表封荀彧为万岁亭侯。

【注释】

　　①野绩不越庙堂：野战的功绩不能超过朝廷上的策划。野绩，野战的功劳。庙堂，宗庙朝廷，出兵前先在朝廷谋划，指出谋划策。

　　②国勋：建国的功勋。

　　③曲阜之锡，不后营丘：据《史记·周本纪》记载，周公辅佐周朝，周武王封周公于曲阜（今山东曲阜），为鲁公，周公在朝，使子伯禽代他就封于

鲁。姜尚帮助周朝征伐，周武王封姜尚于营丘(今山东昌乐县)，为齐公。锡，赏赐。不后，不次于，不少于。

④萧何之土，先于平阳：根据《史记·萧相国世家》可知，汉高祖论功行封，萧何功居第一，平阳侯曹参第二。萧何功在建国，曹参功在作战。

⑤戮力：合力，并力。

⑥左右王略：在左右扶持使策略趋向正确。

⑦用披浮云：因此拨开浮云。

⑧幸许：去许县。幸，称皇帝到某地去为幸。

⑨左右机近：在皇帝身边掌管机要。

⑩如履薄冰：《诗·小雅·小旻》曰："战战兢兢，如履薄冰。"比喻谨慎小心。

⑪元勋：大功。

⑫在台：指任尚书令。台，尚书台，主管尚书的机关。

⑬诗美腹心：意思是《诗经》上赞美心腹。《诗·周南·兔罝》："赳赳武夫，公侯腹心。"意思是人才众多，连武夫也可以为公侯心腹。

⑭传贵庙胜：即古书推崇筹谋划策。传，泛指古书，这里指《孙子计篇》："兵未战而庙算胜者，得算多也。"

⑮荷异宠：荷，享受。异宠，特别的恩宠。

请增封荀彧表 建安十二年

一

　　昔袁绍作逆，连兵官渡①。时众寡粮单，图欲还许。尚书令荀彧，深建宜往之便，远恢进讨之略，起发臣心，革易愚虑，坚营固守，徼其军实②；遂摧扑大寇，济危以安。绍既破败，臣粮亦尽，将舍河北之规，改就荆南③之策。彧复备陈得失，用移臣议，故得反旆④冀土，克平四州⑤。向使臣退军官渡，绍必鼓行而前，敌人怀利以自百，臣众怯沮以丧气，有必败之形，无一捷之势。复若南征刘表⑥，委弃兖、豫⑦，饥军深入，踰越江、沔⑧，利既难要，将失本据。而彧建二策，以亡为存，以祸为福，谋殊功异，臣所不及。是故先帝贵指踪⑨之功，薄搏获之赏；古人尚帷幄之规⑩，下攻拔之力。原其绩效，足享高爵，而海内未喻其状，所受不侔⑪其功，臣诚惜之。乞重平议，增畴户邑。（《后汉书·荀彧传》）

二

昔袁绍侵入郊甸，战于官渡。时兵少粮尽，图欲还许，书与彧议，彧不听臣。建宜住之便，恢进讨之规，更起臣心，易其愚虑，遂摧大逆，覆取其众。此彧睹胜败之机，略不世出也。及绍破败，臣粮亦尽，以为河北未易图也，欲南讨刘表。彧复止臣，陈其得失，臣用反斾，遂吞凶族，克平四州。向使臣退于官渡，绍必鼓行而前，有倾覆之形，无克捷之势。后若南征，委弃兖、豫，利既难要，将失本据。彧之二策，以亡为存，以祸致福，谋殊功异，臣所不及也。是以先帝贵指踪之功，薄搏获之赏；古人尚帷幄之规，下攻拔之捷。前所赏录，未副彧巍巍之勋。乞重评议，畴其户邑。
（《魏志·荀彧传》注引《彧别传》，因《三国志》所载此表与《后汉书》之载此表文字有异，故皆录入其中）

【题解】

曹操在写了《请爵荀彧表》之后，在建安十二年，曹操又写了《请增封荀彧表》。

【注释】

①官渡：今河南中牟县东北。

②徼，截击；军实，军队的粮食。《后汉书·荀彧传》："操保官渡，与绍连战，虽胜而军粮方尽，书与彧议，欲还许以致绍师。彧报曰：'今谷食虽少，未若楚汉在荥阳、成皋间也。是时刘、项莫肯先退者，以为先退则势屈也。公以十分居一之众，画地而守之，扼其喉而不得进，已半年矣。情见势

竭,必将有变,此用奇之时,不可失也。'操从之,乃坚壁持之。遂以奇兵破绍,绍退走。"

③荆南:指荆州,辖境包括今湖南、湖北和河南省西南部等地。汉末治所在襄阳(今湖北襄阳市)。

④反旆:回师。旆,杂色镶边的旗子。

⑤四州:冀州(今河北省中南部,治所在常山国高邑县);青州(今山东省中部偏北的地方);并州(今山西省,治所在晋阳);幽州(今天津北京及河北省北部)。

⑥刘表:字景升,山阳高平(今甘肃省固原县)人,割据荆州的军阀,建安十三年病死。

⑦兖、豫:兖,在今山东省中部和西部,河南省北部,治所在昌邑(今山东金乡县)。豫,辖境包括今河南省东部和安徽省北部,治所在谯(今安徽亳县)。

⑧江、沔:江,长江。沔,汉水的上游。

⑨指踪:指示踪迹。《史记·萧相国世家》曰:"汉五年,既杀项羽,定天下,论功行封。群臣争功岁余功不决。高祖以萧何功最盛,封为酂侯,所食邑多。功臣皆曰:'臣等身被坚执锐,多者百余战,少者数十合,攻城略地,大小各有差。今萧何未尝有汗马之劳,徒持文墨议论,不战,顾反居臣上,何也?'高帝曰:'诸君知猎乎?'曰:'知之。''知猎狗乎?'曰:'知之。'高帝曰:'夫猎,追杀兽兔者狗也,而发踪指示兽处者人也。今诸君徒能得走兽耳,功狗也。至如萧何,发踪指示,功人也。且诸君独以身随我,多者两三人。今萧何举宗数十人皆随我,功不可忘也。'"

⑩古人尚帷幄之规:古人,指刘邦。尚,崇尚。帷幄,军用帐幕。规,计策。《史记·高祖本纪》:"高祖曰:'夫运筹策帷帐之中,决胜于千里之外,吾不如子房。'"

⑪不侔:不相称。

请封田畴表 建安十二年

文雅①优备,忠武又著,和于抚下,慎于事上。量时度

138

理,进退合义。幽州②始扰,胡、汉交萃③,荡析离居④,靡所依怀。畴率宗人避难于无终山⑤,北拒卢龙⑥,南守要害⑦,清静隐约,耕而后食,人民化从,咸共资奉。及袁绍父子⑧威力加于朔野,远结乌丸⑨,与为首尾,前后召畴,终不陷挠。后臣奉命,军次易县⑩,畴长躯自到,陈讨胡之势,犹广武⑪之建燕策,薛公⑫之度淮南。又使部曲⑬持臣露布⑭,出诱胡众,汉民或因亡来,乌丸闻之震荡。王旅出塞,涂由山中九百余里⑮,畴帅兵五百,启导山谷,遂灭乌丸,荡平塞表⑯。畴文武有效,节义可嘉,诚应宠赏,以旌其美。(《魏志·田畴传》注引《先贤行状》)

【题解】

《请封田畴功》,又作《表论田畴功》。建安十二年,曹操北征乌丸,当时正值夏季多雨,沿海道路不通,田畴建议出乌龙塞,从另一条山间小路袭击乌丸,并率领众人充任向导,结果出敌不意,打败乌丸,曹操根据田畴的功劳,给献帝上《请封田畴表》,封他为亭侯,食邑五百户。

【注释】

①雅:《三曹集》作"稚"。

②幽州:今河北省北部、京津二市和辽宁一带,州治在蓟(今属天津)。

③胡、汉交萃:乌丸和汉人都受苦难。胡指乌丸、匈奴等少数民族。萃,同"悴",困苦的意思。

④荡析离居:流离失所。

⑤无终山:在今天津市。

⑥北拒卢龙:北面控制卢龙要害。卢龙,长城塞口,在今河北省迁西县喜峰口附近。"拒"在《三曹集》中作"据"。

⑦要害:指无终山的天险。

⑧袁绍父子:指袁绍和他的儿子袁尚、袁谭、袁熙。

⑨乌丸:又名乌桓、古丸、乌延等,我国少数民族名。公元二世纪中叶以后,乌丸大体上分为上谷、辽西、辽东、右北平四部,居住今河北北部和辽

宁西部。后来辽西、辽东、右北平三部联合,称为"三郡乌丸"。

⑩次易县:次,驻扎。易县,在今河北省雄县西北。

⑪广武:西汉初年赵国谋士李左车,封广武君。《史记·淮阴侯列传》:"广武君对曰:'方今为将军计,莫如案甲休兵,镇赵,抚其孤,百里之内,牛酒日至,以飨士大夫醳兵。北首燕路,而后遣辩士奉咫尺之书,暴其所长于燕,燕必不敢不听从。'"汉二年(前205)刘邦大将韩信灭赵以后,打算进攻燕、齐,向李左车问计。他认为韩信士兵已经疲敝,不应马上进兵。建议用"先声后实"的方法,先派人出使燕国,威胁燕国降服,然后用同样方法对付齐国。韩信采用了他的建议,果然取得成功。

⑫薛公:原楚国令尹(楚国最高官职)。《史记·黥布列传》:汉十一年(前196),淮南王英布反,刘邦向薛公问计,薛公认为英布没有远见,一定会采取夺吴和下蔡(今安徽省寿县北),最后退守越和长沙的下策。那就高枕无忧了。事实果然不出所料。

⑬部曲:指部下。军队分部,部下分曲。

⑭露布:又叫露板,这里指檄文,即宣言,不加封缄,所以叫"露布"。

⑮涂由山中九百余里:根据田畴建议,军队出卢龙塞,经白檀(今河北滦平县)、平岗(今辽宁喀喇沁左旗)、东向柳城(今辽宁朝阳县南)。当时这条九百余里的小路早已废弃,两百多年来很少有人走过。

⑯塞表:塞外,一般指长城以北。

请恤郭嘉表 建安十二年

臣闻褒忠示宠,未必当身,念功惟绩,恩隆后嗣。是以楚宗孙叔敖①,显封厥子②,岑彭既没,爵及支庶③。[诚贤君殷勤于清良,圣祖敦笃于明勋也。]④故军祭酒⑤[洧阳亭侯颍川]⑥郭嘉,[立身著行,称茂乡邦,与臣参事,尽节为国]⑦。忠良渊淑⑧,体通性达⑨。每有大议,发言盈庭⑩,执中处理,动无遗策⑪。自在军旅,十有余年,行同骑乘,坐共幄席⑫。东禽吕布⑬,西取眭固⑭;斩袁谭之首⑮,平朔土之众,逾越险塞,荡定乌丸⑯;震威辽东⑰,以枭袁尚。虽假天威,易为指麾;至于临敌,发扬誓命,凶逆克殄⑱,勋实由嘉。[臣今日所以免戾,嘉与其功。]⑲方将表显,[使赏足以报效,薄命夭殒,不终美志。]⑳上为陛下悼惜良臣,下自毒恨丧失奇佐。[昔霍去病蚤死,孝武为之咨嗟;祭遵不究功业,世祖望枢悲恸。仁恩降下,念发五内。今嘉陨命,诚足怜伤。]㉑宜追增嘉封,并前千户;褒亡为存,厚往劝来也。

(《魏志·郭嘉传》注引《魏书》,又《艺文类聚》卷五十一)

【题解】

《请恤郭嘉表》又作《请追增郭嘉封邑表》。追增,对已死者追加封爵。郭嘉,字奉孝,颍川阳翟(今河南禹县)人。他是曹操的重要谋士,深得曹操器重,被视为"良臣""奇佐"。从公元196年到郭嘉死前的十几年中,他与曹操"行同骑乘,坐同幄席",伴随曹操东征西讨,在辅佐曹操统一北方事业中做出了很大贡献。郭嘉在207年末病死于征乌桓的归途中,曹操深感悲痛,为此上表,请求给予郭嘉追赠封邑,以教后人。《魏志·郭嘉传》载此表云:"军祭酒郭嘉,自从征伐十有一年。每有大议,临敌制变,臣策未决,嘉辄成之。平定天下,谋功为高。不幸短命,事业未终;追思嘉勋,实不可忘,可增邑八百户,并前千户。"是表文的摘要,惟多"增邑八百户"一句。

【注释】

①孙叔敖:"敖"字是据《艺文类聚》卷五十一增补。孙叔敖为春秋时楚国人,官至令尹。

②显封厥子:尊封他的儿子。孙叔敖兴修水利,发展生产,使楚国富强。死后,楚王把寝丘(今河南沈丘县东南)四百户封给他的儿子。

③岑彭既没,爵及支庶:岑彭,字君然,南阳棘阳(今河南新野县东北)人,东汉光武帝大将,他曾跟随光武帝镇压河北铜马等农民起义军,后入蜀征公孙述,被刺死。支庶,本支和庶子,本指正妻和妾所生子,这里指长子和次子。岑彭死后,光武帝先封他的长子岑遵为侯,后又封他的次子岑淮为侯。

141

④诚贤君殷勤于清良,圣祖敦笃于明勋也:这十六字据《艺文类聚》增补,贤君,指楚庄王。圣祖,指光武帝。敦笃,敦厚。明勋,有显著功劳的人。

⑤军祭酒:即"军师祭酒",军中首席参谋。

⑥洧阳亭侯颍川:这六字据《艺文类聚》增补。洧阳,地名,今河南扶沟县南。亭侯,一个乡亭的侯,比县侯小。颍川,郡名,属豫州,郡治在阳翟(今河南禹县)。

⑦立身著行等:这十六字据《艺文类聚》增补。著行,有显著的德行。称茂,声誉美好。

⑧渊淑:(智慧)渊博,(品德)美好。

⑨体通性达:即"体性通达"。体性,本性、本质。通达,通晓事务。

⑩发言盈庭:《诗·小雅》:"发言盈庭,谁敢执其咎。"意思是议论纷纷,谁敢做出决断,担当这个责任。

⑪执中处理,动无遗策:执中处理,恰当地处理。动无遗策,行动起来没有失策。

⑫行同骑乘,坐共幄席:行则同车,坐共帐席。骑乘,指兵车。幄席,军帐和坐席。

⑬东禽吕布:"禽"通"擒",《三国志·魏书·武帝纪》:"九月,公东征布。……时公连战,士卒罢,欲还,用荀攸、郭嘉计,遂决泗、沂水以灌城。月余,布将宋宪、魏续等执陈宫,举城降,生禽布、宫,皆杀之。"建安三年,曹操在下邳围困吕布,因士卒疲劳,打算撤兵,郭嘉主张加紧围攻,终于擒杀了吕布。

⑭西取眭固:眭固,原黑山农民起义军将领,先后投降河内太守张杨和袁绍,驻扎在射犬(今河南泌阳县东北)。建安四年(199)二月,被曹操消灭。

⑮斩袁谭之首:袁谭,袁绍长子,盘踞青州。袁绍死后,袁谭、袁尚因争夺继承权互相攻杀。建安八年(203),曹操在黎阳(今河南浚县东南)攻败袁谭、袁尚以后,采纳郭嘉的建议,暂缓进攻,待他们内讧,然后各个击破。建安九年,曹操乘袁尚攻袁谭之机,夺取冀州。建安十年春,擒杀袁谭。

⑯荡定乌丸:乌丸,名乌桓、古丸、乌延等,我国少数民族名。公元二世纪中叶以后,乌丸大体上分为上谷、辽西、辽东、右北平四部,居住在今河北北部和辽宁西部。后来辽西、辽东、右北平三部联合,称为"三郡乌丸"。建

安十年,袁绍的儿子袁尚、袁熙一起投奔乌丸,曹操为彻底消灭袁氏残余势力,采纳郭嘉建议,用轻兵袭击乌丸,取得胜利。

⑰震威辽东:辽东,郡名,属幽州,治所在襄平(今辽宁省辽阳县北)。建安十二年,曹操击败乌丸以后,投奔乌丸的袁尚、袁熙出奔辽东。辽东太守公孙康震慑于曹操的声威,斩杀了袁尚、袁熙,把头送给曹操。

⑱凶逆克殄:凶逆,凶恶的敌人。殄,消灭。

⑲臣今日所以免戾,嘉与其功:这十一字据《艺文类聚》增补。免戾,免于犯罪,这里是谦词。

⑳使赏足以报效,薄命夭殒,不终美志:此十四字据《艺文类聚》增补。薄命夭殒,《魏书》作"短命早终"。夭殒,早死。

㉑昔霍去病等字:据《艺文类聚》增补。霍去病,河东平阳(今山西临汾县西南)人,西汉武帝大将。他与卫青共同抗击匈奴的侵扰,解除了匈奴对汉王朝的威胁,被任为骠骑将军,封冠军侯,他死时只有二十三岁。孝武,西汉武帝刘彻。祭遵,字弟孙,颍川颍阳(今河南许昌市西)人,东汉光武帝大将,因功封征房将军、颍阳侯,在西征隗嚣时死于军中。世祖,汉光武帝刘秀。

获宋金生表建安四年

臣前遣讨河内、获嘉诸屯①,获生口②,辞③云:"河内有一神人宋金生,令诸屯皆云鹿角④不须守,吾使狗为汝守。不从其言者,即夜闻有军兵声,明日视屯下,但见虎迹。"臣辄部武猛都尉吕纳,将兵掩捉得生⑤,辄行军法。(《太平御览》三百三十七)

【题解】

《获宋金生表》,又作《掩获宋金生表》。掩获,出其不意地捉住。宋金生,生平不详,装神弄鬼之人。建安四年四月,曹操在攻打河内时,意外捉住了装神弄鬼的宋金生,本表即为掩获和处决宋金生后,写给献帝的奏章。

①河内、获嘉诸屯:河内,郡名,属司隶,治所在怀县(今河南武涉县西南)。获嘉,今河南省获嘉县,河内郡的属县。屯,兵营。

②生口:俘虏。

③辞:供辞。

④鹿角:军用障碍物,用带枝树木削尖,埋在地上以阻拦敌人。

⑤生,即宋金生。《魏武帝集》作"生口",据《太平御览》鲍刻本改。

【汇评】

傅亚庶:这份奏章表现了曹操敢于破除迷信、不信鬼神的思想。(《三曹诗文全集译注》)

请封荀攸表 建安十年

军师①荀攸,自初佐②臣,无征不从,前后克敌,皆攸之谋也。(《魏志·荀攸传》)

【题解】

荀攸自建安元年跟随曹操以来,先后从征张绣、吕布、袁绍、袁谭、袁尚。运筹帷幄,屡建奇功。

建安八年,袁绍死后,他的儿子袁谭、袁尚争夺冀州,互相残杀。袁谭被围困在平原(今山东平原县),向曹操求救,而此时曹操正准备攻打刘表,很多人反对援救袁谭。然而荀攸却力劝曹操援救袁谭,认为这样可以利用他们兄弟之间的矛盾,各个击破;而刘表胸无大志,可先放一下。曹操接受了荀攸的建议,最终消灭了袁尚、袁谭,平定了冀州,遂上表汉献帝封荀攸为"陵树亭侯"。

《荀攸传》载曹操常称赞荀攸:"公达外愚内智,外怯内勇,外弱内强,不伐善,无施劳,智可及,愚不可及,虽颜子、宁武不能过也。"

【注释】

①军师:官名,军事参谋。

②佐：辅佐、帮助。

糜竺领嬴郡太守表_{建安元年}

泰山郡①界广远，旧多轻悍②。权时之宜，可分五县为嬴郡③，拣选清廉以为守将。偏将军④糜竺，素履⑤忠贞，文武昭烈。请以竺领嬴郡太守，抚慰吏民。（《蜀志·糜竺传》注引《曹公集》）

【题解】

《糜竺领嬴郡太守表》，又作《表糜竺领嬴郡》。糜竺，字子仲，东海朐（今江苏东海县）人，是当地有名的财主，刘备定益州后，任命他为安汉将军。领，管理。嬴郡，郡治在嬴县（今山东莱芜市西北）。建安元年，吕布袭下邳（今江苏邳县东），击败刘备，这时糜竺把妹子嫁给刘备，并在人力物力上支援他。曹操想分化瓦解刘备集团，特向汉献帝上表，推荐糜竺充任嬴郡太守，但糜竺并未接受。

【注释】

①泰山郡：郡治在奉高县（今山东泰安市东北）。

②轻悍：轻剽勇悍的人。

③分五县为嬴郡：划出五县建立一个嬴郡。

④偏将军：汉官名，属第五品。

⑤素履：平素的行为。履，实践，指行为。

上献帝器物表

臣祖腾①，有顺帝②赐器。今上四石③铜鋗④四枚，五石铜鋗一枚，御物有纯银粉牑⑤一枚，药杵臼一具。铜熨斗二

枚^⑥。(《太平御览》七五七、七六二)

【题解】

《上献帝器物表》，又作《上器物表》。建安元年，曹操迎献帝在许定都，宫中器用缺乏，因此向皇帝上器物和酿酒法，这篇表应写于此时。

【注释】

①腾：曹腾，曹操的祖父。

②顺帝：汉顺帝刘保。

③石：指容量单位。

④鋗：大镬子。

⑤粉铫：取粉的用具，带环，像锅。

⑥《太平御览》卷七一二引《魏武帝集》："上腾所得顺帝赐物铜熨斗二枚。"

奏事

破袁尚上事建安九年

臣前上言逆贼袁尚还,即厉①精锐讨之。今尚人徒②震荡,部曲③丧守,引兵遁亡。臣陈军④被坚执锐,朱旗震耀。虎士雷噪,望旗眩精⑤,闻声丧气,投戈解甲,翕然沮坏⑥。尚单骑迸走⑦,捐弃伪节钺铁⑧、大将军祁乡⑨侯印各一枚,兜鍪⑩万九千六百二十枚,其矛盾弓戟,不可胜数。(《太平御览》三百五十六)

【题解】

袁尚,袁绍的幼子,袁绍死后,他接替了袁绍的职位。建安九年二月,袁尚又到平原(今山东平原南)攻打袁谭,留他的部将守邺城。七月,袁尚率兵万人回来救邺,曹操大破袁尚军,袁尚逃奔中山(今河北定县)。八月,曹操攻入邺城,消灭了袁绍的残余势力。这篇奏章,是曹操写他击败袁尚的具体情况。

【注释】

①厉:同"励",勉励。

②人徒:步兵。

③部曲:部队。

④陈军:部署军队。

⑤眩精:失魂落魄。眩,迷乱。

⑥翕然沮坏:翕然,全然。沮坏,败坏,全部崩溃。

⑦迸走:急迫逃跑。《全上古本》作"遁走"。

⑧伪节钺铁:伪,非法的。节,符节,古时命将帅出兵用的凭证;钺铁,

即钺斧,大斧,代表专征专杀权。

⑨祁乡:在今河南临汝县。

⑩兜鍪:头盔。

上九酝酒法奏

臣县故令南阳郭芝①,有九酝春酒②。法用麯③三十斤④,流水五石⑤,腊月二日清糵⑥,正月冻解;用好稻米,漉去糵滓,便酿法饮。曰譬诸虫,虽久多完⑦,三日一酿,满九斛⑧米止。臣得法酿之,常善;其上清滓亦可饮。若以九酝苦难饮,增为十酿,差⑨甘易饮,不病。今谨上献。(《北堂书钞》一百四十八)

【题解】

《上九酝酒法奏》,又作《奏上九酝酒法》。《文选·南都赋》李善注引《魏武集》作"上九酿酒"。这篇奏事同样是在曹操迎献帝在许定都时所写。

【注释】

①臣县故令南阳郭芝:《文选》"臣"上有"奏曰"二字。县故令:指曹操家乡谯县(今安徽亳县)从前的县令。郭芝:三国时西平(今河南西平县西)人,魏明元郭皇后的叔父,被封为虎贲中郎将,后迁散骑常侍,长水校尉。曾当过谯县县令。

②九酝春酒:酿九次的酒。第一次用酒药、一斛米和水,三日酿成一酝酒。第二次用一酝酒、酒药和一斛米酿成二酝酒,这样九次酿成九酝酒。

③麯:据上下文应当作"糵",酒药。

④斤:汉时一斤约等于现在的半斤。

⑤石:当时为一百斤。

⑥清糵:即浸糵,把糵破碎浸泡水中。糵,即上文的"麯"。

⑦完:指酒不变质。

⑧斛:当时五十斤。

⑨差:较,指九酿与十酿的比较。

上杂物疏

御物三十种,有纯银参镂带漆画书案①一枚,纯银参带台砚②一枚,纯银参带圆砚大小各一枚。(《书钞》一百三十三,《艺文类聚》卷五十八,《初学记》二十一,《太平御览》六百〇五)

御物有漆画韦③枕二枚;贵人④公主有黑漆韦枕三十枚。(《书钞》一百三十四)

御物三十种,有纯金⑤香炉一枚,下盘自副;贵人公主有纯银香炉四枚,皇太子有纯银香炉四枚,西园⑥贵人铜香炉三十枚。(《书钞》一百三十五,《艺文类聚》卷七十,《太平御览》七百〇三,八百十二)

御杂物用,有纯金唾壶⑦一枚,漆园油唾壶⑧四枚,贵人有纯银参带唾壶三十枚。(《太平御览》七百〇三)

御物三十种,有上车漆画重几大小各一枚。(《书钞》一百三十三,《太平御览》七百〇八)

御物有尺二寸金错⑨铁镜一枚,皇后杂物用纯银错七寸铁镜四枚,皇太子杂纯银错七寸铁镜四枚,贵人至公主九寸铁镜四十枚。(《书钞》一百三十六,《初学记》二十五,《太平御览》七百一十七)

御物中宫⑩贵人公主皇子纯银漆带镜⑪一枚,西园贵人纯银参带⑫五,皇子银匣一,皇子杂用物十六种,纯金参带方严⑬四具。(《太平御览》八百十二)

镜台出魏宫中,有纯银参带镜台一⑭,纯银七,贵人公主⑮镜台四。(《书钞》一百三十六,《初学记》二十五,《御览》七百一十七)

纯银澡豆⑯䤓,纯银括镂䤓⑰。（《书钞》一百三十五,《太平御览》七百一十七）

银镂漆匣四枚。（《书钞》一百三十五,《太平御览》七百十三）

油漆画严器一,纯金参带画方严器一。（《太平御览》七百十七）

御杂物之所得孝顺皇帝赐物,有容五石铜澡盘一枚。御物有纯银盘。（《书钞》一百三十五,《太平御览》七百十二）

有银画象牙杯盘五具。（《太平御览》七百五十九）

中宫用物,杂画象列尺一枚,贵人公主有象牙尺三十枚,宫人有象牙尺百五十枚,骨尺五十枚。（《太平御览》八百三十）

中宫杂物,杂画象牙管针管一枚。（《太平御览》八百三十）

【题解】

这篇奏事应是在曹操迎献帝在许定都时所写,当时宫物较缺乏。疏,分条陈述事情的奏章,这篇奏事是后人录自于不同文献,因此时间很难确定,但大抵是从建安元年开始的。

【注释】

①纯银参镂带漆画书案:用纯银雕刻的三条带镶在漆上图画纹的书案。

②台砚:下面装有台形物的砚。

③韦:熟牛皮。

④贵人:女官名,地位仅次于皇后。

⑤金:《书钞》卷一百三十五作"银"。

⑥西园:即上林苑,养禽兽供皇帝游赏的内苑。

⑦金唾壶:"金"在《书钞》卷一百三十五作"银"。唾壶,痰盂。

⑧漆园油唾壶:《曹操集译注》认为"园"疑当作"圆",即圆。加上漆的圆的痰盂。

⑨错:在金属的刻纹中嵌上金线或银线。

⑩中宫:指皇后。

⑪纯银漆带镜:镶上纯银带子形的铜镜,带子是加漆的。

⑫参带:《曹操集译注》认为"带"下疑脱"镜"字。

⑬方严:汉朝避讳,改"庄"为"严",方的妆奁匣称方严。

⑭一:《全三国文》"一"下有"枚"字。

⑮公主:《全三国文》"公主"下有"银"字。

⑯澡豆:用豆末制成的洗粉,去污用,可以光泽皮肤。

⑰括镂奁:一种雕刻的奁具。奁,古代妇女梳妆用的镜匣。

策

立卞王后策 _{建安二十四年}

夫人卞氏,抚养诸子,有母仪之德,今进位王后,太子诸侯陪位^①群卿上寿^②,减国^③内死罪一等。(《魏志·卞皇后传》)

【题解】

《立卞王后策》,又作《策立卞后》。卞后,琅琊开阳(今山东临沂北)人,本是歌女,汉灵帝光和二年(179),她二十岁时,曹操纳她为妾。建安初,曹操的夫人丁氏被废后,就以她为继室。建安二十二年,曹操立卞氏所生的长子曹丕为王太子,建安二十四年立卞氏为王后。

【注释】

①陪位:在旁陪伴的。

②上寿:祝贺。

③国:魏国。

书

与太尉杨文先书 建安二十四年

操白:与足下同海内大义,足下不遗,以贤子见辅。比中国①虽靖,方外②未夷。今军征事大,百姓骚扰。吾制钟鼓之音③,主簿宜守④。而足下贤子,恃豪父之势,每不与吾同怀,即欲直绳⑤,顾颇恨恨。谓其能改,遂转宽舒,复即宥贷,将延足下尊门大累,便令刑之。念卿父息之情,同此悼楚⑥,亦未必非幸也。今赠足下锦裘二领,八节银角桃杖一枚,青氈床褥三具,官绢五百匹,钱六十万,画轮四望通幰七香车⑦一乘,青牸牛二头,八百里骅骝马一匹,赤戎金装鞍辔⑧十副,铃耗⑨一具,驱使二人,并遗足下贵室错綵罗縠裘⑩一领,织成靴一量⑪,有心青衣⑫二人,长奉左右。所奉⑬虽薄,以表吾意。足下便当慨然承纳,不致往返。(《古文苑》,又略见《书钞》一百三十三,一百三十四;《初学记》二十五;《太平御览》三百四十一,四百七十八,六百九十三,六百九十四,六百九十八,七百八,又七百十,又七百七十三,八百十五)

【题解】

《与太尉杨文先书》,又作《与太尉杨彪书》《与杨太尉书论刑杨修》。杨彪,字文先,华阴(在今陕西)人。杨家从杨震到杨彪,四代做太尉,很有名望。杨修是杨彪的儿子,曹操立曹丕做太子之后,认为杨修这样有才能的人与曹植交好,怕对曹丕不利,便找借口杀了杨修。这篇文章,即是在曹操杀了杨修之后,写给他的父亲杨彪的。

【注释】

①中国:中原。

②方外:周围的边境。

③钟鼓之音:借指军令制度。

④主簿宜守:主簿应当遵守。主簿,负责文书簿籍、掌管印鉴的官员,当时杨修任丞相府主簿。

⑤直绳:木工用绳墨取直木材,在这里指用法律纠正人的过失。

⑥悼楚:悲伤。

⑦画轮四望通幰七香车:四面有窗,有纯色窗帘的七香车。画轮四望,指四面都可以向外望的窗帷。通,指纯色的,一色曰通。七香车,用各种香木做的车子。

⑧赤戎金装鞍辔:用红绒和金属装饰的鞍辔十副。辔,驾驭牲口的嚼子和缰绳。

⑨铃眊:缀着铃的眊。眊,用毛羽结成的装饰物。

⑩遗足下贵室错綵罗縠裘:赠给您夫人错綵罗縠皮衣。贵室,对杨彪妻的尊称。错綵,交错着缀有各色绸子。罗,轻软有稀孔的丝织品。縠,有皱纹的纱。

⑪量:指鞋一双。

⑫青衣:侍女。

⑬所奉:赠送的东西。

与王修书 建安十七年

君澡身浴德①,流声本州②,忠能成绩,为世美谈,名实相副,过人甚远。孤以心知君,至深至熟,非徒耳目而已也。察观先贤之论③,多以盐铁之利,足赡军国之用。昔孤初立司金之官④,念非屈君,余无可者。故与君教曰:"昔遏父陶正⑤,民赖其器用,及子妫满⑥,建侯于陈;近桑弘羊⑦,

位至三公⑧。此君元龟之兆⑨先告者也。"是孤用君之本意⑩也,或恐众才人未晓此意。

自是以来,在朝之士,每得一显选,常举君为首,及闻袁军师⑪众贤之议,以为不宜越君。然孤执心将有所底⑫,以军师之职,闲⑬于司金,至于建功,重于军师。孤之精诚,足以达君;君之察孤,足以不疑。但恐旁人浅见,以蠡测海⑭,为蛇画足⑮,将言前后百选,辄不用之,而使此君沈滞冶官。张甲李乙,尚犹先之,此主人意待之不优之效也。孤惧有此空声冒实,淫蛙乱耳⑯。假有斯事,亦庶钟期不失听也⑰;若其无也,过备何害!

昔宣帝察少府萧望之才任宰相⑱,故复出之,令为冯翊⑲。从正卿⑳往,似于左迁㉑。上使侍中㉒宣意曰:"君守平原㉓日浅,故复试君三辅㉔,非有所间㉕也。"孤揆先主中宗㉖之意,诚备此事。既㉗君崇勋业以副孤意,公叔文子与臣俱升㉘,独何人哉㉙!(《魏志·王修传》注引《魏略》)

【题解】

王修,字叔治,北海营陵(山东昌乐县东南)人,曾先后归附孔融、袁谭。西汉武帝时,桑弘羊制定盐铁官营来增加国库收入。到了东汉和帝时,窦太后专政,取消了盐铁官营。建安十年(205),曹操平定冀州后,就下令恢复盐铁官营,任命王修为司金中郎将。建安十七年,王修给曹操写信提出工作上的建议,但他流露出盐铁工作平安,影响自己建功立业的情绪。因此曹操给王修写了这封信,肯定盐铁官营事业的重要性,鼓励王修安心工作。

【注释】

①澡身浴德:修身养德。
②本州:指王修家乡青州。
③先贤之论:指桑弘羊关于盐铁官营的论述,有《盐铁论》一书。
④司金之官:指司金中郎将,主管冶铁、钱币和农具的铸造。

⑤遏父陶正：遏父，周武王时主管陶器生产的官，称作"陶正"。

⑥妫满：遏父的儿子，因他父亲负责陶器生产有功，被封为陈(今河南开封以东安徽亳县以北)侯，周武王还把长女太姬嫁给他。

⑦桑弘羊：(前152—前80年)，西汉洛阳人。武帝时，领大司农，推行盐铁官营，酒类专卖，均输平准(物价平衡)等经济政策。昭帝时，任御史大夫，参加盐铁会议，坚持盐铁官营等政策。

⑧三公：西汉称太尉、丞相、御史大夫为"三公"，共同掌管朝政大权。

⑨元龟之兆：元龟，大龟。古人用烧龟壳现出的裂纹来判断凶吉。这里指吉兆。

⑩本意：《曹操集》作"本言"，据《曹操集译注》改。

⑪袁军师：指袁涣，曾任曹操的军谋祭酒。

⑫厎：定。

⑬闲：大，在这里指高。

⑭以蠡测海：比喻以浅见猜度他人。《汉书·东方朔传》："以管窥天，以蠡测海，以莛撞钟，岂能通其条贯，考其文理，发其音声哉！"

⑮为蛇画足：比喻不必要的多事。《战国策·齐策》："楚有祭者赐舍人酒，约画蛇先成者饮。一人蛇先成，引酒，谓能添足，未成，另一蛇成，夺其酒。"

⑯淫蛙乱耳：蛙声乱耳，淫指非正声，这里指流言蜚语。

⑰亦庶钟期不失听也：也希望你会像钟子期那样不致错听。钟期，即钟子期，春秋时楚国人，俞伯牙的知音，能听出俞伯牙琴中表达的思想感情。

⑱宣帝察少府萧望之才任宰相：汉宣帝看到少府萧望之有宰相之才。宣帝(前91—前49)，即刘询，主张霸道王道并用，重视吏治。少府，九卿之一，掌管征收山海地泽的税收。萧望之，字长倩，兰陵(今山东枣庄)人，宣帝想重用他，有意调他出任冯翊地方官，他认为是降职，称病不上任，宣帝派侍中成都侯金安转达他的本意，说明并不是对他有意疏远。

⑲冯翊：西汉首都三个行政区划之一，治所在今陕西大荔县一带，其行政长官相当于郡太守。

⑳正卿：少府是九卿之一，故称正卿。

㉑左迁：古时以右为上，左迁就是降职。

㉒侍中：皇帝的侍从顾问官。

㉓平原：郡名，属青州，治所在平原(今山东平原县西南)，萧望之曾任平原太守。

㉔三辅：西汉首都长安的京兆，和都城外的右扶风、左冯翊三个行政区划的总称。

㉕间：疏远，隔阂。

㉖中宗：汉宣帝的庙号。

㉗既：《曹操集译注》据《三国志集解》为"冀"，即希望的意思。

㉘公叔文子与臣俱升：我要像公叔文子和他家臣那样和你同时升官。公叔文子，春秋时卫国大夫，名叫公叔拔，"文"是他的谥号，他曾推荐自己的家臣僎和自己同时升官。

㉙独何人哉：他家臣只是什么人啊(你难道不如他吗)。独，反问句语气助词，难道的意思。

与荀彧书 建安元年

自志才①亡后，莫可与计事情者，汝颍②固多奇士，谁可以继之？(《魏志·郭嘉传》)

【题解】

荀彧，字文若，颍川汝阴(今河南许昌市)人，曹操的重要谋士。他向曹操推荐了郭嘉、荀攸等很有作为的人才，帮助曹操巩固了兖州根据地。后任尚书令，为曹操策划，击败袁绍，平定河北。建安十七年，他反对曹操进爵魏公，因得罪曹操，忧郁而死。这篇写的是戏志才死后，曹操写信给荀彧，叹赏戏志才的才能，并要荀彧再向他推荐人才。

【注释】

①志才：即戏志才，颍川人，与荀彧同郡，荀彧推荐他给曹操当谋士，很有才能，曹操很器重他，但不幸早死。

②汝颍：指汝南、颍川两郡。汝南郡属豫州，治所在平舆(今河南汝南县东南)。颍川郡，属豫州，治所在阳翟(今河南禹州市)。

与荀彧书<small>建安三年</small>

　　贼来追吾，虽日行数里，吾策^①之，到安众^②，破绣必矣^③。（《魏志·武帝纪》）

　　虎遏^④吾归师，而与吾死地^⑤战，吾是以知胜矣。（《魏书·武帝纪》）

【题解】

　　建安三年三月，曹操在穰（今河南邓县）包围张绣，五月刘表派兵援救张绣，并断了曹军的后路，曹操准备退兵，张绣的军队来追，尽管如此曹操仍给荀彧写信，称必定能破敌取胜。之后，曹军到了安众，前后受敌，曹操命人夜间凿地道，把军械粮草都运过去，并埋伏了奇兵。到了天明，敌人以为曹军逃跑，就全军来追，曹操迎击的部队和埋伏的奇兵前后夹击，大败敌人。曹军回到许昌后，荀彧问曹操为什么能预知破敌，曹操又写信答复他。

【注释】

①策：谋算、估计。

②安众：县名，在今河南省镇平县东南。

③破绣必矣：打败张绣是一定的了。绣，张绣，武威祖厉（今甘肃省靖远县西南）人，建安二年投降曹操，后来背叛，曹操讨伐他，建安四年又投降曹操，封列侯。

④遏：阻挡。

⑤死地：《孙子·九地篇》："疾战则存，不疾战则亡者，为死地。"比喻处在只有拼死决战才能求生存的形势。

与荀彧书<small>建安八年</small>

　　与君共事以来，立朝廷，君之相为匡弼^①，君之相为^②举

人，君之相为建计，君之相为密谋，亦已多矣。夫功未必皆野战也，愿君勿让。（《魏志·荀彧传》注引《彧别传》）

【题解】

曹操击败袁绍，占领河北以后，向皇帝上了《请爵荀彧表》，表封荀彧为万岁亭侯，荀彧认为自己没有立过战功，把曹操的表奏压下来，因此这篇文章即是曹操给荀彧的书信，信中指出"夫功未必野战也，愿君勿让。"荀彧才接受。

【注释】

①匡弼：纠正和帮助。汉代蔡邕《琅邪王傅蔡朗碑》："骄盈偕差，或蹈宪理，非弘直硕儒，莫能匡弼。"

②相为：帮着做。

报荀彧书建安九年

微足下之相难①，所失多矣。（《水经·淯水注》）

【题解】

建安九年，曹操击败袁尚，破邺（今河北临漳县西南），领冀州牧。有人劝他应该恢复古制，设置九州，这样冀州所管辖的地区就大了许多。而荀彧劝告他，如果那样，要夺取很多地区归入冀州，最近刚击破袁尚，海内震惊，人人自危，如果这时将他们占有的土地分属冀州，他们将更加不安，这样很容易发生变故，天下就更不易安定了。现在应该先定河北，然后修复旧京，南征刘表，等天下大定，再议恢复古制。曹操接受了荀彧的意见，给他写了这封信。

【注释】

①难：诘责、辩驳。

报荀彧书 建安十二年

君之策谋，非但所表二事^①，前后谦冲，欲慕鲁连^②先生乎？此圣人达节^③者所不贵也。昔介子推^④有言："窃人之财，犹谓之盗。"况君密谋安众，光显于孤者以百数乎！以二事相还^⑤而复辞之，何取谦亮^⑥之多邪！（《魏志·荀彧传》注引《彧别传》，又见袁宏《后汉纪》三十，略同）

【题解】

建安十二年，曹操又增封荀彧，上了《请增封荀彧表》，荀彧还是坚决辞让；曹操写了这封信，荀彧才接受。

【注释】

①所表二事：即《请增封荀彧表》中所说的"彧建二策"。

②鲁连：即鲁仲连，战国齐国人，据《史记·鲁仲连传》记载，秦攻赵时，鲁仲连帮忙劝退秦国，赵国想封鲁仲连，他再三推让不受；后来，鲁仲连又帮齐国田单劝聊城燕将放弃死守，齐国想封他，他又逃到海上。

③圣人达节：《左传·成公十五年》："诸侯将见子臧于王而立之。子臧辞曰：'《前志》有之曰："圣达节，次守节，下失节。"'"在这里指圣人在节操上比较通达，即不拘守高节，可以接受爵位。

④介子推：春秋时人，跟晋文公在外流亡了十九年，晋文公回国做君，没有用他，他同母亲在绵山隐居。后来晋文公想到他，找不到他，就放火烧绵山，他被烧死。他说："窃人之财，犹谓之盗，况贪天之功以为己力乎？"他认为接受晋文公的赏赐是贪天功以为己力，因此他不求禄赏，隐于绵山。

⑤还：报答。

⑥谦亮：谦逊退让。

与荀彧悼郭嘉书 建安十二年

郭奉孝年不满四十,相与周旋十一年,险阻艰难,皆共罹①之。又以其通达,见世事无所疑滞②,欲以后事属之。何意卒尔③失之,悲痛伤心!今表增其子满千户,然何益亡者!追念之感深。且奉孝乃知孤者也,天下人相知者少,又以此痛惜,奈何奈何!(《魏志·郭嘉传》注引《傅子》)

追惜奉孝,不能去心。其人见时事兵事,过绝于人;又人多畏病,南方有疫,常言吾往南方,则不生还。然与共论计,云当先定荆。此为不但见计之忠厚,必欲立功分,弃命定。事人心乃尔④,何得使人忘之!(《魏志·郭嘉传》注引《傅子》)

【题解】

《与荀彧悼郭嘉书》,又作《与荀彧书追伤郭嘉》。郭嘉死后,曹操先后给荀彧写了这两封信。第一封信与《请追增郭嘉封邑表》同时,即写于建安十二年。第二封信写于何年,尚未能定。在这两封信中,曹操对郭嘉的才干和忠诚热情赞扬,对郭嘉的死表示深深的哀伤。

【注释】

①罹:遭遇困难或不幸。
②疑滞:《曹操集译注》作"凝滞"。
③卒尔:突然,"卒"同"猝"。
④事人心乃尔:奉事上级的心竟是这样。乃尔,竟然这样。

与钟繇书 建安五年

得所送马,甚应其急。关右①平定,朝廷无西顾之忧②,

足下③之勋也。昔萧何镇守关中，足食成军，亦适当尔④。
《魏志·钟繇传》

【题解】

钟繇，字元常，颍川长社(今河南长葛市西)人。镇守关中时，招抚流民，恢复和发展了农业生产，魏国建立后任大理，迁相国。建安二年，曹操打算先消灭张绣、吕布，然后与袁绍争夺河北，但关中马腾、韩遂拥兵自重。此时，经荀彧推荐的钟繇被任命为司隶校尉，他经过努力争取了马腾、韩遂，让他们暂时归附朝廷。建安五年，曹操与袁绍相持于官渡，兵少粮缺，钟繇挑选了二千多匹战马和一些物资送往官渡，给曹操有力支援，曹操因此给他写了这封信。

【注释】

①关右:指函谷关以西之地，包括今陕西、甘肃一带。
②西顾之忧:指马腾、韩遂等对曹操的威胁。
③足下:对别人的敬称，一般用于地位、辈分相同的人。
④亦适当尔:也只是和你相当罢了。

与荀攸书 建安元年

方今天下大乱，智士劳心之时也。而顾①观变蜀汉，不已久乎！《魏志·荀攸传》

【题解】

《与荀攸书》，又作《遗荀攸书》。遗，给予。荀攸，字公达，颍川汝阴(今河南许昌市)人，曹操的主要谋士，他跟随曹操征战，屡建奇策，曹操论功，认为他仅次于荀彧，后被任为尚书令。

中平六年(189)，荀攸应大将军何进征召，任黄门侍郎，因谋诛董卓，被捕入狱。董卓死后获释，弃官归家。后被征召为任城(今山东济宁市)相，他不愿就职，请求担任蜀郡太守，因道路阻隔，一时无法赴任，暂住荆州。

建安元年(196)，曹操迎献帝都许后，写信劝他出来任事，征聘他为军师。

与阎行书 建安十六年

观文约①所为，使人笑来。吾前后与之书，无所不说，如此何可复忍！卿父谏议②，自平安也。虽然，牢狱之中，非养亲之处，且又官家亦不能久为人养老也。(《魏志·张既传》注引《魏略》)

【题解】

《与阎行书》，又作《手书与阎行》。阎行初为凉州一带割据势力韩遂的部将，建安十四年，韩遂派他的部将阎行去见曹操，曹操表阎行为犍为太守，让他把《与韩遂教》带回去，阎行劝韩遂送一子到曹操那里表示归附，他自己也把父母送去，而马超等人却推韩遂为督都，反对曹操，曹操就把韩遂的儿子杀了，并对他进行武力讨伐。韩遂把小女嫁给阎行，想使曹操杀掉阎行的父母，曹操就写了这篇《手书与阎行》。

【注释】

①文约：韩遂的字。

②谏议：指阎行的父亲阎纪在朝任谏议大夫，但因韩遂叛乱，把阎行拉住不放，阎纪因而被关在狱中。

报蒯越书 建安十九年

死者反生，生者不愧①。孤少所举，行之多矣。魂而有灵，亦将闻孤此言也。(《魏志·刘琮传》注引《傅子》)

蒯越,字异度,初为大将军何进的东曹掾,劝何进诛杀宦官,何进犹豫不决。蒯越认为他一定失败,于是投奔荆州,成为刘表的重要谋士,后又归附曹操。他于建安十九年死去,临终前,把家属托付给曹操照管,曹操写了这封回信。

【注释】

①死者反生,生者不愧:《公羊传·僖公十年》:"使死者反生,生者不愧乎其言,则可谓信矣。"意思是死的人如果复活,活着的人无愧于他的托付。

【汇评】

傅亚庶:这封书信表明了曹操对部下的体恤、爱护之情,从而反映了曹操作为政治家的性格的另一侧面。(《三曹诗文全集译注》)

答朱灵书 建安十年

兵中所以为危险者,外对敌国,内有奸谋不测之变。昔邓禹中分光武军西行①,而有宗歆、冯愔之难②,后将二十四骑还洛阳③。禹岂以是减损哉!来书恳恻④,多引咎过,未必如所云也。(《魏志·徐晃传》注引《魏书》)

【题解】

《答朱灵书》,又作《手书答朱灵》。朱灵,字文博,清河鄃县(今山东平原县西南)人,原为袁绍部将,跟随曹操后因功拜后将军,封高唐亭侯。

曹操平定冀州后,派朱灵带领新兵驻守许南,并告诫他说:"冀州新兵放纵惯了,一加约束,怕有变乱。"果不其然,朱灵领兵行至阳翟(今河南禹州),中郎将程昂果然反叛;朱灵斩杀程昂后,向曹操做了报告,表示痛心和自责,曹操就写了这封回信。

【注释】

①邓禹中分光武军西行:据《后汉书·邓禹传》记载,更始年间(24—

25)光武帝刘秀分精兵二万给邓禹,让他去镇压赤眉农民起义军。

②宗歆、冯愔之难:指建武元年(25),邓禹派部将宗歆、冯愔守栒邑(今陕西旬邑县东北),二人争权并互相攻击,冯愔杀了宗歆之后,又攻击邓禹。

③将二十四骑还洛阳:据《后汉书·邓禹传》"洛阳"应为"宜阳",建武三年(27),邓禹被赤眉起义军打败,只带了二十四个人马逃回宜阳。

④恳恻:诚恳痛心。

【汇评】

傅亚庶:文中体现出曹操有先见之明,这是他长期作战经验积累的结果,又表现出曹操通情达理,能实事求是地对待部下的失误,给以安慰和勉励。(《三曹诗文全集译注》)

报杨阜书建安十九年

君与群贤共建大功,西土①之人以为美谈。子贡辞赏,仲尼谓之止善②,君其剖心以顺国命。姜叙③之母,劝叙早发,明智乃尔。虽杨敞之妻④,盖不过此。贤哉,贤哉!良史纪录,必不坠于地矣。(《魏志·杨阜传》)

【题解】

《报杨阜书》,又作《杨阜让爵报》。杨阜,字义山,天水冀(今甘肃陇西县南)人,后任益州刺史、金城太守。报,指复信。

建安十八年(213),马超率领羌、胡骚扰陇右各郡县,凉州刺史韦康的参军杨阜在冀城(今甘肃甘谷县南)固守了八个月,韦康开门迎降,反被马超杀害。杨阜遂向讨夷将军姜叙搬救兵,并联合冀城将士,最后终于击败马超,取得平定陇右的胜利。建安十九年,曹操封赏讨伐马超的功臣,封杨阜等十一人为列侯,杨阜上书辞让,曹操给他写了这封回信。

【注释】

①西土:指陇右一带(今甘肃省)。

②子贡辞赏,仲尼谓之止善:《说苑·政理篇》:"鲁国之法,鲁人有赎

臣妾于诸侯者,取金于府。子贡赎人于诸侯,还而辞其金。孔子闻之曰:
'赐失之矣。圣人之举事也,可以移风易俗,而教导可施于百姓,非独适其
身之行也。今鲁国富者寡而贫者众,赎而受金,则为不廉,不受则后莫复
赎;自今以来,鲁人不复赎矣。'"止善,阻止人家做好事。

③姜叙:杨阜的亲戚,当时任抚夷将军,拥兵驻在历城(今甘肃
成县北)。

④杨敞之妻:汉司马迁的女儿,嫁给杨敞。据《汉书·杨敞传》记载,大
将军霍光谋废昌邑王,使大司农田延年通知杨敞,杨敞不知所措,杨敞妻代
他向田延年表示会坚决奉行大将军号令。

报刘廙书 建安二十年

非但君当知臣,臣亦当知君。今欲使吾坐行西伯之
德①,恐非其人也。(《魏志·刘廙传》)

【题解】

《报刘廙书》,又作《报刘廙》。报,答复。刘廙,字恭嗣,南阳安众(今河
南镇平县东南)人。魏国建立后,为黄门侍郎。

建安二十年,曹操进驻长安,打算西征刘备。刘廙上书劝阻,他说周文
王三次讨伐崇国,都没有征服,后来归而修德,崇国才降服。他要曹操"高
枕于广厦,潜思于治国"。曹操给他回了这封信,称他不是那样的人。

【注释】

①坐行西伯之德:指停止讨伐,像周文王那样,实行"德治"。西伯,即
周文王,殷纣王任命他为西伯,就是西方诸侯的首领。

答袁绍书 初平元年

董卓①之罪,暴于四海,吾等合大众,兴义兵②,而远近

莫不响应,此以义动故也。今幼主③微弱,制于奸臣,未有昌邑④亡国之衅,而一旦改易⑤,天下其孰安之?诸君北面⑥,我自西向。(《魏志·武帝纪》注引《魏书》)

【题解】

《答袁绍书》,又作《答袁绍》。袁绍,字本初,汝南汝阳(今河南商水县西北)人,东汉末年割据势力的政治代表。

董卓专权作乱,各地地方长官起兵讨伐董卓。这时,豪强地主袁绍与冀州刺史韩馥谋立刘虞为帝,另立朝廷,并拉拢曹操参加,曹操在这封信中表达了他的主张。

【注释】

①董卓,字仲颖,凉州临洮(今甘肃岷县)人。灵帝时,任并州牧。灵帝中平六年,他乘宦官外戚争权之机,带兵入洛阳,废少帝立献帝,自为相国。因山东各州郡起兵讨伐他,他挟献帝迁都长安,焚烧洛阳及周围数百里房屋,使人民蒙受极大灾难,后为王允、吕布所杀。

②兴义兵:指中平六年(189)关东各州郡起兵讨伐董卓。

③幼主:指献帝刘协,初平元年他才十岁。

④昌邑:指昌邑王刘贺。昌邑(今山东金乡县),西汉刘贺的封国。

⑤改易:指袁绍等人要废刘协立刘虞的事。

⑥北面:古时臣面向北朝见君主,因此对别人称臣叫北面。当时刘虞任幽州牧,方位在北,这里有双关的意思。

答吕布书 建安二年

山阳屯①送将军所失大封②。国家无好金,孤③自取家好金更相为作印,国家无紫绶,自取所带紫绶以籍④心。将军所使不良。袁术⑤称天子,将军上⑥之,而使不通章。朝廷信将军,使复重上,以相明忠诚。(《魏志·吕布传》注引《英

雄记》

【题解】

《答吕布书》，又作《手书与吕布》。吕布，字奉先，九原（今内蒙古五原县）人。原为并州刺史丁原的部下，后杀丁原归附董卓，继又与司徒王允合谋杀卓，后割据徐州，是东汉末年反复无常的大军阀，建安三年被曹操擒杀。

建安元年，汉献帝以吕布为平东将军，但诏书却被使者在山阳屯的路上丢失了。建安二年春，袁术阴谋在淮南称帝，遣使拉拢吕布，吕布扣留了使者，上缴了他的书信，使袁术陷于孤立。曹操为了利用吕布与袁绍之间的矛盾，争取吕布中立，就以献帝的名义重封吕布为平东将军，派奉车都尉王则携带诏书和印绶去拜吕布，写了这封信。

【注释】

①山阳屯：在今河南省修武县境内。

②大封：皇帝的封诏，包括印绶。这里指的是建安元年，汉献帝以吕布为平东将军，封平陶侯，但诏书却被使者在山阳屯的路上丢失了这件事。

③孤：古代王侯自谦的称呼，这里指曹操自己。

④籍：通"藉"，慰劳。

⑤袁术：字公路，汝阳（在河南商水县西北）人，袁绍弟，割据扬州的军阀，建安二年，阴谋在寿春（今安徽寿县）称帝。

⑥上：报告。《曹操集》原作"止"，据《三国志集解》改，从下文"使复重上"，亦可知此处为"上"。

遗孙权书 建安十三年

近者奉辞伐罪，旌麾南指①，刘琮②束手。今治水军八十万众，方与将军会猎于吴。（《吴志·孙权传》注引《江表传》，又《艺文类聚》六十六，《御览》八百三十一）

赤壁之役③，值有疾病。孤烧船自退，横使周瑜④虚获

此名。(《吴志·周瑜传》注引《江表传》)

赤壁之困,过云梦泽⑤中,有大雾,遂便失道。(《太平寰宇记》引刘澂之《永初山川记》云《魏武帝与吴主书》)

【题解】

《遗孙权书》,又作《与孙权书》。孙权,字仲谋,吴郡富春(今属浙江杭州)人,他继承他父亲孙坚和哥哥孙策的基业,占据江东六郡,黄龙元年(229)称帝,国号吴。

这是曹操在赤壁之战前后,写给孙权的两封信。建安十三年七月,曹操南征荆州,刘琮投降,这时曹操想用武力威胁孙权投降,因而给孙权写了第一封信。赤壁之战曹操失败后,他又给孙权写了第二封信。

【注释】

①旌麾南指:军旗指向南方。旌麾,指军旗。

②刘琮:时荆州牧刘表的小儿子。

③赤壁之役:即历史上有名的以少胜多的赤壁之战。赤壁,山名,在今湖北省赤壁市,长江南岸。赤壁之战中,孙刘联军利用曹军不习水战等弱点,用火攻击曹操水师,水陆并进,大破曹军。

④周瑜:字公瑾,扬州庐江郡(今安徽舒城)人,孙权的水军都督,是指挥赤壁之战的统帅。

⑤云梦泽:在今湖北安陆市南,方八九百里。

与王芬书 中平五年

夫废立之事,天下之至不祥也。古人有权成败、计轻重而行之者,伊尹、霍光①是也。伊尹怀至忠之诚,据宰臣之势,处官司②之上。故进退废置,计从事立。及至霍光受托国③之任,藉宗臣④之位,内因太后秉政⑤之重,外有群卿同欲之势;昌邑即位日浅,未有贵宠,朝乏谠臣⑥,议出密近⑦:故计行如转圜,事成如摧枯。今诸君徒见曩⑧者之易,未睹当今之难。诸君自度:结众连党,何若七国⑨?合肥⑩之贵,孰若吴楚⑪?而造作非常,欲望必克,不亦危乎!《魏志·武帝纪》注引《魏书》)

【题解】

《与王芬书》,又作《拒王芬辞》。汉灵帝中平五年六月,冀州刺史王芬勾结南阳许攸、沛国周旌等人,伺机乘灵帝北巡河间(今河北献县东南)旧宅之时,发动政变,废除灵帝,诛杀宦官,立合肥侯为帝,并想要拉拢在家乡隐居的曹操,曹操分析了当时的形势,拒绝参加。

【注释】

①伊尹、霍光:伊尹,又名伊挚,奴隶出身,辅助商汤灭夏建立商朝。汤孙太甲即位,破坏商汤法制,被伊尹放逐,三年后,太甲悔过,伊尹接他复位。霍光,字子孟,河东平阳(今山西临汾市)人。汉武帝死后,他辅佐昭帝,任大司马大将军。昭帝死后,他迎立昌邑王刘贺,刘贺即位二十七天后就破坏汉家制度,被霍光所废,另立武帝曾孙刘询(宣帝)。

②官司:指文武百官。《汉书·王莽传上》:"祝宗卜史,备物典策,官司彝器。"颜师古注:"官司,百官也。"

③托国:汉武帝临死,有遗诏委托霍光辅助八岁的少主昭帝。

④宗臣:一向受人景仰的大臣。

⑤太后秉政:太后,指霍光的外孙女儿,汉昭帝的皇后。秉政,掌管朝政。当时太后没有执政,这里是指废昌邑王事由太后出面主持。

⑥谠臣:直言敢谏的大臣。

⑦议出密近:那些计议都出于同霍光亲密的大臣之手。

⑧曩:以往。

⑨七国:指汉景帝时吴、楚、赵、胶西、济南、菑川、胶东七个诸侯国,以吴王刘濞为首的七个诸侯国发动叛乱,史称"七国之乱"。三国时期魏国陈琳《檄吴将校部曲文》:"太尉帅师,甫下荥阳,则七国之军,瓦解冰泮。"

⑩合肥:在这里指合肥侯,刘姓,名字和受封的年代都不可考。

⑪吴楚:指吴王刘濞和楚王刘戊。

为兖州牧上书 兴平二年

　　山阳郡①有美梨。谨上缝帐二，丝缕十斤，甘梨二箱，椑枣②二箱。（《初学记》二十；《太平御览》八百三十，又九百九十九、九百七十一）

【题解】

　　《为兖州牧上书》，又作《兖州牧上书》。兖州，在今山东省中部和西部，河南省北部，治所在昌邑（今山东金乡县）。牧，州牧，东汉灵帝时，为镇压农民起义，设置州牧，为掌握一州军政大权的行政长官。公元195年献帝东迁，宫廷困乏，曹操领兖州牧，经常向皇帝进贡一些物品。

【注释】

　　①山阳郡：治所在昌邑（今山东省金乡县西北四十里）。
　　②椑枣：一种青黑色的枣。

尺牍

下荆州书 _{建安十三年}

不喜得荆州,喜得蒯异度①耳。《《魏志·刘表传》注引《傅子》》

【题解】

　　这是荆州归附后曹操给荀彧信里的话。这年七月,曹操进军荆州,八月,荆州刺史刘表病死,他的谋士蒯越等劝说他的儿子刘琮献地投降,蒯越本人也归附了曹操。曹操为不战而得到荆州及蒯越这样的人才感到高兴。

【注释】

　　①蒯异度:蒯越,字异度,为大将军何进的东曹掾,劝何进诛杀宦官,何进犹豫不决,蒯越认为他一定失败,于是投奔荆州,成为刘表的重要谋士,后又归附曹操。

与诸葛亮书

今奉鸡舌香①五斤,以表微意。《《诸葛亮集》注见《太平御览》》

【题解】

　　这是《与诸葛亮书》中的一句话。其他内容已佚。

【注释】

　　①鸡舌香:即丁香,能治口臭。按:汉朝的官仪制度,尚书郎嘴里含着鸡舌香才能给皇帝对答问题,使气味芬芳。

祭文

祀桥太尉文 建安七年

故太尉桥公，诞敷明德①，泛爱博容②。国念明训，士思令谟③。灵幽体翳，邈哉晞矣④！吾以幼年逮升堂室⑤，特以顽鄙之姿，为大君子所纳⑥。增荣益观，皆由奖助⑦，犹仲尼称不如颜渊⑧，李生之厚叹贾复⑨。士死知己，怀此无忘。又承从容约誓之言："殂逝⑩之后，路有经由，不以斗酒只鸡过相沃酹⑪，车过三步，腹痛勿怪⑫。"虽临时戏笑之言，非至亲⑬之笃好，胡肯为此辞乎⑭？匪谓灵忿，能诒己疾⑮，旧怀惟顾⑯，念之凄怆。奉命东征，屯次乡里⑰，北望贵土，乃心陵墓。裁致薄奠⑱，公其尚飨⑲！（《魏志·武帝纪》注引《褒赏令》）

【题解】

《祀桥太尉文》，又作《祀故太尉桥玄文》。桥玄，字公祖，梁国睢阳（今河南商丘市）人。太尉，掌管全国军事大权，东汉时和司徒、司空并称三公。曹操年轻的时候，曾去拜访桥玄，桥玄认为曹操很不平凡，说："现在天下将要大乱，安定百姓的重任就在你身上了。"从此曹操的名气更大了，这对曹操早期的政治活动有一定的影响，因此曹操常常为他能够深刻了解自己而感动。建安七年，曹操率领军队驻扎在家乡谯（今安徽亳县），派人到睢阳去隆重祭祀桥玄，并亲自写了祭文。

【注释】

①诞敷明德：意思是广布恩德，《后汉书·桥玄传》作"懿德高轨"。
②泛爱博容：泛爱，广泛地对人慈爱。博容，胸怀宽大，能广容事物。

③令谟:美好的谋略。令,美好。谟,谋略。

④灵幽体翳,邈哉晞矣:灵,灵魂。幽,指阴间。翳,埋藏。邈,远。晞,露水干,指死。《后汉书·桥玄传》作"幽灵潜翳,邈哉缅矣"。

⑤吾以幼年逮升堂室:逮,及。升堂室,升堂入室,指亲近。"吾以"在《后汉书·桥玄传》中作"操以"。

⑥特以顽鄙之姿,为大君子所纳:在《后汉书·桥玄传》中作"特以顽质,见纳君子"。

⑦奖助:在《后汉书·桥玄传》中作"奖勖"。

⑧仲尼称不如颜渊:出自《论语·公冶长》:"子谓子贡曰:'女与回也孰愈?'对曰:'赐也何敢望回?回也闻一以知十,赐也闻一以知二。'子曰:'弗如也。吾与女弗如也。'"

⑨李生之厚叹贾复:《后汉书·桥玄传》"李生之"无"之"字。据《后汉书·贾复传》记载,贾复少年好学,向舞阴(今河南沁阳县)李生学习,李生认为他与一般人不同,李生对他的学生说:"凭贾君的容貌和志气而又这样勤学,将来是将相的才干啊!"

⑩殂逝:死去。《后汉书·桥玄传》作"徂没"。

⑪沃酹:把酒洒在地上表示祭奠。

⑫勿怪:《后汉书·桥玄传》作"忽怨"。

⑬至亲:《后汉书·桥玄传》作"至亲之"。

⑭辞乎:《后汉书·桥玄传》作"辞哉"。

⑮匪谓灵忿,能诒己疾:《后汉书·桥玄传》无此两句。

⑯旧怀惟顾:旧怀,旧友情。惟顾,思念。

⑰屯次乡里:屯次,军队驻扎。乡里,曹操的家乡谯县。

⑱裁致薄奠:裁致,备送。薄奠,微少的祭品。

⑲尚飨:还是来享用祭品吧。尚,还,表希望。飨,享用。"尚飨"《后汉书·桥玄传》作"享之"。

序

孙子

操闻上古有弧矢之利①,《论语》曰"足兵"②,《尚书》八政曰"师"③,《易》曰"师贞丈人吉"④,《诗》曰"王赫斯怒,爰整其旅"⑤,黄帝、汤、武咸用干戚⑥以济世也。《司马法》曰:"人故杀人,杀之可也。"⑦恃武者灭,恃文者亡⑧,夫差、偃王⑨是也。圣人之用兵⑩,戢而时动⑪,不得已而用之。吾观兵书战策多矣,孙武所著深矣。孙子者,齐人也,名武,为吴王阖闾⑫作《兵法》⑬一十三篇,试之妇人⑭,卒以为将,西破强楚入郢⑮,北威齐、晋⑯。后百岁余有孙膑⑰,是武之后也。⑱审计重举⑲,明画深图,不可相诬。而但世人未之深亮训说⑳,况文烦富,行于世者,失其旨要,故撰为略解㉑焉。
(《岱南阁丛书》本《孙子十家注》)

【题解】

《太平御览》,又作《孙子兵法序》《孙子略解序》《孙子注序》。《孙子兵法》是我国现存最早的一部兵书,作者是孙武,这篇序是曹操为其作注时写的序言。又见曹操《孙子注》部分。

【注释】

①弧矢之利:《易系辞》:"弦木为弧,剡木为矢。弧矢之利,以威天下。"弧,木弓。矢,箭头。弧矢,在这里指武器。

②足兵:《太平御览》"足兵"上有"足食"二字,出自《论语·颜渊篇》:"子曰:'足食、足兵,民信之矣。'"

③八政曰"师"：出自《尚书·洪范》。"八政"为食、货、祀、司空、司徒、司寇、宾、师这八件政事。第八件政事即是军事。

④师贞丈人吉：出自《易经·师》，意思是出兵是正义的，主帅就吉利。贞，正义。丈人，对老人的敬称，这里指军队的统帅。吉，吉利，指打胜仗。

⑤王赫斯怒，爰整其旅：出自《诗经·大雅·皇矣》，意思是(密国兴兵侵入阮国)，周文王赫然震怒，于是整顿军队去制止。赫，发怒的样子。爰，于是，因此。旅，军队。

⑥黄帝、汤、武咸用干戚：意思是轩辕黄帝、商汤王、周武王都是用武装力量拯救社会的。黄帝，轩辕氏，传说中的古帝。汤，商朝开国的王。武，周武王。咸，都。干戚，盾牌和斧，是兵器。

⑦人故杀人，杀之可也：在《司马法》里的句子为："是故杀人安人，杀之可也。"意思是为了安定民众，杀一些危害人民的人是可以的。《司马法》，古代兵书，相传是战国时，齐威王命人将司马所掌管的军事制度、法令和论著汇编而成的。其中包括齐景公的名将大司马穰苴的著作，所以又叫《司马穰苴兵法》。

⑧恃武者灭，恃文者亡：《太平御览》"恃武""恃文"作"用武""用文"。

⑨夫差、偃王：夫差，春秋时吴国的国王，曾打败越国，释放了越王勾践，以后只靠武力，向北和齐、晋争强，不注意政治改革，结果为越王所灭。偃王，即徐偃王，周朝的诸侯。《韩非子·五蠹》说他好行仁义，楚文王出兵把他消灭了。《韩非子·五蠹》曰："徐偃王处汉东，地方五百里，行仁义，割地而朝者三十有六国，荆文王恐其害己也，举兵伐徐，遂灭之。……故偃王仁义而徐亡。"

⑩圣人之用兵：《太平御览》作"圣贤之于兵也"。

⑪戢而时动：指平时收藏兵备，到必要时才用。戢，收藏。

⑫吴王阖闾：吴王夫差的父亲，名光，他用孙武为将，采纳楚国逃来的大臣伍子胥的意见，打败了楚国，威震中国，后来在与越王勾践的战争中受伤而死。

⑬《兵法》：即《孙子兵法》一书。

⑭试之妇人：据《史记·孙子吴起列传》记载，孙武带着《兵法》去求见吴王阖闾，吴王阖闾命令他用宫女来试兵，他把她们分为两队，由吴王的两个爱妾当队长，操练时宫女们哄笑不止，孙武下令杀了两个队长，再进行操练，队伍就变得非常严整了。

⑮西破强楚入郢:向西打败了强大的楚国,攻入郢都。郢,是楚国的都城,在今湖北省江陵县。破楚入郢,据《史记·吴太伯世家》记载,吴王阖闾九年(前506),采纳伍子胥、孙武的计策,打败楚军,攻入楚都郢,楚昭王逃到郧、随等地,秦出兵救楚,阖闾乃引军还吴。

⑯北威齐、晋:向北威胁齐国和晋国。齐、晋,春秋时强国,在今山东、山西省。吴王夫差七年(前489),兴师北伐,打败齐国,与晋定公会于黄池(今河南封丘县南),争为长。当时吴国强盛,对北方的齐、晋两国是很大的威胁。

⑰百岁余:《太平御览》作"百余岁"。孙膑,战国时齐国人,孙武的后代,齐威王任命他为军师,曾两次打败魏国,著有《孙膑兵法》,东汉时已失传。1972年4月,我国考古工作者在山东临沂银雀山发掘的两座西汉墓葬中,发现了《孙膑兵法》竹简232枚,文物出版社已经整理出版。

⑱自"孙子者"以下五十字,据《太平御览》增补。

⑲审计重举:周密地制订计划和慎重地采取军事行动。审,详细、周密。计,计划。重举,慎重地采取军事行动。

⑳深亮训说:深亮,深刻地理解。训说,透彻地解说。

㉑略解:相传《孙子》十三篇,是经曹操删定的,并加注释,写成《孙子略解》一书。

诗文辑补

上书理窦武陈蕃

武等正直，而见陷害。奸邪盈朝，善人壅塞①。

【题解】

理，申辩。窦武，扶风平陵（今山西汶水县东）人，桓帝时，他的长女被立为皇后，灵帝时任大将军，是东汉末年外戚集团的首领。因谋诛宦官失败自杀。陈蕃，汝南平舆（今河南汝南县东）人，东汉末年的名士，灵帝时任太傅，与窦武共同谋诛宦官，失败后被宦官所杀。灵帝建宁元年（168），大将军窦武、太傅陈蕃计划诛杀宦官失败，被宦官曹节等所杀，曹节即是曹操的曾祖父。到灵帝光和三年（180），曹操第二次被征拜议郎后，就上书朝廷，申诉窦武、陈蕃被杀的冤屈。此书辑录于《魏志·武帝纪》注引魏书，当作于光和四年（181）。

【注释】

①壅塞：闭塞不通，此指进贤之路被堵塞。

置屯田令

夫定国之术，在于强兵足食。秦人以急农兼天下①，孝武以屯田定西域②，此先代之良式③也。

【题解】

屯田，古代利用驻守边疆的兵士垦荒生产，以保证军队给养，曹操在中原屯田,分为"军屯"和"民屯"两种,军屯就是指由驻守的兵士耕种,战时打仗,平时耕田;民屯是指招募流民,垦荒耕种,收获和政府按比例分成。屯田农民由专门负责屯田的官员管理。此令辑录于《魏志·武帝纪》注引《魏书》,当作于建安元年(196)。

【注释】

①秦人以急农兼天下:秦统治者因为把发展农业当作急迫的任务而统一了中国。秦人,指秦孝公任用商鞅变法,推行农战政策。急农,把发展农业生产作为急迫的任务。

②孝武以屯田定西域:汉武帝因为实行屯田而平定了西域。孝武,西汉武帝刘彻,他大量移民西域,实行屯田,对抗击匈奴的侵扰,巩固西北边防起了很大作用。西域,泛指玉门关以西,包括今新疆在内的广大地区。

③良式:好榜样。

造发石车令

《传》①言:"旝动而鼓②。"③

【题解】

建安五年九月,曹操与袁绍在官渡决战,袁绍作高橹,起土山,可以俯射曹操营,曹军士兵都拿盾牌保护着行走以躲避山石。曹操仿造发石车,用机关发石,打碎袁绍的木楼,袁绍的军队大惊,称它为"霹雳车"。此令辑录于《太平御览》三百三十七引《魏武本纪》,当作于建安五年(200)。

【注释】

①《传》:指《左传》。

②旝动而鼓:《左传·襄公五年》:"旝动而鼓。"杜预注有两个解释,一是看他中军的大旗麾动,就擂鼓进攻。旝是用整匹布做成的大旗。一是用大木发石来击敌,即发石车。在这里用的是第二义。

③《太平御览》原文作:"《魏武本纪》:上与袁绍军于官渡,贼射营中,行者皆被甲,众皆怒。上令:《传》言旝动而鼓。《说文》曰:旝,发石车也。乃

造发石车。"

诛袁谭令

敢哭之者,戮①及妻子。

【题解】
　　袁谭,袁绍长子袁谭,盘踞青州。袁绍死后,自称车骑将军,与其弟袁尚争夺冀州。建安十年春,曹操平定冀州,杀了袁绍的大儿子袁谭,并把他的头挂起来示众,下了这道命令。此令辑录于《魏志·王脩传》注引《傅子》,当作于建安十年(205)。

【注释】
　　①戮:杀。

表称乐进于禁张辽

　　武力既弘,计略周备,质忠性一①,守执节义。每临战攻,常为率督,奋强突固②,无坚不陷,自援枹鼓③,手不知倦。又遣别征,统御师旅,抚众则和,奉令无犯,当敌制决,靡有遗失。论功纪用,各宜显宠。

【题解】
　　乐进,字文谦,阳平卫国(今山东范县西)人,原是曹操的下级官吏,后屡立战功,升为右将军。于禁,字文则,泰山钜平(今山东泰安县西南)人,原是鲍信的士兵,归附曹操后拜为军司马、左将军,建安二十四年在樊城战败,投降关羽,羽败后归魏,惭愧而死。张辽,字文远,雁门马邑(今山西朔州)人,原是吕布的部将,归附曹操后任命为中郎将,封关内侯,后又封为中坚将军。建安十一年(206),他向汉献帝上表封乐进为折冲将军、于禁为虎威将军、张辽为荡寇将军。此表辑录于《魏志·乐进传》,当作于建安十一年(206)。

【注释】

①质忠性一:品质忠诚,禀性不一。

②奋强突固:奋勇突破坚强固守的敌人。

③自援枹鼓:亲自擂鼓。援,拿着。枹,鼓槌,即擂鼓行军。

下田畴令

田子泰非吾所宜吏者①。

【题解】

田畴,字子泰,无终(今天津蓟县)人,初为幽州牧刘虞的从事。建安十二年,曹操北征乌丸,非常推重他的才能,遣使把田畴请来,第二天就发了《下田畴令》,推举他为茂才,并任命为蓚令,田畴未赴蓚令任,仍留任曹操军中。此令辑录于《魏志·田畴传》,当作于建安十二年(207)。

【注释】

①田子泰非吾所宜吏者:这是一句推重的话,田子泰不是应当我任命为我府中官员的人。

论张辽功

登天山①,履峻险,以取兰成②,荡寇功也。

【题解】

《论张辽功》,又作《表论张辽功》。张辽,字文远,雁门马邑(今山西朔县)人,原是吕布的部将,后投降曹操,屡立战功,被封为荡寇将军。此文辑录于《魏志·张辽传》,当作于建安十四年(209)。

【注释】

①天山:即天柱山,在今安徽省霍山县境内。

②兰成:即陈兰、梅成。建安十四年,袁术的部将陈兰勾结梅成聚众叛乱,张辽奉命前去讨伐,叛军聚集在天柱山,张辽率军攻上天柱山,斩杀陈兰、梅成,平息叛乱。

与韩遂教

谢①文约:卿②始起兵时,自有所逼,我所具③明也。当早来,共匡辅国朝④。

【题解】

韩遂,字文约,金城(今甘肃兰县西南)人,与马超割据凉州,共同对抗曹操,曹操采取争取韩遂、孤立马超的策略。建安十四年,韩遂派他的部将阎行去见曹操,曹操让阎行把《与韩遂教》带回去。此文辑录于《魏志·张既传》注引《魏略》,当作于建安十四年(209)。

【注释】

①谢:告。

②卿:对别人的尊称。

③具:通"俱",完全。

④国朝:即指汉王朝。

留荀彧表

臣闻古之遣将,上设监督之重①,下建副二之任,所以尊严国命,谋而鲜过者也。臣今当济江,奉辞伐罪,宜有大使,肃将②王命。文武并用,自古有之。使持节③侍中守尚书令万岁亭侯彧，国之望臣，德洽华夏④，既停军所次⑤，便宜与臣俱进，宣示国命，威怀丑虏。军礼尚速，不及先请，臣辄留彧，依以为重。

【题解】

荀彧，字文若，颍川汝阴（今河南许昌市）人，曹操的重要谋士。建安十七年十月，曹操南征孙权，上表请彧到谯（今安徽亳县）劳军，荀彧到达以后，曹操就上了《留荀彧表》，把他留在军中。此表辑录于《后汉书·荀彧传》，当作于建安十七年（212）。

【注释】

①上设监督之重：古帝王派大将率军出征，常常再派一名重臣代其监军，此制源于春秋之时，《史记·司马穰苴列传》："景公召穰苴，与语兵事，大说之，以为将军，将兵扦燕晋之师。穰苴曰：'臣素卑贱，君擢之闾伍之中，加之大夫之上，士卒未附，百姓不信，人微权轻，愿得君之宠臣，国之所尊，以监军，乃可。'于是景公许之，使庄贾往。"

②肃将：恭敬拿着。

③使持节："节"是出使时所授凭证。"使持节"可以杀两千石以下的官员。又"假节"可以杀违反军令的人，"持节"可以杀无官位的人。

④德洽华夏：德行普及全国。

⑤所次：军队临时驻扎的地方。

戒子植

吾昔为顿丘①令，年二十三。思此时所行，无悔于今。今汝年亦二十三矣，可不勉欤！

【题解】

曹植，字子建，魏武卞皇后生的第三子，建安十六年（211）封为平原侯，十九年改封临菑侯。建安十九年七月，曹操南征孙权，派曹植留守魏都邺城（今河北临漳县西南），这是行前对他的告诫。此文辑录于《魏志·陈思王植传》，又《太平御览》四百五十九引《曹植别传》；当作于建安十九年（214）。

【注释】

①顿丘：县名，今河南省清丰县西南。

假为献帝策收伏后

皇后寿，得由卑贱①，登显尊极，自处椒房②，二纪③于兹。既无任、姒④徽音之美，又乏谨身养己之福；而阴怀妒害，包藏祸心，弗可以承天命、奉祖宗⑤。今使御史大夫郗虑⑥持节策诏，其上皇后玺绶⑦，退避中宫，迁于它馆。呜呼伤哉，自寿取之！未至于理，为幸多焉。

【题解】

董卓死后，曹操迎刘协建都于许，自己掌控政权。建安五年（200），皇后伏寿给父亲伏完写信，要伏完设法谋害曹操，伏完不敢动。伏完死后五年，即建安十九年，事情败露，曹操就逼迫献帝废黜伏后，并以献帝命令把伏完拘禁。此文辑录于《后汉书·献帝伏皇后纪》，当作于建安十九年（214）。

【注释】

①得由卑贱：从微贱的地位登上极尊贵的位置。

②椒房：汉朝皇后所居的宫殿，殿内以花椒子和泥涂壁，取温暖、芬芳、多子之义。

③二纪：十二年为一纪。伏寿在兴平二年（195）被立为皇后，到这时才十九年，说"二纪"是取其整数而言。

④任：太任，周文王的母亲。姒：太姒，周文王的妻子。

⑤承天命、奉祖宗：承天命，指当皇后，古称帝后"承受天命"。奉祖宗，

指祭祀宗庙。

⑥御史大夫郗虑:御史大夫,在朝廷掌管监察的官。郗虑,字鸿豫,山阳高平(在山东邹县西南)人,他迎合曹操,奏免孔融。

⑦玺绶:玺,玉印。绶,系印的带子。

谢置旄头表

不悟陛下复加后命,命置旄头,以比东海①。

【题解】

《汉官仪》:"旧选羽林为旄头,被发先驱。"旄头,骑士名,是从禁卫军里挑选出来的武士,披散头发,在前面开路,皇帝出行时,作为前卫,赐给旄头,是一种特殊的荣誉。建安十九年十二月,献帝命曹操置旄头,曹操写了这篇表文。此表辑录于《太平御览》六百八十,当作于建安十九年(214)。

【注释】

①东海:东海王刘疆,东汉光武帝的儿子,曾被赐予旄头。

立太子令

告子文①:汝等悉为侯,而子桓②独不封,而③为五官中郎将④,此是太子可知矣。

【题解】

自曹植私开司马门后,曹操又下了这篇令文,欲立曹丕为太子。此令辑录于《太平御览》二百四十一引《魏武令》,当作于建安二十二年(217)。

【注释】

①子文:曹操的儿子曹彰的字,他是卞夫人所生的第二个儿子,勇武善

战,建安二十一年封为鄢陵侯。

②子桓:曹操的儿子曹丕的字,他是卞夫人所生的第一个儿子,任五官中郎将,立为太子。

③而:《全三国文》作"止"。

④五官中郎将:统领皇帝的侍卫,保卫京城和皇帝的安全,建安十六年曹丕开始担任这个职务,并为丞相副。

在阳平将还师令

鸡肋。

【题解】

阳平,关名,在今陕西勉县西南,是汉中与巴蜀的咽喉要地,夏侯渊在这里战败,为刘备所杀。建安二十四年(219)三月,曹操率军攻打刘备,到达阳平关,刘备凭借险恶地势坚守阵地,曹操准备回师,出令"鸡肋"。杨修说:"夫鸡肋,弃之如可惜,食之无所得,以比汉中,知王欲还也。"此令辑录于《魏志·武帝纪》注引《九州春秋》,当作于建安二十四年。

命徐晃待军齐集令

须兵马集至,乃俱前。

【题解】

《命徐晃待军齐集令》,又作《遣徐商吕建等诣徐晃令》。徐晃,字公明,河东杨(今山西洪洞)人,曹操的五良将之一。建安二十四年,关羽围攻曹仁于樊城,围吕常于襄阳。曹操派徐晃领兵救襄、樊,又派吕健、徐商率军和徐晃会合,并命令徐晃等军队调齐以后,一同前进。此令辑录于《魏志·徐晃传》,当作于建安二十四年。

186

题识送终衣箧

有不讳①，随时以敛②。金珥③珠玉铜铁之物，一不得送。

奏定制度

三公列侯①，门施内外塾②，方三十亩③。

奏　事

有警急，辄露版插羽[①]。

【题解】

这是在军事行动中，传告紧急情况的一种规定。此奏辑录于《封氏闻见记》四。

【注释】

①有警急，辄露版插羽：遇有紧急情况，就把鸡毛插在写着檄文的本版上。版，书写紧急檄文的木板。羽，鸡毛。《永乐大典》卷二〇八五〇第三页李翀《日闻录》引《魏武奏事》作"今边有急，则以鸡羽插木檄，谓之羽檄"，《汉书·高帝纪》师古注引《魏武奏事》云"今边有警，辄露檄插羽"，俱与本文不同。

戒饮山水令

凡山水甚强寒，饮之皆令人痢[①]。

【题解】

此令辑录于《太平御览》七百四十三。

【注释】

①痢：痢疾，这里指腹泻。

军　令

吾将士无张弓弩[①]于军中。其随大军行，其欲试调弓弩者,得张之,不得著箭。犯者鞭二百,没入②。

吏不得于营中屠杀卖之②,犯令,没所卖,及都督④不纠白,杖五十。

始出营,竖矛戟,舒幡旗⑤,鸣鼓。行三里,辟⑥矛戟,结⑦幡旗,止鼓。将至营,舒幡旗,鸣鼓,至营讫,复结幡旗,止鼓。违令者髡剪以徇⑧。

军行,不得斫伐田中五果桑柘棘枣⑨。

【题解】

此令辑录于《通典》一百四十九。

【注释】

①弩:一种有机械装置的弓。

②没入:没收做官府奴隶。

③屠杀卖之:屠杀贩卖被没收的官奴隶。

④都督:三国时期领兵的军官称都督。

⑤幡旗:幡,一种长条形的旗子。幡旗,在这里泛指军中的旗帜。

⑥辟:倾斜,这里指可以比较自由地扛着了。

⑦结:卷起。

⑧髡剪以徇:剪去头发游行示众,这是古代的一种刑罚。

⑨五果桑柘棘枣:各种果木以及桑、柘、棘枣等树。五果,指栗、桃、杏、李、枣,在这里泛指各种果树。柘,指柘树,丛生灌木,叶厚而密,可以喂蚕。棘枣,野生的酸枣树。

船战令

雷鼓一通①,吏士皆严;再通,什伍②皆就船。整持橹棹③,战士各持兵器就船,各当其所。幢幡旗鼓④,各随将所载船。鼓三通鸣⑤,大小战船以次发,左不得至右,右不得至左,前后不得易处⑥。违令者斩。

【题解】

据《三国志·武帝纪》记载,建安十三年(208)正月,曹操在邺城开始训练水军,这篇令文可能是在当时或其后发表的。此令辑录于《通典》一百四十九,《太平御览》三百三十四。

【注释】

①雷鼓一通:擂第一通鼓。雷,通"擂"。通,据《卫公兵法》记载,一通为三百三十下,擂鼓是古时行军的号令。

②什伍:指什长、伍长。什、伍都是古时军队的基层编制,五人为"伍",头领称伍长。两伍为"什",头领叫"什长"。

③棹:船桨。

④幢幡旗鼓:各种旗鼓。《太平御览》无"幢""旗"二字。

⑤鸣:《太平御览》无"鸣"字。

⑥处:据《太平御览》增补。

步战令

严鼓①一通,步骑士悉装;再通,骑上马,步结屯②;三通,以次出之,随幡所指③。住者结屯幡后,闻急鼓音整阵,斥候④者视地形广狭,从四角而立表⑤,制⑥战阵之宜。诸部曲者,各自安部陈兵疏数⑦,兵曹⑧举白。不如令者斩。兵若欲作阵对敌营,先白表,乃引兵就表而阵。临阵皆无喧哗,明⑨听鼓音,旗幡麾前则前,麾后则后,麾左则左,麾右则右。麾不闻令,而擅前后左右者斩。伍中有不进者,伍长杀之;伍长有不进者,什长杀之;什长有不进者,都伯⑩杀之。督战部曲将,拔刃在后,察违令不进者斩之。一部受敌,余部不进救者斩。临战兵弩不可离阵。离阵,伍长什长不举发，与同罪。无将军令，妄行阵间者斩。临战，阵骑皆当在军两头；前陷，阵骑次之，游骑⑪在后。违令髡鞭二百。兵进，退入阵间者斩。若步骑与贼对阵，临时见地势，便欲使骑独进讨贼者，闻三鼓音，骑特从两头进战，视麾所指，闻三金音⑫还。此但谓独进战时也。其步骑大战，进退自如法。吏士向陈骑驰马者斩。吏士有妄呼大声者斩。追贼不得独在前在后，犯令者罚金四两。士将战，皆不得取牛马衣物。犯令者斩。进战，士各随其号。不随号者，虽有功不赏。进战，后兵出前，前兵在后，虽有功不赏。临阵，牙门将⑬骑督明受都令，诸部曲都督将吏士，各战时校督部曲，督住阵后，察凡违令畏懦者。□⑭有急，闻雷鼓音绝后，六音严毕，白辨便出。卒逃归，斩之。一日家人弗捕执，及不言于吏，尽与同罪。

【题解】

此令辑录于《通典》一百四十九,《太平御览》二百九十六、三百节引作《军令》。

【注释】

①严鼓：紧急的鼓声。

②结屯：集结待命。

③所指：据《太平御览》增补。

④斥候：古时候侦查敌情的士兵。

⑤表：立木桩作志标。

⑥制：《太平御览》"制"下无"战"字。

⑦疏数：疏、密。

⑧兵曹：军中负责掌握作战部署的机构。

⑨明：据《太平御览》增补。

⑩都伯：统领百人的军官。

⑪游骑：不排成一定阵势的机动骑兵。

⑫三金音：打"钲"或"铙"三次，作为退兵的信号。钲，是古代行军或歌舞时用以指挥进退、动静的乐器。铙，古代军中用以止鼓退军的乐器。

⑬牙门将：武官名，负责接受和传达统帅命令。

⑭□：缺字，据上下文意应为"斩"字。

兵书要略

衔枚无讙哗①，唯令之从。

【题解】

《兵书要略》，据《四部丛刊》影印宋本及清光绪刻本《太平御览》均说引自魏文帝《兵书要略》，但是这部书已经亡佚，现只留下这一句话了。此令辑录于《太平御览》三百五十七。

【注释】

①衔枚无讙哗：嘴里衔枚，不准发声。枚，像筷子一类的小棒，战士行军时衔在嘴里，两端系在颈后，不能发声。无，影宋本作"毋"。讙，大声。

与皇甫隆令

闻卿年出百岁，而体力不衰，耳目聪明，颜色和悦，此盛事也。所服食施行导引①，可得闻乎？若有可传，想可密示封内。

【题解】

据《魏志·仓慈传》注引《魏略》，皇甫隆在嘉平（249—254）中代赵基为敦煌太守，教民用楼犁，生产提高五成以上。但据本文，皇甫隆在曹操生前就已一百多岁,到嘉平中恐怕已经一百三十多岁了,恐怕不是同一个人。此令辑录于《千金方》卷八十一。

【注释】

①导引:呼吸俯仰、屈身手足的一种健身操。

营缮令

诸私家不得有艨冲①等船。

【题解】

营缮,修造。这篇文章不载姓名,今姑附此,以供参考。此令辑录于《太平御览》七百七十。

【注释】

①艨冲:古代的一种战船。

四时食制

郫县子鱼①,黄鳞赤尾,出稻田,可以为酱。(《太平御览》九百三十六)

鳝②,一名黄鱼,大数百斤,骨软可食,出江阳③、犍为④。(《太平御览》九百三十六)

蒸鲇⑤。(《太平御览》九百三十七)

东海有大鱼如山,长五六里,谓之鲸鲵⑥,次有如屋者。时死岸上,膏流九顷。其须长一丈,广三尺,厚六寸,瞳子⑦如三升碗,大骨可为矛矜⑧。(《文选·海赋》注、《太平御览》九百三十八)

海牛鱼⑨皮生毛,可以饰物,出扬州。(《太平御览》九百三十

九)

望鱼侧如刀,可以刈草,出豫章明都泽⑩。(《太平御览》九百三十九)

萧拆鱼⑪,海之干鱼也。(《太平御览》九百三十九)

鲟鮧⑫鱼黑色,大如百斤猪,黄肥不可食,数枚相随,一浮一沉。一名敷,常见首。出淮⑬及五湖⑭。(《太平御览》九百三十九)

蕃蹰鱼如鳖,大如箕,甲上边有髯,无头,口在腹下,尾长数尺有节,有毒螫人。(《太平御览》九百三十九)

发鱼带发如妇人,白肥无鳞,出滇池⑮。(《太平御览》九百四十)

蒲鱼⑯,其鳞如粥,出郫县。(《太平御览》九百四十)

疏齿鱼,味如猪肉,出东海。(《太平御览》九百四十)

斑鱼⑰,头中有石如珠,出北海。(《太平御览》九百四十)

鳣鱼⑱,大如五斗奁,长丈,口颌下⑲。常三月中从河上;常于孟津⑳捕之,黄肥,唯以作酢㉑。淮水亦有。(《初学记》三十)

【题解】

据汪师韩的《文选理学权舆》曰:"《选》注所引群书,有魏武《四时食制》。"所以《四时食制》可能是曹操的一部著作,这篇应当是其中的一部分。

【注释】

①郫县子鱼:郫县,今四川成都西北,长江上游泯江支流东岸。子鱼,一种小鱼,味美,鱼背黑绿色如鲻鱼。

②鳣:即鲟鳇,产于江河及近海深水中,鼻有长须,肉黄色,头骨软可食,大的有二三丈。

③江阳:汉县名,在今四川泸县。

④犍为:汉郡名,治武阳,今四川彭山县东十里。

⑤鮎:也写作"鲶",头大有须,皮有黏质无鳞,可食。

⑥鲸鲵:水中哺乳动物,肺呼吸,似鱼状,大可数十吨,雄的叫鲸,雌的叫鲵。

⑦瞳子:这里指鲸鱼的眼球。

⑧矜:矛的柄。

⑨海牛鱼:海洋游水类哺乳动物,似鲸,产热带海中,常群栖,长约丈余,前肢为鳍状,后肢已退化,尾为锹状,全身生短毛,暗灰色,眼小,臼齿发达,以海藻为食,雌的常抱儿子于前肢间。当时可能从海逆江而上到达当时扬州地界。

⑩豫章明都泽:豫章,郡名,属扬州,治所在今江西省南昌市。明都泽,即望诸泽,在今商丘、于城间,不在江西,此处明都泽当指江西一带的湖泊。

⑪萧拆鱼:也叫萧析鱼,以香蒿香艾承托曝晒而成的干鱼。

⑫鯸鮐:也叫敷鮐,海豚之别称,上逆到达长江的称为江豚,属鲸类,似猪,哺乳类,齿鲸属,长约丈许。

⑬淮:即淮河。

⑭五湖:即太湖。

⑮滇池:在云南省,也叫昆明池,宽广三百余里。

⑯蒲鱼:江豚的一种。

⑰斑鱼:《全三国文》作"班鱼",形似河豚略小,背青色,有仓黑斑文,腹部白色有刺,无鳞,尾鳍不分裂。

⑱鳣鱼:鲟类,长自六七尺至两丈不等,唇突出,头有软骨,肉黄色,气腥,栖近海。

⑲口颔下:嘴在下巴下边。

⑳孟津:泽名,今河南孟县南十八里。

㉑酢:同醋。

家　传

曹叔振铎①之后。

195

东汉末年,非常讲究门阀高低。由于曹操出身于太监养子的家庭,经常遭到嘲弄,袁绍就曾骂他为"赘阉遗丑",所以曹操亲自作家传,托名是曹叔振铎的后代。此传辑录于《魏志·蒋济传》注。

【注释】

①曹叔振铎:曹叔,曹国的诸侯,周天子称同姓诸侯为叔父,故称曹叔。振铎,周武王的弟弟,封于曹(今山东菏泽、定陶一带)。

兵　法

太白①已出高,贼深入人境,可击必胜。去勿追,虽见其利,必有后害。

【题解】

这是一本星相占卜的书籍,下面一段是转述曹操《兵法》中的话,讲述了星相和作战的关系。此文出自唐朝瞿昙悉达著《开元占经》四十五。

【注释】

①太白:即太白星,又叫金星、启明星。每当凌晨时,天空出现太白星,就意味着这是黎明时分,太阳即将升起。

失　题

好学明经①。

【题解】

《魏志·武帝纪》注引《魏书》道:"御军三十余年,手不舍书,昼则讲武策,夜则思经传。""好学明经"正可以印证《魏书》的话。此句辑录于《北堂书钞》十二引《魏武帝集》。

【注释】

①好学明经:热爱学习,通晓经典。

失　题

荀欣等曰:"汉制:王所居曰禁中①,诸公②所居曰省中。"

【题解】

此文辑录于《文选·魏都赋》"禁台省中"李善注引《魏武集》。

【注释】

①禁中:天子住处,这里作"王所居",当指魏王所居。

②诸公:指三公。西汉以大司马、大司徒、大司空为三公;东汉以太尉、司徒、司空为三公。都是朝廷中的最高官职。

鹖鸡赋序

鹖鸡①猛气,其斗终无负,期于必死。今人以鹖为冠,像此也。

【题解】

此文辑录于《大观本草》十九《鹖鸡》。

【注释】

①鹖鸡:雉的一种,体大,黄黑色,头上有毛冠,尾羽很长。

兵书接要

孙子称司云气非云非烟非雾，形似禽兽，客吉、主人忌。（《太平御览》卷八）

大军将行，雨濡衣冠，是谓洒兵。其师有庆。（《太平御览》卷十一）

三军将行，其旗垫然若雨，是谓天露。三军失徒。将阵，雨甚，是谓浴尸。先阵者败亡。（《太平御览》卷十一）

大将始行，雨而薄，不濡衣冠，是谓天泣。其将大凶，其卒散亡。（《太平御览》卷十一）

善哉行

痛哉世人，见欺神仙。（《文选二十四·赠白马王彪》诗李善注）

附录三篇

为曹公作书与孙权　　阮瑀

离绝以来,于今三年,无一日而忘前好①,亦犹姻媾②之义,恩情已深,违异之恨,中间尚浅也。孤怀此心,君岂同哉?每览古今所由改趣,因缘侵辱,或起瑕衅③,心忿意危,用成大变。若韩信伤心于失楚④,彭宠积望于无异⑤,卢绾嫌畏于已隙⑥,英布忧迫于情漏⑦,此事之缘也。

【题解】

孙权,字仲谋,吴郡富春(今属浙江杭州市)人,他继承他父亲孙坚和哥哥孙策的基业,占据江东六郡,黄龙元年(229)称帝,国号吴。阮瑀,字元瑜,尉氏(今河南开封)人,是建安七子之一,曾任曹操记室令史。

建安十三年(208)的赤壁之战后,曹军元气大伤,曹操受挫,他认识到这次失败的原因,决定拆散孙权、刘备结成的同盟,因此让阮瑀给孙权写了这封信。

【注释】

①前好:指过去孙策反对袁术称帝,曹操上表举荐孙策为讨逆将军,封为吴侯的事。

②姻媾:婚姻。《吴志》曰:"策并江东,曹公力未能逞,且欲抚之,乃以弟女配策小弟匡,又为子彰取贲女。"曹操把自己弟弟的女儿许配给孙策的小弟孙匡,又为儿子曹彰娶了孙权的堂弟孙贲的女儿为妻。

③瑕衅:瑕,玉上的斑点。衅,玉上的裂缝。这里指双方之间的隔阂。

④韩信伤心于失楚:韩信,西汉淮阴(今属江苏)人,为刘邦的大将,破赵,取齐,击败项羽。失楚,指刘邦后来废除了他的楚王爵位。

⑤彭宠积望于无异:彭宠,南阳宛城(今湖北荆门县南)人。积望,积

怨。无异：没有特殊的待遇。范晔《后汉书》曰："光武至蓟，彭宠上谒，自负功德，光武接之不能满，以此怀不平。"彭宠初协助光武帝有功，封为建忠侯，赐号大将军，后来光武帝到河北，彭宠去谒见，光武帝没有用特殊礼节接待他，他大为不满，后起兵叛乱。

⑥卢绾嫌畏于己隙：卢绾，沛国丰邑(今江苏丰县)人，刘邦的同乡，跟随刘邦起兵有功封为燕王，后来他勾结匈奴与陈豨谋反，刘邦派使者召唤他，卢绾称病不去。嫌畏，疑惧。隙，裂缝，这里指阴谋暴露。

⑦英布忧迫于情漏：英布，六县(今安徽六安)人，据《史记·黥布传》记载，英布本来是项羽部下，后投降刘邦，封淮南王。刘邦杀了彭越，把他的肉酱送到淮南时，英布非常害怕，于是暗地里调兵，窥察形势。英布的中大夫贲赫上告英布谋反，刘邦派使者去调查。英布以为阴谋已经泄露，杀了贲赫全家，起兵反叛。

孤与将军恩如骨肉，割授江南，不属本州①，岂若淮阴捐旧之恨②；抑遏刘馥③，相厚益隆，宁放朱浮显露之奏④；无匿张胜贷故之变⑤，匪有阴构贲赫之告，固非燕王、淮南之疊也。而忍绝王命，明弃硕交⑥，实为佞人⑦所构会也。夫似是之言，莫不动听；因形设象⑧，易为变观。示之以祸难，激之以耻辱，大丈夫雄心，能无愤发。昔苏秦说韩，羞以牛后，韩王按剑，作色而怒⑨；虽兵折地割，犹不为悔，人之情也。仁君⑩年壮气盛，绪信所嬖⑪，既惧患至，兼怀忿恨，不能复远度孤心，近虑事势，遂赏⑫见薄之决计；秉翻然之成议，加刘备⑬相扇扬，事结疊连⑭，推而行之，想畅本心，不愿于此也。

【注释】

①本州：指扬州。江南原来属于扬州，因为孙权占领江南了，曹操迁徙扬州治所于寿春，承认江南属于孙权，不再属于扬州管辖。《江都图经》曰：

"江西寿春属魏,魏扬州刺史镇寿春。"

②淮阴捐旧之恨:淮阴侯韩信那样,为失去楚王地位而怨恨。淮阴,指淮阴侯韩信。捐旧,失去原来楚王的地位。

③抑遏刘馥:抑遏,抑制、阻止。刘馥,字元颖,沛国相(安徽宿县西北)人,曹操任命的扬州刺史。

④朱浮显露之奏:朱浮,字叔元,沛国萧(今安徽萧县)人。《后汉书》曰:"朱浮为幽州牧,奏渔阳守彭宠多买兵器,不迎母。宠遂反。"朱浮在东汉光武帝时任大将军,幽州牧,因功封舞阳侯,他曾告发渔阳太守彭宠多聚兵谷,企图谋反。

⑤张胜贷故之变:张胜,燕王卢绾的部将。据《史记·卢绾传》记载,卢绾跟随刘邦攻打陈豨,卢绾派张胜出使匈奴,阻止匈奴援助陈豨,张胜却劝匈奴援助陈豨,他回来说,如果陈豨被消灭,刘邦接着就会灭燕,所以要助陈豨,于是卢绾就把张胜私通匈奴的事隐瞒起来。

⑥硕交:金石之交,即牢固的交情,硕通"石"。《史记》:"苏秦谓齐王曰:'此弃仇雠而得石交者也。'"

⑦佞人:有口才而不正派的人。

⑧因形设象:根据某些形迹制造的假象。

⑨昔苏秦说韩,羞以牛后,韩王按剑,作色而怒:《战国策》曰:"苏秦为楚合从,说韩王曰:'臣闻鄙谚曰:宁为鸡尸,不为牛从。今西面交臂而臣事秦,何以异于牛从也!夫以大王之贤也,挟强韩之名,臣切为大王羞之。'韩王忿然作色,攘臂按剑仰天曰:'寡人虽死,其不事秦。'"

⑩仁君:对朋友的尊称。

⑪嬖:宠信的人。

⑫赍:带着,怀着。

⑬刘备:字玄德,涿县(在今河北)人,西汉中山王胜的后代。东汉末,参加镇压黄巾起义有功,后继陶谦做徐州牧。失败后投奔刘表,用诸葛亮策联吴抗曹。赤壁战后,占有荆州,定巴蜀汉中。曹丕代汉,就在成都称帝,国号蜀,称先主。

⑭事结衅连:指军事摩擦和造成嫌隙的事一个接着一个。

孤之德薄,位高任重,幸蒙国朝将泰之运①,荡平天下,怀集异类②，喜得全功，长享其福；而姻亲坐离③，厚援生隙，常恐海内多以相责，以为老夫包藏祸心，阴有郑武取胡之诈④，乃使仁君翻然自绝，以是忿忿，怀惭反侧。常思除弃小事，更申前好，二族俱荣，流祚后嗣⑤，以明雅素中诚之效，抱怀数年，未得散意。昔赤壁之役，遭离疫气，烧舡⑥自还，以避恶地，非周瑜水军所能抑挫也；江陵之守⑦，物尽谷殚，无所复据，徙民还师，又非瑜之所能败也。荆土本非己分，我尽与君，冀取其余，非相侵肌肤，有所割损也。思计此变，无伤于孤，何必自遂于此，不复还之。高帝设爵以延田横⑧，光武指河而誓朱鲔⑨，君之负累⑩，岂如二子？是以至情，愿闻德音。

【注释】

①将泰之运：将要转入好运。泰，《易经》卦名，有亨通顺利之意。

②怀集异类：指乌丸、鲜卑等少数民族都来归附。异类，对少数民族的贬称。

③坐离：因为这而产生离异。

④郑武取胡之诈：《韩非子·说难》曰："昔者郑武公伐胡，先以其子妻胡君，以娱其意。因而问于群臣曰：'吾所用兵，谁可伐者？'大夫关其思对曰：'胡可。'武公怒而戮之，曰：'胡，兄弟之国也。子言伐之何？'胡君闻之，以郑亲己，遂不备郑。郑人袭胡，取之也。"

⑤流祚后嗣：把幸福传给后代。

⑥舡：船。

⑦江陵之守：江陵，县名，今湖北江陵县。赤壁之战失败后，曹操留曹仁守江陵，曹仁和周瑜相持一年多，粮食将尽，弃城迁移百姓撤退。

⑧高帝设爵以延田横：高帝，即汉高祖刘邦。延，请，招引。田横，秦末齐王田荣的弟弟，六国贵族之后。据《史记·田儋传》记载，田横逃往海岛，刘邦恐他以后作乱，派使者赦免田横，说："田横来，大可以封王，小可以封侯。"但是田横以臣服为耻，来到洛阳附近自杀。

⑨光武指河而誓朱鲔：光武，即东汉光武帝刘秀，字文叔，刘邦九世孙，在昆阳击败王莽大军，后又镇压了赤眉等起义军，平定割据势力，定都洛阳，建立东汉王朝。朱鲔，东汉淮阳(今河南淮阳县西)人。《后汉书·岑彭传》曰："光武攻洛阳，朱鲔守之。上令岑彭说鲔曰：赤眉已得长安，更始为胡殷所反害，今公谁为守乎？鲔曰：大司徒公被害，鲔与其谋，诚知罪深，不敢降耳。彭还白上，上谓彭，复往明晓之：夫建大事不忌小怨，今降，官爵可保，况诛罚乎？上指水曰：河水在此，吾不食言。"朱鲔初为更始帝刘玄的大司徒，曾劝刘玄杀了刘秀的哥哥，当刘秀围攻洛阳时，派岑彭去说降，朱鲔说自己有罪不敢投降，刘秀说，建大业不忌小怨，你如果投降，官爵可保，怎么能杀你呢？并对河发誓，表示决不食言。

⑩负累：担负的罪过。累，非死罪称累。

往年在谯①，新造舟舡，取足自载，以至九江②，贵欲观湖潠③之形，定江滨之民④耳；非有深入攻战之计，将恐议者大为己荣，自谓策得，长无西患，重以此故，未肯回情。然智者之虑，虑于未形；达者所规，规于未兆。是故子胥知姑苏之有麋鹿⑤，辅果识智伯之为赵擒⑥；穆生谢病，以免楚难⑦；邹阳北游，不同吴祸⑧。此四士者，岂圣人哉？徒通变思深，以微知著耳。以君之明，观孤术数，量君所据，相计土地，岂势少力乏，不能远举，割江之表，宴安而已哉？甚未然也。若恃水战，临江塞要，欲令王师终不得渡，亦未必也。夫水战千里，情巧万端，越为三军，吴曾不御⑨；汉潜夏阳，魏豹不意⑩。江河虽广，其长难卫也。

【注释】

①谯：今安徽亳县。

②九江：东汉郡名，属扬州，故地在今安徽巢湖、六安一带。治所在阴陵(今安徽定远县西北)。

③湖濊：即今安徽巢湖。

④定江滨之民：《吴志曰》："初，曹公恐江滨郡县为权所略，微令内移，转相警备。自庐江、九江、蕲春、广陵十余万，皆东渡江。"曹操恐怕江滨郡县被孙权攻取，让百姓内移，百姓惊恐，庐江等十余万户都逃往江南。

⑤子胥知姑苏之有麋鹿：子胥，即伍子胥，春秋时吴国大夫。他助吴王阖闾整军经武，攻破楚国，使吴国强盛。吴王夫差时，因劝吴王拒越求和并停止讨伐，被吴王赐死，并把他的尸体沉入江中。姑苏，即姑苏台，为夫差所造，伍子胥曾对吴王夫差说："臣今见麋鹿游姑苏之台也。"意思是姑苏台将要荒废，吴国将要灭亡了。

⑥辅果识智伯之为赵擒：辅果，原名智果，晋国贵族。《战国策》曰："智伯与韩、魏围赵于晋阳。张孟谈阴见韩、魏之君，曰：'智伯伐赵，赵亡则二君为之次。'二君乃与孟谈阴约，夜遣人入晋阳。智果见二君，说智伯曰：'二主色动而变，必背君矣，不如杀之。'智伯曰：'不可。'智果见言之不听，出便易姓为辅氏。"

⑦穆生谢病，以免祸难：穆生，汉鲁人，做楚元王刘交的中大夫。据《汉书·楚元王传》记载，穆生不好酒，每次宴会刘交都用甜酒招待，后刘交的孙子刘戊嗣位，就不设甜酒了，穆生就称病辞职。后来楚王同吴王谋反失败，穆生没有受害。

⑧邹阳北游，不同吴祸：邹阳，西汉齐人，有智谋。据《汉书·邹阳传》记载，邹阳原来跟着吴王刘濞做事，后来刘濞谋反，邹阳向他上书谏阻不听，邹阳就离开他到梁国去了，没有同刘濞同祸。

⑨越为三军，吴曾不御：为三军，成立上、中、下三军。《左传》曰："越子伐吴，吴子御之笠泽，夹水而陈。越子为左右勾卒，使夜或左或右，鼓噪而进。吴师分以御之。越子以三军潜涉，当吴中军而鼓之，吴师大乱，遂败之。"

⑩汉潜夏阳，魏豹不意：据《史记·淮阴侯列传》记载，汉二年九月，韩信进攻魏王豹，魏王豹陈兵蒲坂津堵塞临晋，韩信装作要乘船渡水到临晋，用伏兵从夏阳用瓦缸绑在木头下让士兵蹲在缸里暗中渡河，偷袭安邑，结果魏王豹被韩信俘虏。

凡事有宜，不得尽言，将修旧好而张形势，更无以威胁

重敌人。然有所恐，恐书无益。何则？往者军逼而自引还，今日在远而兴慰纳，辞逊意狭，谓其力尽，适以增骄，不足相动，但明效古，当自图之耳。昔淮南信左吴之策①，汉隗嚣纳王元之言②，彭宠受亲吏之计③，三夫不寤，终为世笑；梁王不受诡、胜④，窦融斥逐张玄⑤，二贤既觉，福亦随之；愿君少留意焉。若能内取子布⑥，外击刘备，以效赤心，用复前好，则江表之任，长以相付，高位重爵，坦然可观，上令圣朝无东顾之劳，下令百姓保安全之福，君享其荣，孤受其利，岂不快哉！若忽至诚，以处侥幸，婉彼二人⑦，不忍加罪，所谓小人之仁，大仁之贼，大雅之人，不肯为此也。若怜子布，愿言俱存，亦能倾心去恨，顺君之情，更与从事，取其后善。但擒刘备，亦足为效。开设二者，审取一焉。

【注释】

①淮南信左吴之策：淮南，西汉淮南王刘安。据《史记·淮南王传》记载，刘安谋反，非常相信谋士左吴，常同他日夜按着地图部署军队，后来失败。

②汉隗嚣纳王元之言：隗嚣，字季孟，天水成纪（今陕西陇城）人。范晔的《后汉书》曰："隗嚣，字季孟，天水人。更始乱，嚣亡归天水，招聚其众，自称西州上将军，遣子恂诣阙。嚣将王元说嚣曰：'天水完富，天下士马最强，元请一丸泥东封函谷，此万世一时也。'嚣心然元计，遂反。"

③彭宠受亲吏之计：据《后汉书·彭宠传》记载，彭宠谋反，光武帝召他，他听信妻子和亲信官吏的话，不应召。光武帝又派彭宠的堂弟子后兰卿去劝说，他不听，起兵反叛，后被手下人所杀。

④梁王不受诡、胜：梁王，即梁孝王刘武，汉文帝的儿子。诡，即公孙诡，齐人，梁孝王的中尉，号公孙将军。胜，齐人，梁孝王的谋士。《汉书·梁王传》曰："梁孝王怨袁盎，乃与羊胜公孙诡之属，阴使人刺杀袁盎。天子意梁，逐贼，果梁使之，遣使覆案梁事，捕公孙诡羊胜，皆匿王后宫。韩安国

泣谏王,王乃令出之。胜诡皆自杀。梁王使韩安国因长公主谢,上怒稍解。"

⑤窦融:字周公,扶风(今陕西兴平市东南)人。范晔《后汉书》:"窦融,字周公,扶风人也,行西河五大郡大将军事。遥闻光武即位,心欲东向。隗嚣使辨士张玄游说西河,曰:'今各据土宇,与陇、蜀合从,高可为六国,下不失尉陀。'融召豪杰计议,遂决策东向,奉书献马。光武赐融玺绶,为凉州牧,封安丰侯,后迁大司空。"

⑥子布:孙权谋士张昭的字。张昭,彭城(今江苏徐州)人,汉末避难江东,后担任孙策长史,抚军中郎将,孙策临死,又把孙权托付给张昭,孙权拜他为辅吴将军,封娄侯。

⑦婉:和顺,这里是亲爱的意思。二人,指张昭、刘备。

闻荆、杨①诸将,并得降者,皆言交州为君所执②,豫章距命③,不承执事,疫旱并行,人兵减损,各求进军,其言云云。孤闻此言,未以为悦。然道路既远,降者难信,幸人之灾,君子不为;且又百姓国家之有,加怀区区,乐欲崇和④,庶几明德,来见昭副,不劳而定,于孤益贵,是故按兵守次,遣书致意。古者兵交,使在其中,愿仁君及孤,虚心回意,以应诗人补衮⑤之叹,而慎《周易》牵复⑥之义。濯鳞清流,飞翼天衢,良时在兹,勖之而已。(《文选》四十二)

【注释】

①荆、杨:荆,荆州,汉代州治在襄阳,是原来楚国的地域。杨,扬州,建安中,扬州治所在合肥(今属安徽)。

②交州为君所执:交州,辖今广东、广西等地,这里指交州刺史。执,囚禁。《吴志》曰:"孙辅,字国仪,假节交州刺史,遣使与曹公相闻。事觉,权幽絷之,数岁卒。"

③豫章距命:豫章,郡名,属扬州,治所在南昌(属江西省)。距,通"拒"。据《魏志·刘繇传》记载,刘繇原为扬州刺史,孙策过江时,打败他的

部将樊能、张英,而刘繇退保豫章,拒不降服孙策。

④乐欲崇和:乐于爱人,崇尚和睦。

⑤补衮:《诗·烝民》:"衮职有阙,唯仲山甫补之。"仲山甫,周宣王的大臣,诗人尹吉甫曾作诗赞美他。衮,天子的礼服。衮职,即王职。阙,过失。这句话的意思是周宣王有过失,只有仲山甫能补救他。

⑥牵复:《易·小畜》:"牵复在中,亦不自失也。"牵,引。复,行故道,意思是走错了路,被人牵引走原路的是吉利的,希望孙权走曹孙结好的路。

为曹公作书与刘备　　　　　　阮　瑀

披怀解带①,投分托意②。

【题解】

全文现只存两句,据《曹操集译注》推测,这篇可能同《为曹公作书与孙权》有相似用意,想拉拢刘备,拆散孙刘联盟。此书辑录于《文选》二十潘岳《金谷集作诗》注。

【注释】

①披怀解带:敞开胸怀,解开束带,表示开诚相见。

②投分托意:投送情分,寄托心意。

为曹公作书与孔融　　　　　　路　粹

盖闻唐、虞之朝①,有克让②之臣,故麟凤来③而颂声作也。后世德薄,犹有杀身为君,破家为国。及至其敝,睚眦之怨必仇,一餐之惠必报④,故毫错念国,遘祸于袁盎⑤;屈平悼楚,受谮于椒、兰⑥;彭宠倾乱,起自朱浮⑦;邓禹威损,失于宗、冯⑧。由此言之,喜怒怨爱,祸福所因,可不慎欤!昔廉、蔺小国之臣,犹能相下⑨;寇、贾仓卒武夫,屈节崇好⑩。光武不问伯升之怨⑪,齐侯不疑射钩之虏⑫。夫立大操者,岂累细故哉!往闻二君有执法之平,以为小介⑬,当收旧好,而怨毒渐积,志相危害,闻之抚然⑭中夜而起!昔国家东迁⑮,文举盛叹鸿豫⑯名实相副,综达⑰经学,出于郑玄⑱,又明《司马法》⑲;鸿豫亦称文举奇逸博闻。诚怪今者与始相违。孤与文举既非旧好,又于鸿豫亦无恩纪,然愿人之相美,不乐人之相伤,是以区区思协欢好。又知二君群小所构。孤为人臣,进不能风化海内,退不能建德和人,然抚养战士,杀身为国,破浮华交会⑳之徒,计有余矣。

【题解】

孔融,字文举,孔子第二十世孙。公元195年,刘备举荐42岁的孔融为青州刺史。次年,袁绍之子袁谭攻打青州,孔融逃出青州。后来,孔融辗转到曹操手下。孔融聪明过人,才华横溢,在曹操手下做事做得很好。然而,他又经常反对曹操的决定,并出言讥讽曹操。

孔融要维护汉朝的统治,限制曹操的权力,御史大夫都虑秉承曹操的意旨,奏免了他的官职。曹操就让路粹代表给孔融写了这封信。

路粹,字文蔚,陈留(今河南开封西南)人,曹操的军谋祭酒,善于文辞,兼管文书往来。

【注释】

①唐、虞之朝:陶唐、有虞是尧和舜的国号。

②克让之臣:克让,辞让。据《尚书·舜典》载,禹、益都曾让位给别人。

③麟凤来:《史记·五帝本纪》:"于是禹兴《九韶》之乐,致异物,凤凰来仪。"凤凰来舞而姿态美好。

④睚眦之怨必仇,一餐之惠必报:别人瞪一眼的怨恨一定报复,吃人一顿饭的恩惠必定报答。

⑤鼂错念国,遘祸于袁盎:鼂错,又作晁错,颍川(今河南禹州)人,汉景帝时大臣。据《史记·鼂错传》记载,鼂错请求景帝削弱诸侯领土,吴楚等七国诸侯国知道后,以诛杀鼂错为由起兵谋反。袁盎平素与鼂错有怨,请景帝杀鼂错来安定七国,景帝于是把鼂错杀死。

⑥屈平悼楚,受谮于椒、兰:屈平,即屈原,战国时楚怀王的大夫。谮,

诬告。椒、兰:楚怀王的两个儿子令尹子兰和司马子椒。据《史记·屈原列传》记载,秦国派张仪诱骗怀王与盟邦齐国绝交,并去秦国,屈原劝谏,怀王不听,最后客死秦国。后来楚怀王的长子顷襄王即位,令尹子兰和司马子椒由于跟屈原政见不同,常有矛盾,就在顷襄王面前说屈原的坏话,屈原因此被放逐。

⑦彭宠倾乱,起自朱浮:彭宠,西汉末东汉初人。据《后汉书·彭宠传》记载,王莽末年他割据渔阳(今北京市密云西南)。刘秀(东汉光武帝)在河北起兵后,他又归附刘秀,曾帮助刘秀平定割据邯郸的王朗,刘秀即位后,他对自己的封赏不满,常发怨言,后来幽州牧朱浮因为与彭宠政见不合,多次在光武面前控告彭宠,彭宠于是被迫起兵造反。

⑧邓禹威损,失于宗、冯:邓禹,刘秀的开国功臣,很受刘秀信任。据《后汉书·邓禹传》记载,邓禹镇压赤眉军,使宗钦、冯愔守枸邑(今陕西旬邑),二人争权相互攻击,冯愔杀宗钦反击邓禹,邓禹的威信因此受到减损。

⑨廉、蔺小国之臣,犹能相下:廉、蔺,是指廉颇和蔺相如,是战国时赵国的大臣。据《史记·廉颇蔺相如列传》记载,廉颇是有名的武将,因屡立战功封为上卿,蔺相如出身微贱,但因为办理对秦国的外交有功也被封为上卿,位在廉颇之上,廉颇不服,扬言要当众羞辱蔺相如,蔺相如为了国家的利益,每上朝都躲避廉颇,避免发生正面冲突,后来廉颇悔悟,向蔺相如谢罪,二人成了生死之交。

⑩寇、贾仓卒武夫,屈节崇好:寇、贾,即寇恂、贾复,他们都是刘秀的开国功臣。据《后汉书·寇恂传》记载,一次贾复的部将杀了人,寇恂把凶手抓捕起来并将其杀死示众,当时刘秀(光武帝)正是初定天下的时候,军中犯法多被宽恕,而寇恂严惩凶手的做法激怒了贾复,扬言要亲手杀死寇恂。一次,贾复经过颍川,当时寇恂为颍川太守,寇恂不想与他见面,就对左右的人说,从前蔺相如不怕秦王而向廉颇屈服,是为国家着想。后来光武帝使他们和解,两人成了很好的朋友。

⑪光武不问伯升之怨:光武,即光武帝。伯升,光武帝长兄刘縯的字。据《后汉书·光武纪》记载,伯升和刘秀曾参加农民起义军,起义军将领朱鲔劝刘玄(当时绿林军拥立的皇帝)把伯升杀死。后来刘秀在洛阳包围了朱鲔,刘秀派人告诉他,如果投降,可以不念谋杀伯升的旧怨,还封给官爵,朱鲔最后投降了,刘秀立即拜朱鲔为平狄将军,封为扶沟侯。

⑫齐侯不疑射钩之虏:据《史记·齐太公世家》记载,最初,管仲是公子

小白的哥哥公子纠的部下,在公子纠与公子小白的斗争中,他曾射中小白的带钩,险些把他射死,所以说他是小白的仇人。然而,小白回国即位为桓公后,不记前仇,任管仲为相。

⑬小介:小隔阂。

⑭抚然:失意的样子。

⑮东迁:指献帝东迁许。

⑯鸿豫:郗虑的字。他迎合曹操,奏免孔融。

⑰综达:融会贯通。

⑱郑玄:字康成,东汉高密(今属山东)人,著名经学家。

⑲《司马法》:兵书名,战国时期齐国整理的。

⑳浮华交会:以浮文交结,暗指孔融、祢衡这些人。

孙子注

计篇

曹公曰：计者，选将量敌、度地料卒，远近险易，计于庙堂也。

孙子曰：兵者，国之大事，死生之地，存亡之道，不可不察也。故经之以五校之计而索其情；

曹公曰：谓下五事，彼我之情。原本作"谓下五事七计，求彼我之情也"。按此后人臆增，从《通典》《御览》改正。

一曰道，二曰天，三曰地，四曰将，五曰法。道者，令民与上同意也，故可与之死，可与之生，而民不畏危。

曹公曰：谓道之以教令。危者，危疑也。

天者，阴阳、寒暑、时制也。

曹公曰：顺天行诛，因阴阳《通典》及《御览》，"阴阳"下有"刚柔"二字。四时之制，故《司马法》曰："冬夏不兴师，所以兼爱民也。"

地者，远近、险易、广狭、死生也。

曹公曰：言以九地形势不同，因时制利也。《通典》及《御览》作"制度"，非。论在《九地篇》中。

将者，智、信、仁、勇、严也。

曹公曰：将宜五德备也。

法者，曲制、官道、主用也。

曹公曰：曲制者，部曲幡帜金鼓之制也；官者，百官之分也；道者，粮路也；主用者，主军费用也。原本作"主君"，误，今从《通典》《御览》改正。

凡此五者，将莫不闻，知之者胜，不知者不胜。

曹公曰：同闻五者，将知其变极即胜也。原本误于"而索其情"
下，今改正。

故校之以计而索其情。

曹公曰：索其情者，胜负之情。

曰主孰有道，将孰有能，

曹公曰：道德智能。按《御览》引"校之计"，作"校之以五计"。五计
者，主孰有道，将孰有能，一也；天地孰得，二也；法令孰行，三也；兵众孰强，
士卒孰练，四也；赏罚孰明、五也。故其注文，各附正文。而主孰有道，将孰
有能为一节；兵众孰强，士卒孰练为一节。今杜佑注于"兵众士卒"二句，亦
合解之。然则魏武解辨本详，其注意亦与杜佑同也。道德智能四字，既统释
二句，不当在"主孰有道"句下，今改正。

天地孰得，

曹公曰：天时、地利。

法令孰行，

曹公曰：设而不犯，犯而必诛。

兵众孰强，士卒孰练，赏罚孰明，吾以此知胜负矣。

曹公曰：以七事计之，知胜负矣。

将听吾计，用之必胜，留之；将不听吾计，用之必败，去之。

曹公曰：不能定计，则退而去也。

计利以听，乃为之势以佐其外；

曹公曰：常法之外也。

势者，因利而制权也。

曹公曰：制由权也，权因事制也。

兵者，诡道也。

曹公曰：兵无常形，以诡诈为道。

212

故能而示之不能,用而示之不用,近而示之远,远而示之
近。利而诱之,乱而取之,实而备之,

曹公曰:敌治实须备之也。

强而避之,

曹公曰:避其所长也。

怒而挠之;

曹公曰:待其衰懈也。

卑而骄之,佚而劳之,

曹公曰:以利劳之。

亲而离之,

曹公曰:以间离之。

攻其无备,出其不意。

曹公曰:击其懈怠,出其空虚。

此兵家之胜,不可先传也。

曹公曰:传犹泄也。兵无常势,水无常形,《御览》作"兵无成
势,无常形"。按此用下篇语也,《御览》误。临敌变化,不可先传。

故曰料敌在心,察机在目也。原本"传"下有"也"字,"故"下无
"曰"字,今从《御览》改正。

夫未战而庙算胜者,得算多也;未战而庙算不胜者,得算少
也。多算胜,少算不胜,而况于无算乎! 吾以此观之,胜负
见矣。

曹公曰:以吾道观之矣。

作战篇

曹公曰:欲战必先算其费,务因粮于敌也。

孙子曰:凡用兵之法:驰车千驷,革车千乘,带甲十万。

曹公曰:驰车,轻车也,驾驷马,凡千乘。据《太平御览》补。按王晳引曹注,亦有"凡千乘"三字。革车,重车也,言万骑之重也。一车驾四马,原本作"万骑之重,车驾四马",今据《太平御览》补。卒十骑一重。原本作"率三万军",今据《太平御览》改。养二人主炊,家子一人主保固守衣装,厩二人《太平御览》"厩"作"斯"。主养马,凡五人。步兵十人,重以大车驾牛。养二人主炊,家子一人主守衣装,凡三人也。带甲十万,士卒数也。

千里而馈粮,

曹公曰:越境千里。

则内外之费,宾客之用,胶漆之财,车甲之奉,日费千金,然后十万之师举矣。

曹公曰:谓购赏犹在外。原本"赠"讹作"购",今改正。杜牧亦云"赠赏犹在外"。

其用战也,胜久则钝兵挫锐,攻城则屈力。

曹公曰:钝,弊也;屈,尽也。

久暴师则国用不足。夫钝兵、挫锐、屈力、殚货,则诸侯乘其弊而起,虽有智者,不能善其后矣。故兵闻拙速,未睹之巧久也。

曹公曰:虽拙有以速胜。未睹者,言其无也。

夫兵久而国利者,未之有也。故不尽知用兵之害,则不能尽知用兵之利也。善用兵者,役不再籍,粮不三载;

曹公曰:籍犹赋也。言初赋民便取胜,不复归国发兵也。始载粮,后遂因食于敌,还兵入国,不复以粮迎之也。

取用于国,因粮于敌:故军食可足也。

　　曹公曰:兵甲战具,取用国中,粮食因敌也。

国之贫于师者远输,远输则百姓贫。近于师者贵卖,贵卖则百姓财竭,

　　曹公曰:军行已出界,近师者贪财,皆贵卖,则百姓虚
　　竭也。

财竭则急于丘役。力屈财殚,中原内虚于家,百姓之费,十去其七。

　　曹公曰:丘,十六井也。百姓财殚尽而兵不解,则运粮尽
　　力于原野也。十去其七者,所破费也。

公家之费:破车罢马,甲胄矢弩,戟楯蔽橹,丘牛大车,十去其六。

　　曹公曰:丘牛谓丘邑之牛,大车乃长毂车也。

故智将务食于敌,食敌一钟,当吾二十钟;[萁]秆一石,当吾二十石。

　　曹公曰:六斛四斗为钟。计千里转运,二十钟而致一
　　钟于车中也。原本脱,今据《太平御览》补。萁,豆秸也;秆,禾
　　藁也。石者,一百二十斤也。转输之法,费二十石得
　　一石。一云,萁音忌,豆也,七十斤为一石。当吾二
　　十,言远费也。

故杀敌者,怒也;

　　曹公曰:威怒以致敌。

取敌之利者,货也。

　　曹公曰:军无财,士不来;军无赏,士不往。

故车战,得车十乘已上,赏其先得者,

　　曹公曰:以车战能得敌车十乘已上,赏赐之。不言车战

得车十乘已上者赏之，而言赏得者何？言欲开示赏其所得车之卒也。陈车之法，五车为队，仆射一人。十军为官，卒长一人。车十乘，乘将吏二人。因而用之，故别言赐之，欲使将恩下及也。或云，言使自有车十乘已上与敌战，但取其有功者赏之，其十乘已下，虽一乘独得，馀九乘皆赏之，所以率进励士也。

而更其旌旗；

曹公曰：与吾同也。

车杂而乘之，

曹公曰：不独任也。

卒善而养之，是谓胜敌而益强。

曹公曰：益己之强。

故兵贵胜，不贵久。

曹公曰：久则不利。兵犹火也，不戢将自焚也。

故知兵之将，民之司命，国家安危之主也。

曹公曰：将贤则国安也。

谋攻篇

曹公曰：欲攻敌，必先谋。

孙子曰：凡用兵之法，全国为上，破国次之；

曹公曰：兴师深入长驱，距其城郭，绝其内外，敌举国来服为上。以兵击破，败而得之，为次也。

全军为上，破军次之；

曹公曰：《司马法》曰："一万二千五百人为军。"

全旅为上，破旅次之；

曹公曰：五百人为旅。

全卒为上，破卒次之；

曹公曰：一旅已下原本作"一校已上"，字之讹也，今改正。至一百人也。

全伍为上，破伍次之。

曹公曰：百人已下至五人。

是故百战百胜，非善之善者也；不战而屈人之兵，善之善者也。

曹公曰：未战而敌自屈服。

故上兵伐谋，

曹公曰：敌始有谋，伐之易也。

其次伐交，

曹公曰：交，将合也。

其次伐兵，

曹操曰：兵形已成也。

下政攻城；

曹公曰：敌国以收其外粮，城守攻之，为下政也。

攻城之法，为不得已。修橹轒辒，具器械，三月而后成，距、闉，又三月而后已；

曹公曰：修，治也；橹，大楯也；轒辒者，轒床也。轒床其下四轮，从中推之至城下也。具，备也；器械者，机关攻守之总名，蜚古"飞"字，原本作"飞"，今据《太平御览》改正，从其初所用字也。楼云梯之属。距闉者，踊土积原本作"稍"，字之讹，今据御览及杜佑注改正。高而前，以附其城也。

将不胜心之忿而蚁附之；杀士三分之一，而城不拔者，此攻之灾。

曹公曰：将忿不待攻城器，而使士卒缘城而上，如蚁之缘墙，杀伤士卒也。

故善用兵者，屈人之兵，而非战也；拔人之城，而非攻也；毁人之国，而非久也。

曹公曰：毁灭人国，不久露师也。

必以全争于天下。故兵不顿而利可全，此谋攻之法也。

曹公曰：不与敌战而必完全得之，立胜于天下，不顿兵血刃也。

故用兵之法：十则围之，

曹公曰：以十敌一则围之，是谓将智勇等而兵利钝均也。若主弱客强，不用十也，按杜佑作《通典》，每全引曹注，义有未了，即以己意增释之，"不用十也"四字，据《通典》补。操所以倍兵围下邳生擒吕布也。

五则攻之，

曹公曰：以五敌一，则三术为正，二术为奇。原本"二术"作"一术"者讹，据杜牧、张预注改正。

倍则分之，

曹公曰：以二敌一，则一术为正，一术为奇。

敌则能战之，

曹公曰：己与敌人众等，善者犹当设伏奇以胜之。

少则能逃之，

曹公曰：高壁坚垒，勿与战也。

不若则能避之。

曹公曰：引兵避之也。

故小敌之坚，大敌之擒也。

曹公曰：小不能当大也。

夫将者,国之辅也。辅周则国必强,

　　曹公曰:将周密,谋不泄也。

辅隙则国必弱。

　　曹公曰:形见于外也。

故君之所以患于军者三:不知军之不可以进而谓之进,不知军之不可以退而谓之退,是谓縻军。

　　曹公曰:縻,御也。

不知三军之事,而同三军之政者,则军士惑矣;

　　曹公曰:军容不入国,国容不入军,礼不可以治兵也。

不知三军之权,而同三军之任,则军士疑矣。

　　曹公曰:不得其人意也。

三军既惑且疑,则诸侯之难至矣! 是谓乱军引胜。

　　曹公曰:引,夺也。

故知胜有五:知可以战与不可以战者胜,识众寡之用者胜,上下同欲者胜,

　　曹公曰:君臣同欲。

以虞待不虞者胜,将能而君不御者胜。

　　曹公曰:《司马法》曰"进退惟时,无曰寡人"也。

此五者,胜之道也。

　　曹公曰:此上五事也

故曰:知彼知己,百战不殆;不知彼而知己,一胜一负;不知彼,不知己,每战必殆。

形篇

　　曹公曰:军之形也。我动彼应,两敌相察情也。

孙子曰：昔之善战者，先为不可胜，以待敌之可胜。不可胜在己，可胜在敌。

　　曹公曰：自修理以待敌之虚懈也。

故善战者，能为不可胜，不能使敌必可胜。故曰：胜可知，

　　曹公曰：见成形也。

而不可为。

　　曹公曰：敌有备故也。

不可胜者守也，

　　曹公曰：藏形也。

可胜者攻也。

　　曹公曰：敌攻己，乃可胜。

守则有足，攻则不馀。

　　曹公曰：吾所以守者，力不足也；所以攻者，力有馀也。

善守者藏于九地之下，善攻者动于九天之上，故能自保而全胜也。

　　曹公曰：因山川丘陵之固者，藏于九地之下；因天时之便者，动于九天之上。

见胜不过众人之所知，非善之善者也；

　　曹公曰：当见未萌。

战胜而天下曰善，非善之善者也；

　　曹公曰：交争胜也。原本作"争锋也"，据《太平御览》改正。故太公曰："争胜于白刃之□，非良将也。"据《太平御览》补。

故举秋毫不为多力，见日月不为明目，闻雷霆不为聪耳。

　　曹公曰：易见闻也。

古之所谓善战者胜，胜易胜者也。

　　曹公曰：原微易胜，攻其可胜，不攻其不可胜也。

故善战者之胜也,无智名,无勇功。

曹公曰:敌兵形未成,原本作"未形",从《太平御览》改。胜之无
赫赫之功也。

故其战胜不忒;不忒者,其所措必胜,胜已败者也。

曹公曰:察敌有可败,不差忒也。

故善战者,立于不败之地,而不失敌之败也。是故胜兵先
胜而后求战,败兵先战而后求胜。

曹公曰:有谋与无虑也。

善用兵者,修道而保法,故能为胜败之政。

曹公曰:善用兵者,先自修治为不可胜之道,保法度不失
敌之败乱也。

兵法一曰度,二曰量,三曰数,四曰称,五曰胜。

曹公曰:胜败之政,用兵之法,当以此五事称量,知敌
之情。

地生度,

曹公曰:因地形势而度之。

度生量,量生数,

曹公曰:知其远近广狭,知其人数也。

数生称,

曹公曰:称量敌孰愈也。

称生胜。

曹操曰:称量之故,知其胜负所在。

故胜兵若以镒称铢,败兵若以铢称镒,

曹公曰:轻不能举重也。

胜者之战民也,若决积水于千仞之谿者,形也。

曹公曰:八尺曰仞。决水千仞,其势疾也。《太平御览》注:仞,

七尺也,其势疾也。原本云"其高势疾也",衍,从《太平御览》。

势篇

曹公曰:用兵任势也。

孙子曰:凡治众如治寡,分数是也;

　　曹公曰:部曲为分,什伍为数。

斗众如斗寡,形名是也;

　　曹公曰:旌旗曰形,金鼓曰名。

三军之众,可使必受敌而无败者,奇正是也;

　　曹公曰:先出合战为正,后出为奇。

兵之所加,如以碬投卵者,虚实是也。

　　曹公曰:以至实击至虚。

凡战者,以正合,以奇胜。

　　曹公曰:正者当敌,奇兵从傍击不备也。

故善出奇者,无穷如天地,不竭如江河,终而复始,日月是也;死而复生,四时是也。声不过五,五声之变,不可胜听也。色不过五,五色之变,不可胜观也。味不过五,五味之变,不可胜尝也。

　　曹公曰:自无穷如天地已下,皆以喻奇正之无穷也。

战势不过奇正,奇正之变,不可胜穷也。奇正相生,如循环之无端,孰能穷之?激水之疾,至于漂石者,势也;鸷鸟之疾,至于毁折者,节也。

　　曹公曰:发起击敌。

是故善战者,其势险,

　　曹公曰:险犹疾也。

其节短。

曹公曰：短，近也。

势如彍弩，节如发机。

曹公曰：在度不远，发则中也。

纷纷纭纭，斗乱而不可乱也；浑浑沌沌，形圆而不可败也。

曹公曰：旌旗乱也，示敌若乱，以金鼓齐之。车骑原本作"卒骑"者，误，从《通典》改正。转而形圆者，出入有道齐整也。

乱生于治，怯生于勇，弱生于强。

曹公曰：皆毁形匿情也。

治乱数也，

曹公曰：以部曲分名数为之，故不乱也。

勇怯势也，强弱形也。

曹公曰：形势所宜。

故善动敌者，形之敌必从之，

曹公曰：见赢形也。

予之敌必取之，

曹公曰：以利诱敌，敌远离其垒，而以便势击其空虚孤特也。

以利动之，以卒待之。

曹公曰：以利动敌也。

故善战者，求之于势，不责于人，故能择人而任势。

曹公曰：求之于势者，专任权也；不责于人者，权变明也。

任势者，其战人也，如转木石。木石之性，安则静，危则动，方则止，圆则行。

曹公曰：任自然势也。

故善战人之势，如转圆石于千仞之山者，势也。

虚实篇

曹公曰：能虚实彼己也。

孙子曰：凡先处战地而待战者佚，

曹公曰：力有馀也。

后处战地而趋战者劳。故善战者，致人而不致于人。能使敌人自至者，利之也；

曹公曰：诱之以利也。

能使敌人不得至者，害之也。

曹公曰：出其所必趋，攻其所必救。

故敌佚能劳之，

曹公曰：以事烦之。《太平御览》作"以利烦之"者，非。

饱能饥之，

曹公曰：绝粮道以饥之。

安能动之。

曹公曰：攻其所必爱，出其所必趋，则使敌不得不相救也。

出其所必趋，趋其所不意。

曹公曰：使敌不得不相往而救之也。

行千里而不劳者，行于无人之地也；

曹公曰：出空击虚，避其所守，击其不意。

攻而必取者，攻其所不守也；守而必固者，守其所不攻也。

故善攻者，敌不知其所守；善守者，敌不知其所攻。

曹公曰：情不泄也。

微乎微乎，至于无形，神乎神乎，至于无声，故能为敌之司命。进而不可御者，冲其虚也；退而不可追者，速而不可及也。

曹公曰：卒往进攻其虚懈，退又疾也。

故我欲战，敌虽高垒深沟，不得不与我战者，攻其所必救也。

曹公曰：绝其粮道，守其归路，攻其君主也。

我不欲战，画地而守之，

曹公曰：军不欲烦也。

敌不得与我战者，乖其所之也。

曹公曰：乖，戾也。戾其道示以利害，使敌疑之。我未修垒堑，敌人不以形势之长，就能加之于我者，不敢攻我也。自"我未修垒"以下，据《太平御览》补。

故形人而我无形，则我专而敌分。我专为一，敌分为十，是以十共其一也，则我众而敌寡。能以众击寡者，则吾之所与战者约矣。吾所与战之地不可知，不可知，则敌所备者多，敌所备者多，则吾所与战者寡矣。

曹公曰：形藏敌疑，则分离其众备我也，言少而易击也。

故备前则后寡，备后则前寡，备左则右寡，备右则左寡，无所不备，则无所不寡。寡者，备人者也；众者，使人备己者也。

曹公曰：上所谓形藏敌疑，则分离其众以备我也。

故知战之地，知战之日，则可千里而会战。

曹公曰：以度量知空虚会战之日。

不知战地，不知战日，则左不能救右，右不能救左，前不能救后，后不能救前；而况远者数十里，近者数里乎？以吾度之，越人之兵虽多，亦奚益于胜败哉！

曹公曰：越人相聚，纷然无知也。或曰：吴越雠国也。

故曰：胜可为也。敌虽众，可使无斗。故策之而知得失之计，作之而知动静之理，形之而知死生之地，角之而知有馀不足之处。

曹公曰：角，量也。

故形兵之极，至于无形，无形则深间不能窥，智者不能谋。因形而错胜于众，众不能知；

曹公曰：因敌形而立胜。《太平御览》"敌形"作"地形"，按下文云，"兵因敌而制胜"，作"地"者非。

人皆知我所以胜之形，而莫知吾所以制胜之形；

曹公曰：不以一形之胜万形。或曰，不备知也。制胜者，人皆知吾所以胜，莫知吾因敌形而制胜也。

故其战胜不复，而应形于无穷。

曹公曰：不重复动而应之也。

夫兵形象水，水之行，趋高而避走；兵之形，避实而击虚。水因地而制流，兵因敌而制胜。故兵无常势，水无常形，能因敌变化而取胜者，谓之神。

曹公曰：势盛必衰，形露必败，故能因敌变化，取胜若神。

故五行无常胜，四时无常位，日有短长，月有死生。

曹公曰：兵无常势，盈缩随敌。

军争篇

曹公曰：两军争胜。

孙子曰：凡用兵之法，将受命于君，合军聚众，

曹公曰：聚国人，结行伍，选部曲，起营为军陈。

交和而舍,

　　曹公曰:军门为和门,左右门为旗门,《太平御览》"旗"作"期"。

　　以车为营曰辕门,以人为营曰人门,两军相对为交和。

莫难于军争。

　　曹公曰:从始受命,至于交和,军争难也。

军争之难者,以迂为直,以患为利。

　　曹公曰:示以远,速其道里,先敌至也。

故迂其途而诱之以利,后人发,先人至,此知迂直之计
者也。

　　曹公曰:迂其途者,示之远也;后人发,先人至者,明于度
　　数,先知远近之计也。

故军争为利,军争为危。

　　曹公曰:善者则以利,不善者则以危。

举军而争利,则不及;

　　曹公曰:迟不及也。

委军而争利,则辎重捐。

　　曹公曰:置辎重,则恐捐弃也。

是故卷甲而趋,日夜不处,

　　曹公曰:不得休息,罢也。

倍道兼行,百里而争利,则擒三将军。劲者先,罢者后,其
法十一而至。

　　曹公曰:百里而争利,非也,三将军皆以为擒。

五十里而争利,则蹶上将军,其法半至。

　　曹公曰:蹶犹挫也。

三十里而争利,则三分之二至。

　　曹公曰:道近至者多,故无死败也。

是故军无辎重则亡，无粮食则亡，无委积则亡。

曹公曰：无此三者，亡之道也。

故不知诸侯之谋者，不能豫交；

曹公曰：不知敌情谋者，不能结交也。

不知山林、险阻、沮泽之形者，不能行军；

曹公曰：高而崇者为山，众树所聚者为林，坑堑者为险，一高一下者为阻，水草渐洳者为沮，众水所归而不流者为泽。不先知军之所据及山川之形者，则不能行师也。

《通典》作"堆者为险，水草坑堑者为沮"，馀同。按此《通典》误也。《太平御览》"堑"作"坎"，与张预注同。

不用乡导者，不能得地利。故兵以诈立，以利动，以分合为变者也。

曹公曰：兵一分一合，以敌为变也。

故其疾如风，

曹公曰：击空虚也。

其徐如林，

曹公曰：不见利也。

侵掠如火，

曹公曰：疾也。

不动如山，

曹公曰：守也。

难知如阴，动如雷霆。掠乡分众，

曹公曰：因敌而制胜也。

廓地分利，

曹公曰：分敌利也。

悬权而动。

曹公曰：量敌而动也。

先知迂直之计者胜，此军争之法也。军政曰："言不相闻，故为鼓铎；视不相见，故为旌旗。"夫金鼓旌旗者，所以一民之耳目也。民既专一，则勇者不得独进，怯者不得独退，此用众之法也。故夜战多火鼓，昼战多旌旗，所以变民之耳目也。故三军可夺气，

曹公曰：左氏言一鼓作气，再而衰，三而竭。

将军可夺心。是故朝气锐，昼气惰，暮气归。故善用兵者，避其锐气，击其惰归，此治气者也。以治待乱，以静待哗，此治心者也。以近待远，以佚待劳，以饱待饥，此治力者也。无要正正之旗，勿击堂堂之陈，此治变者也。

曹公曰：正正，齐也；堂堂，大也。

故用兵之法，高陵勿向，背丘勿逆，佯北勿从，锐卒勿攻，饵兵勿食，归师勿遏，围师必阙，

曹公曰：《司马法》曰："围其三面，阙其一面，所以示生路也。"

穷寇勿迫。此用兵之法也。

九变篇

曹公曰：变其正，得其所用有九也。

孙子曰：凡用兵之法，将受命于君，合军聚众。圮地无舍，

曹公曰：无所依也。水毁曰圮。

衢地合交，

曹公曰：结诸侯也。

绝地无留，

曹公曰：无久止也。

围地则谋，

曹公曰：发奇谋也。

死地则战。

曹公曰：殊死战也。

涂有所不由，

曹公曰：隘难之地，所不当从，不得已从之，故为变。

军有所不击，

曹公曰：军虽可击，以地险难久，留之失前利，若得之则利薄，困穷之兵，必死战也。

城有所不攻，

曹公曰：城小而固，粮饶，不可攻也。操所以置华、费而深入徐州，得十四县也。

地有所不争，

曹公曰：小利之地，方争得而失之，则不争也。

君命有所不受。

曹公曰：苟便于事，不拘于君命也，《通典》"拘"作"狗"。故曰：不从中御。据《通典》补。

故将通于九变之利者，知用兵矣。将不通于九变之利者，虽知地形，不能得地之利矣。治兵不知九变之术，虽知五利，不能得人之用矣。

曹公曰：谓下五事也。九变，一云五变。

是故智者之虑，必杂于利害。

曹公曰：在利思害，在害思利，当难行权也。

杂于利，而务可信也，

曹公曰：计敌不能依五地为我害，所务可信也。

杂于害,而患可解也。

　　曹公曰:既参于利,则亦计于害,虽有患可解也。

是故屈诸侯者以害,

　　曹公曰:害其所恶也。

役诸侯者以业,

　　曹公曰:业,事也,使其烦劳,若彼入我出,彼出我入也。

趋诸侯者以利。

　　曹公曰:令自来也。

故用兵之法,无恃其不来,恃吾有以待也;无恃其不攻,恃吾有所不可攻也。

　　曹公曰:安不忘危,常设备也。

故将有五危:必死,可杀也;

　　曹公曰:勇而无虑,必欲死斗,不可曲挠,可以奇伏中之。

必生,可虏也;

　　曹公曰:见利畏怯不进也。

忿速,可侮也;

　　曹公曰:疾急之人,可忿怒侮致之也。原本作"侮而致之也",今从《太平御览》改正。

廉洁,可辱也;

　　曹公曰:廉洁之人,可污辱致之也。

爱民,可烦也。

　　曹公曰:出其所必趋,爱民者,则必倍道兼行以救之,救之则烦劳也。

凡此五者,将之过也,用兵之灾也。覆军杀将,必以五危,不可不察也。

行军篇

曹公曰：择便利而行也。

孙子曰：凡处军相敌，绝山依谷，

曹公曰：近水草利便也。

视生处高，

曹公曰：生者，阳也。

战降无登，

曹公曰：无迎高也。

此处山之军也。绝水必远水；

曹公曰：引敌使渡。

客绝水而来，勿迎之于水内，令半渡而击之利；欲战者，无附于水而迎客；

曹公曰：附，近也。

视生处高，

曹公曰：水上亦当处其高也，前向水，后当依高而处之。

无迎水流，

曹操曰：恐溉我也。

此处水上之军也。绝斥泽，惟亟丢无留；若交军于斥泽之中，必依水草，而背众树，

曹公曰：自此至"上雨水沫至"节，杜佑注原本误于"众草多障"节下。不得已与敌会于斥泽中。

此处斥泽之军也。平陆处易，

曹公曰：车骑之利也。

而右背高，前死后生，

曹公曰：战便也。

232

此处平陆上之军也。凡此四军之利，黄帝之所以胜四帝也。

曹公曰：黄帝始立，四方诸侯无不称帝，《太平御览》作"亦称帝"，按王晢、张预同。以此四地胜之也。

凡军喜高而恶下，贵阳而贱阴。养生而处实；

曹公曰：恃满实也。养生向水草，可放牧养畜乘。实，犹高也。

军无百疾。是谓必胜。陵丘堤防，必处其阳，而右背之；此兵之利，地之助也。上雨，水沫至，欲涉者，待其定也。

曹公曰：恐半涉而水遽涨也。

凡地有绝涧、天井、天牢、天罗、天陷、天隙，必亟去之，勿近也。

曹公曰：山深水大者为绝涧，四方高中央下者为天井，深山所过若蒙笼者《通典》作"深水大泽，葭苇蒙笼所隐蔽者"，《太平御览》作"深水所居朦胧者"。为天牢，可以罗绝人者为天罗，地形陷者《通典》上有"陂湖泥泞"四字，《太平御览》无。为天陷，山涧原本"涧"下有"道"字者，衍，据《通典》《太平御览》改正。迫狭地形，深数尺长数丈者为天隙。案《通典》"长数丈者"下有"丘陵坑坎，地形境埆者，天郄也"，《太平御览》无。

吾远之，敌近之；吾迎之，敌背之。

曹公曰：用兵常远六害，今敌近背之，则我利敌凶。

军旁有险阻、蒋潢，井生葭苇，山林、翳荟，必谨覆索之，此伏奸之所藏处也。

曹公曰：险者，一高一下之地；阻者，多水也；蒋者，水草之藜生也；"蒋者"以下原本无，杜佑《通典》及《太平御览》有之。按杜佑注，例先引曹注，后附己意，此所云，乃用曹注语也，后人妄删之。

潢者，池也；井者，下也；葭苇者，《太平御览》又引注云，"井生葭苇者"，无"井者下也"句。众草所聚；山林者，众木所居也；翳荟者，可屏蔽之处也。此以上论地形也，以下相敌情也。

敌近而静者，恃其险也；远而挑战者，欲人之进也；其所居者易利也。

曹公曰：所居利也。

众树动者，来也；

曹公曰：斩伐树木，除道进来，故动。

众草多障者，疑也。

曹公曰：结草为障，欲使我疑也。

鸟起者，伏也；

曹公曰：鸟起其上，下有伏兵。

兽骇者，覆也。

曹公曰：敌广陈张翼，来覆我也。

尘高而锐者，车来也；卑而广者，徒来也；散而条达者，樵采也；少而往来者，营军也。辞卑而益备者，进也；

曹公曰：其使来辞卑，使间视之，敌人增备也。

辞诡而强进驱者，退也；

曹公曰：诡，诈也。

轻车先出居其侧者，阵也；

曹公曰：陈兵欲战也。

无约而请和者，谋也；奔走而陈兵车者，期也；半进半退者，诱也。倚杖而立者，饥也；汲役先饮者，渴也；见利而不进者，劳也。

曹公曰：士卒之疲劳也。

鸟集者,虚也;夜呼者,恐也;

曹公曰:军士夜呼,将不勇也。

军扰者,将不重也;旌旗动者,乱也;吏怒者,倦也;粟马肉食,军无悬瓿,不返其舍者,穷寇也。谆谆翕翕,徐言入人者,失众也;

曹操曰:谆谆,语貌;翕翕,失志貌。

数赏者,窘也;数罚者,困也;先暴而后畏其众者,不精之至也。

曹公曰:先轻敌,后闻其众,则心恶之也。

来委谢者,欲休息也。兵怒而相迎,久而不合,又不相去,必谨察之。

曹公曰:备奇伏也。

兵非益多也,

曹公曰:权力均。一云,兵非贵益多。

惟无武进,

曹公曰:未见便也。

足以并力料敌取人而已。

曹公曰:厮养足也。

夫惟无虑而易敌者,必擒于人。卒未亲附而罚之,则不服,不服则难用也。卒已亲附而罚不行,则不可用也。

曹公曰:恩信已洽,若无刑罚,则骄情难用也。

故令之以文,齐之以武,

曹公曰:文,仁也;武,法也。

是谓必取。令素行以教其民,则民服;令不素行以教其民,则民不服。令素信著者,与众相得也。

地形篇

曹公曰：欲战，审地形以立胜也。

孙子曰：地形有通者，有挂者，有支者，有隘者，有险者，有远者。

曹公曰：此六者，地之形也。

我可以往，彼可以来，曰通。通形者，先居高阳，利粮道，以战则利。

曹公曰：宁致人，无致于人。

可以往，难以返，曰挂。挂形者，敌无备，出而胜之；敌若有备，出而不胜，难以返，不利。我出而不利，彼出而不利，曰支。支形者，敌虽利我，我无出也；引而去，令敌半出而击之，利。隘形者，我先居之，必盈之以待敌；若敌先居之，盈而勿从，不盈而从之。

曹公曰：隘形者，两山之间通谷也，敌势不得挠我也。我先居之，必前齐隘口，陈而守之，以出奇也。敌若先居此地，齐口陈，勿从也。即半隘陈者从之，而与敌共此利也。

险形者，我先居之，必居高阳以待敌；若敌先居之，引而去之，勿从也。

曹公曰：地形险隘，尤不可致于人。

远形者，势均，难以挑战，战而不利。

曹公曰：挑战者，延敌也。

凡此六者，地之道也，将之至任，不可不察也。故兵有走者，有弛者，有陷者，有崩者，有乱者，有北者。凡此六者，非天之灾，将之过也。夫势均以一击十，曰走；

曹公曰：不料力。

卒强吏弱，曰弛；

曹公曰：吏不能统，故弛坏。

吏强卒弱，曰陷；

曹公曰：吏强欲进，卒弱辄陷，败也。

大吏怒而不服，遇敌怼而自战，将不知其能，曰崩；

曹公曰：大吏，小将也。大将怒之而不厌服，怼而赴敌，不量轻重，则必崩坏。

将弱不严，教道不明，吏卒无常，阵兵纵横，曰乱；

曹公曰：为将若此，乱之道也。

将不能料敌，以少合众，以弱击强，兵无选锋，曰北。

曹公曰：其势若此，必走之兵也。

凡此六者，败之道也，将之至任，不可不察也。夫地形者，兵之助也。料敌制胜，计险厄远近，上将之道也。知此而用战者必胜，不知此而用战者必败。故战道必胜，主曰无战，必战可也。战道不胜，主曰必战，无战可也。故进不求名，退不避罪，唯民是保，而利合于主，国之宝也。视卒如婴儿，故可与之赴深谿，视卒如爱子，故可与之俱死。厚而不能使，爱而不能令，譬如骄子，不可用也。

曹公曰：恩不可专用，罚不可独任；若骄子之喜怒对目，还害而不可用也。

知吾卒之可以击，而不知敌之不可击，胜之半也；知敌之可击，而不知吾卒之不可以击，胜之半也；知敌之可击，知吾卒之可以击，而不知地形之不可以战，胜之半也。

曹公曰：胜之半者，未可知也。

故知兵者，动而不迷，举而不穷。故曰：知彼知己，胜乃不殆;知地知天,胜乃可全。

九地篇

曹公曰:欲战之地有九。

孙子曰:用兵之法,有散地,有轻地,有争地,有交地,有衢地,有重地,有圮地,有围地,有死地。

曹公曰:此九地之名也。

诸侯自战其地为散地;

曹公曰:士卒恋土,道近易散。

入人之地而不深者为轻地;

曹公曰:士卒皆轻返也。

我得则利,彼得亦利者为争地;

曹公曰:可以少胜众,弱胜强。

我可以往,彼可以来者为交地;

曹公曰:道正相交错也。

诸侯之地三属,

曹公曰:我与敌相当,而旁有他国也。

先至而得天下之众者为衢地;

曹公曰:先至得其国助也。

入人之地深,背城邑多者为重地;

曹公曰:难返之地。

行山林、险阻、沮泽,凡难行之道者为圮地;

曹公曰:少固也。

所由入者隘,所从归者迂,彼寡可以击吾之众者为围地;疾战则存,不疾战则亡者为死地。

曹公曰:前有高山,后有大水,进则不得,退则有碍。

是故散地则无以战,轻地则无止,争地则无攻,

曹公曰:不当攻,当先至为利也。

交地则无绝,

曹公曰:相及属也。

衢地则合交,曹公曰:结诸侯也。

重地则掠,

曹公曰:蓄积粮食也。

圮地则行,

曹公曰:无稽留也。

围地则谋,

曹公曰:发奇谋也。

死地则战。

曹公曰:殊死战也。

所谓古之善用兵者,能使敌人前后不相及,众寡不相待,贵贱不相救,上下不相扶;卒离而不集,兵合而不齐。合于利而动,不合于利而止。

曹公曰:暴之使离,乱之使不齐,动兵而战。

敢问:敌众以整而将来,待之若何?

曹公曰:或问也。

曰:先夺其所爱,则听矣。

曹公曰:夺其所恃之利。若先据利地,则我所欲必得也。

兵之情主速,乘人之不及,由不虞之道,攻其所不戒也。

曹公曰:孙子应难以覆陈兵情也。

凡为客之道:深入则专,主人不克。掠于饶野,三军足食,谨养而勿劳,并气积力,运兵计谋,为不可测。

曹公曰：养士并气运兵，为不可测度之计。

投之无所往，死且不北，死焉不得，

　　曹公曰：士死安不得也。

士人尽力。

　　曹公曰：在难地心并也。

兵士甚陷则不惧，无所往则固；深入则拘，

　　曹公曰：拘，缚也。

不得已则斗。

　　曹公曰：人穷则死战也。

是故其兵不修而戒，不求而得，不约而亲，不令而信，

　　曹公曰：不求索其意，自得力也。

禁祥去疑，至死无所之。

　　曹公曰：禁妖祥之言，去疑惑之计。

吾士无馀财，非恶货也；无馀命，非恶寿也。

　　曹公曰：皆烧焚财物，非恶货之多也，弃财致死者，不得
　　已也。

令发之日，士卒坐者涕沾襟，偃卧者涕交颐。

　　曹公曰：皆持必死之计。

投之无所往者，诸、刿之勇也。故善用兵，譬如率然；率然
者，常山之蛇也。击其首则尾至，击其尾则首至，击其中则
首尾俱至。敢问：兵可使如率然乎？曰：可。夫吴人与越
人相恶也，当其同舟而济，遇风，其相救也如左右手。是故
方马埋轮，未足恃也；

　　曹公曰：方，缚马也；埋轮，示不动也。此言专难不如权
　　巧，故曰：设方马埋轮，不足恃也。

齐勇若一，政之道也；刚柔皆得，地之理也。

曹公曰：强弱一势也。

故善用兵者，携手若使一人，不得已也。

　　曹公曰：齐一貌也。

将军之事，静以幽，正以治。

　　曹公曰：谓清净幽深平正。

能愚士卒之耳目，使之无知。

　　曹公曰：愚，误也。民可与乐成，不可与虑始。

易其事，革其谋，使人无识；易其居，迂其途，使人不得虑。帅与之期，如登高而去其梯；帅与之深入诸侯之地，而发其机。焚舟破釜，若驱群羊而往，驱而来，莫知所之。

　　曹公曰：一其心也。

聚三军之众，投之于险，此谓将军之事也。

　　曹公曰：险，难也。

九地之变，屈伸之利，人情之理，不可不察也。

　　曹公曰：人情见利而进，见害而退。

凡为客之道，深则专，浅则散。去国越境而师者，绝地也；四达者，衢地也；入深者，重地也；入浅者，轻地也；背固前隘者，围地也；无所往者，死地也。是故散地，吾将一其志；轻地，吾将使之属；

　　曹公曰：使相及属。

争地，吾将趋其后；

　　曹公曰：利地在前，当速进其后也。

交地，吾将谨其守；衢地，吾将固其结；重地，吾将继其食；

　　曹公曰：掠彼也。

圮地，吾将进其涂；

　　曹公曰：疾过去也。

241

围地，吾将塞其阙；

曹公曰：以一士心也。

死地，吾将示之以不活。

曹公曰：励士也。

故兵之情，围则御，

曹公曰：相持御也。

不得已则斗，

曹公曰：势有不得已也。

过则从。

曹公曰：陷之甚过，则从计也。

是故不知诸侯之谋者，不能预交；不知山林、险阻、沮泽之形者，不能行军；不用乡导者，不能得地利。

曹公曰：上已陈此三事，而复云者，力恶不能用兵，故复言也。

四五者不知一，非霸王之兵也。

曹公曰：谓九地之利害。或曰：上四五事也。

夫霸王之兵，伐大国，则其众不得聚；威加于敌，则其交不得合。是故不争天下之交，不养天下之权，信己之私，威加于敌，故其城可拔，其国可隳。

曹公曰：霸王者，不结成天下诸侯之权也，绝天下之交，夺天下之权，以威德伸己之私。

施无法之赏，悬无政之令，

曹公曰：言军法令不预施悬也。《司马法》曰："见敌作誓，瞻功作赏。"此之谓也。此注原本脱，今据《通典》补正。

犯三军之众，若使一人。

曹公曰：犯，用也。言明赏罚，虽用众，若使一人也。

犯之以事,勿告以言;犯之以利,勿告以害。

　　曹公曰:勿使知害。

投之亡地然后存,陷之死地然后生。

　　曹公曰:必殊死战,在亡地无败者。孙膑曰:"兵恐不投
　　之死地也。"

夫众陷于害,然后能为胜败。故为兵之事,在于顺详敌
之意,

　　曹公曰:佯,愚也。或曰:彼欲进,设伏而退;欲去,开而
　　击之。

并敌一向,千里杀将,

　　曹公曰:并兵向敌,虽千里能擒其将也。

此谓巧能成事者也。

　　曹公曰:是成事巧者也。一作是谓巧攻成事。

是故政举之日,夷关折符,无通其使,

　　曹公曰:谋定则闭关折符,无得有所沮议,恐惑众士
　　心也。

励于廊庙之上,以诛其事。

　　曹公曰:诛,治也。

敌人开阖,必亟入之。

　　曹公曰:敌有间隙,当急入之也。

先其所爱,

　　曹公曰:据利便也。

微与之期。

　　曹公曰:后人发,先人至。

践墨随敌,以决战事。

　　曹公曰:行践规矩无常也。

是故始如处女,敌人开户,后如脱兔,敌不及拒。

曹公曰:处女示弱,脱兔往疾也。

火攻篇

曹公曰:以火攻人,当择时日也。

孙子曰:凡攻火有五:一曰火人,二曰火积,三曰火辎,四曰火库,五曰火队。行火必有因,

曹公曰:因奸人。

烟火必素具。

曹公曰:烟火,烧具也。

发火有时,起火有日。时者,天之燥也;

曹公曰:燥者,旱也。

日者,宿在箕、壁、翼、轸也;凡此四宿者,风之起日也。凡火攻,必因五火之变而应之。火发于内,则早应之于外。

曹公曰:以兵应之也。

火发而其兵静者,待而勿攻。极其火力,可从而从之,不可从而止。

曹公曰:见可而进,知难而退。

火可发于外,无待于内,以时发之。火发上风,无攻下风。

曹公曰:不便也。

昼风久,夜风止。

曹公曰:数当然也。

凡军必知有五火之变,以数守之。故以火佐攻者明,以水佐攻者强。水可以绝,不可以夺。

曹公曰:火佐者,取胜有也;水佐者,但可以绝敌道,分敌

军,不可以夺敌蓄积。

夫战胜攻取而不修其功者凶,命曰费留。

> 曹公曰:若水之留,不复还也。或曰:赏不以时,但费留
> 也,赏善不逾日也。

故曰,明主虑之,良将修之。非利不动,非得不用,非危
不战。

> 曹公曰:不得已而用兵。

主不可以怒而兴师,将不可以愠而致战;合于利而动,不合
于利而止;

> 曹公曰:不得以己之喜怒而用兵也。

怒可以复喜,愠可以复悦,亡国不可复存也,死者不可以复
生。故明君慎之,良将警之,此安国全军之道也。

用间篇

> 曹公曰:战者必用间谍,以知敌之情实也。

孙子曰:凡兴师十万,出兵千里,百姓之费,公家之奉,日费
千金,外内骚动,怠于道路,不得操事者七十万家。

> 曹公曰:古者八家为邻,一家从军,七家奉之,言十万之
> 师举,不事耕稼者七十万家。

相守数年,以争一日之胜,而爱爵禄百金,不知敌之情者,
不仁之至也,非人之将也,非主之佐也,非胜之主也。故明
君贤将,所以动而胜人,成功出于众者,先知也。先知者不
可取于鬼神,不可象于事,

> 曹公曰:不可以祷祀而求,亦不可以事类而求也。

不可验于度,

曹公曰：不可以事数度也。

必取于人，知敌之情者也。

曹公曰：因人也。

故用间有五：有因间，有内间，有反间，有死间，有生间。五间俱起，莫知其道，是谓神纪，人君之宝也。

曹公曰：同时任用五间也。

因间者，因其乡人而用之。内间者，因其官人而用之。反间者，因其敌间而用之。死间者，为诳事于外，令吾间知之，而传于敌。生间者，返报也。故三军之亲，莫亲于间，赏莫厚于间，事莫密于间。非圣智不能用间，非仁义不能使间。非微妙不能得间之实。微哉，微哉，无所不用间也！间事未发而先闻者，间与所告者皆死。凡军之所欲击，城之所欲攻，人之所欲杀：必先知其守将、左右、谒者、门者、舍人之姓名，令吾间必索知之。必索敌人之间之来间我者，因而利之，导而舍之，故反间可得而用也。

曹公曰：舍，居止也。

因是而知之，故乡间、内间可得而使也；因是而知之，故死间为诳事，可使告敌；因是而知之，故生间可使如期。五间之事，主必知之，知之必在于反间，故反间不可不厚也。昔殷之兴也，伊挚在夏；

曹公曰：伊挚，伊尹也。

周之兴也，吕牙在殷。

曹公曰：吕牙，太公也。

故惟明君贤将能以上智为间者，必成大功，此兵之要，三军之所恃而动也。

附录

武帝纪

晋　陈　寿　撰

宋　裴松之　注

太祖武皇帝,沛国谯人也,姓曹,讳操,字孟德,汉相国参之后。[①]桓帝世,曹腾为中常侍大长秋,封费亭侯。[②]养子嵩嗣,官至太尉,莫能审其生出本末。[③]嵩生太祖。

①《曹瞒传》曰:太祖一名吉利,小字阿瞒。

王沈《魏书》曰:其先出于黄帝。当高阳世,陆终之子曰安,是为曹姓。周武王克殷,存先世之后,封曹侠于邾。春秋之世,与于盟会,逮至战国,为楚所灭。子孙分流,或家于沛。汉高祖之起,曹参以功封平阳侯,世袭爵土,绝而复绍,至今适嗣国于容城。

②司马彪《续汉书》曰:腾父节,字无伟,素以仁厚称。邻人有亡豕者,与节豕相类,诣门认之,节不与争;后所亡豕自还其家,豕主人大惭,送所认豕,并辞谢节,节笑而受之。由是乡党贵叹焉。长子伯兴,次子仲兴,次子叔兴。腾字季兴,少除黄门从官。永宁元年,邓太后诏黄门令选中黄门从官年少温谨者配皇太子书,腾应其选。太子特亲爱腾,饮食赏赐与众有异。顺帝即位,为小黄门,迁至中常侍大长秋。在省闼三十馀年,历事四帝,未尝有过。好进达贤能,终无所毁伤。其所称荐,若陈留虞放、边韶、南阳延固、张温、弘农张奂、颖川堂溪典等,皆致位公卿,而不伐其善。蜀郡太守因计吏修敬于腾,益州刺史种暠于函谷关搜得其笺,上太守,并奏腾内臣外交,所不当为,请免官治罪。帝曰:"笺自外来,腾书不出,非其罪也。"乃寝暠奏。腾不以介意,常称叹暠,以为暠得事上之节。暠后为司徒,语人曰:"今日为公,

乃曹常侍恩也。"腾之行事,皆此类也。桓帝即位,以腾先帝旧臣,忠孝彰著,封费亭侯,加位特进。太和三年,追尊腾曰高皇帝。

③《续汉书》曰:嵩字巨高。质性敦慎,所在忠孝。为司隶校尉,灵帝擢拜大司农、大鸿胪,代崔烈为太尉。黄初元年,追尊嵩曰太皇帝。

吴人作《曹瞒传》及郭颁《世语》并云:嵩,夏侯氏之子,夏侯惇之叔父。太祖于惇为从父兄弟。

太祖少机警,有权数,而任侠放荡,不治行业,故世人未之奇也;①惟梁国桥玄、南阳何颙异焉。玄谓太祖曰:"天下将乱,非命世之才不能济也,能安之者,其在君乎!"②年二十,举孝廉为郎,除洛阳北部尉,迁顿丘令,③征拜议郎。④

①《曹瞒传》云:太祖少好飞鹰走狗,游荡无度,其叔父数言之于嵩。太祖患之,后逢叔父于路,乃阳败面喝口;叔父怪而问其故,太祖曰:"卒中恶风。"叔父以告嵩。嵩惊愕,呼太祖,太祖口貌如故。嵩问曰:"叔父言汝中风,已差乎?"太祖曰:"初不中风,但失爱于叔父,故见罔耳。"嵩乃疑焉。自后叔父有所告,嵩终不复信,太祖于是益得肆意矣。

②《魏书》曰:太尉桥玄,世名知人,睹太祖而异之,曰:"吾见天下名士多矣,未有若君者也!君善自持。吾老矣!愿以妻子为托。"由是声名益重。

《续汉书》曰:玄字公祖,严明有才略,长于人物。

张璠《汉纪》曰:玄历位中外,以刚断称,谦俭下士,不以王爵私亲。光和中为太尉,以久病策罢,拜太中大夫,卒,家贫乏产业,柩无所殡。当世以此称为名臣。

《世语》曰:玄谓太祖曰:"君未有名,可交许子将。"太祖乃造子将,子将纳焉,由是知名。

孙盛《异同杂语》云:太祖尝私入中常侍张让室,让觉之;乃舞手戟于庭,逾垣而出。才武绝人,莫之能害。博览群书,特好兵法,抄集诸家兵法,名曰《接要》,又注《孙武》十三篇,皆传于世。尝问许子将:"我何如人?"子将不答。固问之,子将曰:"子治世之能臣,乱世之奸雄。"太祖大笑。

248

③《曹瞒传》曰：太祖初入尉廨，缮治四门。造五色棒，县门左右各十馀枚，有犯禁者，不避豪强，皆棒杀之。后数月，灵帝爱幸小黄门蹇硕叔父夜行，即杀之。京师敛迹，莫敢犯者。近习宠臣咸疾之，然不能伤，于是共称荐之，故迁为顿丘令。

④《魏书》曰：太祖从妹夫濦彊侯宋奇被诛，从坐免官。后以能明古学，复征拜议郎。先是大将军窦武、太傅陈蕃谋诛阉官，反为所害。太祖上书陈武等正直而见陷害，奸邪盈朝，善人壅塞，其言甚切；灵帝不能用。是后诏书敕三府：举奏州县政理无效，民为作谣言者免罢之。三公倾邪，皆希世见用，货赂并行，强者为怨，不见举奏，弱者守道，多被陷毁。太祖疾之。是岁以灾异博问得失，因此复上书切谏，说三公所举奏专回避贵戚之意。奏上，天子感悟，以示三府责让之，诸以谣言征者皆拜议郎。是后政教日乱，豪猾益炽，多所摧毁；太祖知不可匡正，遂不复献言。

光和末，黄巾起。拜骑都尉，讨颍川贼。迁为济南相，国有十馀县，长吏多阿附贵戚，赃污狼藉，于是奏免其八；禁断淫祀，奸宄逃窜，郡界肃然。①久之，征还为东郡太守；不就，称疾归乡里。②

①《魏书》曰：长吏受取贪饕，依倚贵势，历前相不见举闻；太祖至，咸皆举免，小大震怖，奸宄遁逃，窜入他郡。政教大行，一郡清平。初，城阳景王刘章以有功于汉，故其国为立祠，青州诸郡转相仿效，济南尤盛，至六百馀祠。贾人或假二千石舆服导从作倡乐，奢侈日甚，民坐贫穷，历世长吏无敢禁绝者。太祖到，皆毁坏祠屋，止绝官吏民不得祠祀。及至秉政，遂除奸邪鬼神之事，世之淫祀由此遂绝。

②《魏书》曰：於是权臣专朝，贵戚横恣。太祖不能违道取容。数数干忤，恐为家祸，遂乞留宿卫。拜议郎，常托疾病，辄告归乡里；筑室城外，春夏习读书传，秋冬弋猎，以自娱乐。

顷之，冀州刺史王芬、南阳许攸、沛国周旌等连结豪杰，谋废灵帝，立合肥侯，以告太祖，太祖拒之。芬等遂败。①

《魏书》载太祖拒芬辞曰："夫废立之事，天下之至不祥也。古人有权成败、计轻重而行之者，伊尹、霍光是也。伊尹怀至忠之诚，据宰臣之势，处官司之上，故进退废置，计从事立。及至霍光受托国之任，藉宗臣之位，内因太后秉政之重，外有群卿同欲之势，昌邑即位日浅，未有贵宠，朝乏谏臣，议出密近，故计行如转圜，事成如摧枯。今诸君徒见曩者之易，未睹当今之难。诸君自度，结众连党，何若七国？合肥之贵，孰若吴、楚？而造作非常，欲望必克，不亦危乎！"

金城边章、韩遂杀刺史郡守以叛，众十馀万，天下骚动。征太祖为典军校尉。会灵帝崩，太子即位，太后临朝。大将军何进与袁绍谋诛宦官，太后不听。进乃召董卓，欲以胁太后，[①]卓未至而进见杀。卓到，废帝为弘农王而立献帝，京都大乱。卓表太祖为骁骑校尉，欲与计事。太祖乃变易姓名，间行东归。[②]出关，过中牟，为亭长所疑，执诣县，邑中或窃识之，为请得解。[③]卓遂杀太后及弘农王。太祖至陈留，散家财，合义兵，将以诛卓。冬十二月，始起兵于己吾，[④]是岁中平六年也。

① 《魏书》曰：太祖闻而笑之曰："阉竖之官，古今宜有，但世主不当假之权宠，使至于此。既治其罪，当诛元恶，一狱吏足矣，何必纷纷召外将乎？欲尽诛之，事必宣露，吾见其败也。"

② 《魏书》曰：太祖以卓终必覆败，遂不就拜，逃归乡里。从数骑过故人成皋吕伯奢；伯奢不在，其子与宾客共劫太祖，取马及物，太祖手刃击杀数人。

《世语》曰：太祖过伯奢。伯奢出行，五子皆在，备宾主礼。太祖自以背卓命，疑其图己，手剑夜杀八人而去。

孙盛《杂记》曰：太祖闻其食器声，以为图己，遂夜杀之。既而凄怆曰："宁我负人，毋人负我！"遂行。

③《世语》曰：中牟疑是亡人，见拘于县。时掾亦已被卓书；唯功曹心知是太祖，以世方乱，不宜拘天下雄俊，因白令释之。

④《世语》曰：陈留孝廉卫兹以家财资太祖，使起兵，众有五千人。

初平元年春正月，后将军袁术、冀州牧韩馥、①豫州刺史孔伷、②兖州刺史刘岱、③河内太守王匡、④勃海太守袁绍、陈留太守张邈、东郡太守桥瑁、⑤山阳太守袁遗、⑥济北相鲍信⑦同时俱起兵，众各数万，推绍为盟主。太祖行奋武将军。

①《英雄记》曰：馥字文节，颍川人。为御史中丞。董卓举为冀州牧。于时冀州民人殷盛，兵粮优足。袁绍之在勃海，馥恐其兴兵，遣数部从事守之，不得动摇。东郡太守桥瑁诈作京师三公移书与州郡，陈卓罪恶，云见逼迫，无以自救，企望义兵，解国患难。馥得移，请诸从事问曰："今当助袁氏邪，助董卓邪？"治中从事刘子惠曰："今兴兵为国，何谓袁、董！"馥自知言短而有惭色。子惠复言："兵者凶事，不可为首；今宜往视他州，有发动者，然后和之。冀州于他州不为弱也，他人功未有在冀州之右者也。"馥然之。馥乃作书与绍，道卓之恶，听其举兵。

②《英雄记》曰：伷字公绪，陈留人。张璠汉纪载郑泰说卓云："孔公绪能清谈高论，嘘枯吹生。"

③岱，刘繇之兄，事见《吴志》。

④《英雄记》曰：匡字公节，泰山人。轻财好施，以任侠闻。辟大将军何进府，进符使，匡于徐州发强弩五百西诣京师。会进败，匡还州里。起家，拜河内太守。

谢承《后汉书》曰：匡少与蔡邕善。其年为卓军所败，走还泰山，收集劲勇得数千人，欲与张邈合。匡先杀执金吾胡母班。班亲属不胜愤怒，与太祖并势，共杀匡。

⑤《英雄记》曰：瑁字元伟，玄族子。先为兖州刺史，甚有威惠。

⑥遗字伯业，绍从兄。为长安令。河间张超尝荐遗于太尉朱儁，称遗"有冠世之懿，干时之量。其忠允亮直，固天所纵；若乃包罗载籍，管综百氏，登高能赋，睹物知名，求之今日，邈焉靡俦。"事在《超集》。

《英雄记》曰：绍后用遗为扬州刺史，为袁术所败。太祖称"长大而能勤学者，惟吾与袁伯业耳"。语在文帝《典论》。

⑦信事见子勋传。

二月，卓闻兵起，乃徙天子都长安。卓留屯洛阳，遂焚宫室。是时绍屯河内，邈、岱、瑁、遗屯酸枣，术屯南阳，仙屯颍川，馥在邺。卓兵强，绍等莫敢先进。太祖曰："举义兵以诛暴乱，大众已合，诸君何疑？向使董卓闻山东兵起，倚王室之重，据二周之险，东向以临天下；虽以无道行之，犹足为患。今焚烧宫室，劫迁天子，海内震动，不知所归，此天亡之时也。一战而天下定矣，不可失也。"遂引兵西，将据成皋。邈遣将卫兹分兵随太祖。到荥阳汴水，遇卓将徐荣，与战不利，士卒死伤甚多。太祖为流矢所中，所乘马被创，从弟洪以马与太祖，得夜遁去。荣见太祖所将兵少，力战尽日，谓酸枣未易攻也，亦引兵还。

太祖到酸枣，诸军兵十馀万，日置酒高会，不图进取。太祖责让之，因为谋曰："诸君听吾计，使勃海引河内之众临孟津，酸枣诸将守成皋，据敖仓，塞轘辕、太谷，全制其险；使袁将军率南阳之军军丹、析，入武关，以震三辅：皆高垒深壁，勿与战，益为疑兵，示天下形势，以顺诛逆，可立定也。今兵以义动，持疑而不进，失天下之望，窃为诸君耻之！"邈等不能用。

太祖兵少，乃与夏侯惇等诣扬州募兵，刺史陈温、丹杨太守周昕与兵四千馀人。还到龙亢，士卒多叛。①至铚、建平,复收兵得千馀人,进屯河内。

①《魏书》曰:兵谋叛,夜烧太祖帐,太祖手剑杀数十人,馀皆披靡,乃得
出营;其不叛者五百馀人。

刘岱与桥瑁相恶,岱杀瑁,以王肱领东郡太守。

袁绍与韩馥谋立幽州牧刘虞为帝,太祖拒之。①绍又尝
得一玉印,于太祖坐中举向其肘,太祖由是笑而恶焉。②

①《魏书》载太祖答绍曰:"董卓之罪,暴于四海,吾等合大众,兴义兵而
远近莫不响应,此以义动故也。今幼主微弱,制于奸臣,未有昌邑亡
国之衅,而一旦改易,天下其孰安之? 诸君北面,我自西向。"
②《魏书》曰:太祖大笑曰:"吾不听汝也。"绍复使人说太祖曰:"今袁公
势盛兵强,二子已长,天下群英,孰逾于此?"太祖不应。由是益不直
绍,图诛灭之。

二年春,绍、馥遂立虞为帝,虞终不敢当。

夏四月,卓还长安。

秋七月,袁绍胁韩馥,取冀州。

黑山贼于毒、白绕、眭固等眭,申随反。十馀万众略魏郡、
东郡,王肱不能御,太祖引兵入东郡,击白绕于濮阳,破之。
袁绍因表太祖为东郡太守,治东武阳。

三年春,太祖军顿丘,毒等攻东武阳。太祖乃引兵西
入山,攻毒等本屯。①毒闻之,弃武阳还。太祖要击眭固,又
击匈奴於夫罗于内黄,皆大破之。②

①《魏书》曰:诸将皆以为当还自救。太祖曰:"孙膑救赵而攻魏,耿弇欲
走西安攻临菑。使贼闻我西而还,武阳自解也;不还,我能败其本屯,
虏不能拔武阳必矣。"遂乃行。
②《魏书》曰:於夫罗者,南单于子也。中平中,发匈奴兵,於夫罗率以助
汉。会本国反,杀南单于,於夫罗遂将其众留中国。因天下挠乱,与
西河白波贼合,破太原、河内,抄略诸郡为寇。

夏四月，司徒王允与吕布共杀卓。卓将李傕、郭汜等杀允攻布，布败，东出武关。傕等擅朝政。

青州黄巾众百万入兖州，杀任城相郑遂，转入东平。刘岱欲击之，鲍信谏曰："今贼众百万，百姓皆震恐，士卒无斗志，不可敌也。观贼众群辈相随，军无辎重，唯以钞略为资，今不若畜士众之力，先为固守。彼欲战不得，攻又不能，其势必离散，后选精锐，据其要害，击之可破也。"岱不从，遂与战，果为所杀。[1]信乃与州吏万潜等至东郡迎太祖领兖州牧。遂进兵击黄巾于寿张东。信力战斗死，仅而破之。[2]购求信丧不得，众乃刻木如信形状，祭而哭焉。追黄巾至济北。乞降。冬，受降卒三十馀万，男女百馀万口，收其精锐者，号为青州兵。

[1]《世语》曰：岱既死，陈宫谓太祖曰："州今无主，而王命断绝，宫请说州中，明府寻往牧之，资之以收天下，此霸王之业也。"宫说别驾、治中曰："今天下分裂而州无主；曹东郡，命世之才也，若迎以牧州，必宁生民。"鲍信等亦谓之然。

[2]《魏书》曰：太祖将步骑千馀人，行视战地，卒抵贼营，战不利，死者数百人，引还。贼寻前进。黄巾为贼久，数乘胜，兵皆精悍。太祖旧兵少，新兵不习练，举军皆惧。太祖被甲婴胄，亲巡将士，明劝赏罚，众乃复奋，承间讨击，贼稍折退。贼乃移书太祖曰："昔在济南，毁坏神坛，其道乃与中黄太乙同，似若知道，今更迷惑。汉行已尽，黄家当立。天之大运，非君才力所能存也。"太祖见檄书，呵骂之，数开示降路；遂设奇伏，昼夜会战，战辄禽获，贼乃退走。

袁术与绍有隙，术求援于公孙瓒，瓒使刘备屯高唐，单经屯平原，陶谦屯发干，以逼绍。太祖与绍会击，皆破之。

四年春，军鄄城。荆州牧刘表断术粮道，术引军入陈留，屯封丘，黑山馀贼及於夫罗等佐之。术使将刘详屯匡亭。太祖击详，术救之，与战，大破之。术退保封丘，遂围之，未合，术走襄邑，追到太寿，决渠水灌城。走宁陵，又追之，走九江。夏，太祖还军定陶。

下邳阙宣聚众数千人，自称天子；徐州牧陶谦与共举兵，取泰山华、费，略任城。秋，太祖征陶谦，下十馀城，谦守城不敢出。

是岁，孙策受袁术使渡江，数年间遂有江东。

兴平元年春，太祖自徐州还。初，太祖父嵩，去官后还谯，董卓之乱，避难琅邪，为陶谦所害，故太祖志在复仇东伐。[1]夏，使荀彧、程昱守鄄城，复征陶谦，拔五城，遂略地至东海。还过郯，谦将曹豹与刘备屯郯东，要太祖。太祖击破之，遂攻拔襄贲，所过多所残戮。[2]

[1]《世语》曰：嵩在泰山华县。太祖令泰山太守应劭送家诣兖州，劭兵未至，陶谦密遣数千骑掩捕。嵩家以为劭迎，不设备。谦兵至，杀太祖弟德于门中。嵩惧，穿后垣，先出其妾，妾肥，不时得出；嵩逃于厕，与妾俱被害，阖门皆死。劭惧，弃官赴袁绍。后太祖定冀州，劭时已死。韦曜《吴书》曰：太祖迎嵩，辎重百馀两。陶谦遣都尉张闿将骑二百卫送，闿于泰山华、费间杀嵩，取财物，因奔淮南。太祖归咎于陶谦，故伐之。

[2]孙盛曰：夫伐罪吊民，古之令轨；罪谦之由，而残其属部，过矣。

会张邈与陈宫叛迎吕布，郡县皆应。荀彧、程昱保鄄城，范、东阿二县固守，太祖乃引军还。布到，攻鄄城不能下，西屯濮阳。太祖曰：“布一旦得一州，不能据东平，断亢父、泰山之道，乘险要我，而乃屯濮阳，吾知其无能为也。”遂进军攻之。布出兵战，先以骑犯青州兵。青州兵奔，太祖陈乱，驰突火出，坠马，烧左手掌。司马楼异扶太祖上马，遂引去。[1]未至营止，诸将未与太祖相见，皆怖。太祖乃

255

自力劳军，令军中促为攻具，进复攻之，与布相守百馀日。蝗虫起，百姓大饿，布粮食亦尽，各引去。

①袁晔《献帝春秋》曰：太祖围濮阳，濮阳大姓田氏为反间，太祖得入城。烧其东门，示无反意。及战，军败。布骑得太祖而不知是，问曰："曹操何在？"太祖曰："乘黄马走者是也。"布骑乃释太祖而追黄马者。门火犹盛，太祖突火而出。

秋九月，太祖还鄄城。布到乘氏，为其县人李进所破，东屯山阳。于是绍使人说太祖，欲连和。太祖新失兖州，军食尽，将许之。程昱止太祖，太祖从之。冬十月，太祖至东阿。

是岁谷一斛五十馀万钱，人相食，乃罢吏兵新募者。陶谦死，刘备代之。

二年春，袭定陶。济阴太守吴资保南城，未拔。会吕布至，又击破之。夏，布将薛兰、李封屯钜野，太祖攻之，布救兰，兰败，布走，遂斩兰等。布复从东缗与陈宫将万馀人来战，时太祖兵少，设伏，纵奇兵击，大破之。①布夜走，太祖复攻，拔定陶，分兵平诸县。布东奔刘备，张邈从布，使其弟超将家属保雍丘。秋八月，围雍丘。冬十月，天子拜太祖兖州牧。十二月，雍丘溃，超自杀。夷邈三族。邈诣袁术请救，为其众所杀，兖州平，遂东略陈地。

①《魏书》曰：于是兵皆出取麦，在者不能千人，屯营不固。太祖乃令妇人守陴，悉兵拒之。屯西有大堤，其南树木幽深。布疑有伏，乃相谓曰："曹操多谲，勿入伏中。"引军屯南十馀里。明日复来，太祖隐兵堤里，出半兵堤外。布益进，乃令轻兵挑战，既合，伏兵乃悉乘堤，步骑并进，大破之，获其鼓车，追至其营而还。

是岁，长安乱，天子东迁，败于曹阳，渡河幸安邑。
建安元年春正月，太祖军临武平，袁术所置陈相袁嗣降。

太祖将迎天子,诸将或疑,荀彧、程昱劝之,乃遣曹洪将兵西迎,卫将军董承与袁术将苌奴拒险,洪不得进。

汝南、颍川黄巾何仪、刘辟、黄邵、何曼等,众各数万,初应袁术,又附孙坚。二月,太祖进军讨破之,斩辟、邵等,仪及其众皆降。天子拜太祖建德将军,夏六月,迁镇东将军,封费亭侯。秋七月,杨奉、韩暹以天子还洛阳,[①]奉别屯梁。太祖遂至洛阳,卫京都,暹遁走。天子假太祖节钺,录尚书事。[②]洛阳残破,董昭等劝太祖都许。九月,车驾出轘辕而东,以太祖为大将军,封武平侯。自天子西迁,朝廷日乱,至是宗庙社稷制度始立。[③]

① 《献帝春秋》曰:天子初至洛阳,幸城西故中常侍赵忠宅。使张杨缮治宫室,名殿曰扬安殿,八月,帝乃迁居。

② 《献帝纪》曰:又领司隶校尉。

③ 张璠《汉纪》曰:初,天子败于曹阳,欲浮河东下。侍中太史令王立曰:"自去春太白犯镇星于牛斗,过天津,荧惑又逆行守北河,不可犯也。"由是天子遂不北渡河,将自轵关东出。立又谓宗正刘艾曰:"前太白守天关,与荧惑会;金火交会,革命之象也。汉祚终矣,晋、魏必有兴者。"立后数言于帝曰:"天命有去就,五行不常盛,代火者土也,承汉者魏也,能安天下者,曹姓也,唯委任曹氏而已。"公闻之,使人语立曰:"知公忠于朝廷,然天道深远,幸勿多言。"

天子之东也,奉自梁欲要之,不及。冬十月,公征奉,奉南奔袁术,遂攻其梁屯,拔之。于是以袁绍为太尉,绍耻班在公下,不肯受。公乃固辞,以大将军让绍。天子拜公司空,行车骑将军。是岁用枣祗、韩浩等议,始兴屯田。[①]

① 《魏书》曰:自遭荒乱,率乏粮谷。诸军并起,无终岁之计,饥则寇略,饱则弃余,瓦解流离,无敌自破者不可胜数。袁绍之在河北,军人仰食桑椹。袁术在江、淮,取给蒲蠃。民人相食,州里萧条。公曰:"夫

定国之术，在于强兵足食，秦人以急农兼天下，孝武以屯田定西域，此先代之良式也。"是岁乃募民屯田许下，得谷百万斛。于是州郡例置田官，所在积谷。征伐四方，无运粮之劳，遂兼灭群贼，克平天下。

吕布袭刘备，取下邳。备来奔。程昱说公曰："观刘备有雄才而甚得众心，终不为人下，不如早图之。"公曰："方今收英雄时也，杀一人而失天下之心，不可。"

张济自关中走南阳。济死，从子绣领其众。二年春正月，公到宛。张绣降，既而悔之，复反。公与战，军败，为流矢所中，长子昂、弟子安民遇害。[1]公乃引兵还舞阴，绣将骑来钞，公击破之。绣奔穰，与刘表合。公谓诸将曰："吾降张绣等，失不便取其质，以至于此。吾知所以败。诸卿观之，自今已后不复败矣。"遂还许。[2]

①《魏书》曰：公所乘马名绝影，为流矢所中，伤颊及足，并中公右臂。

《世语》曰：昂不能骑，进马于公，公故免，而昂遇害。

②《世语》曰：旧制，三公领兵入见，皆交戟叉颈而前。初，公将讨张绣，入觐天子，时始复此制。公自此不复朝见。

袁术欲称帝于淮南，使人告吕布。布收其使，上其书。术怒，攻布，为布所破。秋九月，术侵陈，公东征之。术闻公自来，弃军走，留其将桥蕤、李丰、梁纲、乐就；公到，击破蕤等，皆斩之。术走渡淮。公还许。

公之自舞阴还也，南阳章陵诸县复叛为绣，公遣曹洪击之，不利，还屯叶，数为绣、表所侵。冬十一月，公自南征，至宛。[1]表将邓济据湖阳。攻拔之，生擒济，湖阳降。攻舞阴，下之。

①《魏书》曰：临清水，祠亡将士，歔欷流涕，众皆感恸。

三年春正月，公还许，初置军师祭酒。三月，公围张绣于穰。夏五月，刘表遣兵救绣，以绝军后。[1]公将引还，绣兵来追，公军不得进，连营稍前。公与荀彧书曰："贼来追吾，虽日行数里，吾策之，到安众，破绣必矣。"到安众，绣与表兵合守险，公军前后受敌。公乃夜凿险为地道，悉过辎重，设奇兵。会明，贼谓公为遁也，悉军来追。乃纵奇兵步骑夹攻，大破之。秋七月，公还许。荀彧问公："前以策贼必破，何也？"公曰："虏遏吾归师，而与吾死地战，吾是以知胜矣。"

①《献帝春秋》曰：袁绍叛卒诣公云："田丰使绍早袭许，若挟天子以令诸侯，四海可指麾而定。"公乃解绣围。

吕布复为袁术使高顺攻刘备，公遣夏侯惇救之，不利。备为顺所败。九月，公东征布。冬十月，屠彭城，获其相侯谐。进至下邳，布自将骑逆击。大破之，获其骁将成廉。追至城下，布恐，欲降。陈宫等沮其计，求救于术，劝布出战，战又败，乃还固守，攻之不下。时公连战，士卒罢，欲还，用荀攸、郭嘉计，遂决泗、沂水以灌城。月馀，布将宋宪、魏续等执陈宫，举城降，生禽布、宫，皆杀之。太山臧霸、孙观、吴敦、尹礼、昌豨各聚众。布之破刘备也，霸等悉从布。布败，获霸等，公厚纳待，遂割青、徐二州附于海以委焉，分琅邪、东海、北海为城阳、利城、昌虑郡。

初，公为兖州，以东平毕谌为别驾。张邈之叛也，邈劫谌母弟妻子；公谢遣之，曰："卿老母在彼，可去。"谌顿首无二心，公嘉之，为之流涕。既出，遂亡归。及布破，谌生得，众为谌惧，公曰："夫人孝于其亲者，岂不亦忠于君乎！吾所求也。"以为鲁相。[1]

①《魏书》曰：袁绍宿与故太尉杨彪、大长秋梁绍、少府孔融有隙，欲使公

以他过诛之。公曰:"当今天下土崩瓦解,雄豪并起,辅相君长,人怀快怏,各有自为之心,此上下相疑之秋也,虽以无嫌待之,犹惧未信;如有所除,则谁不自危?且夫起布衣,在尘垢之间,为庸人之所陵陷,可胜怨乎!高祖赦雍齿之雠而群情以安,如何忘之?"绍以为公外托公义,内实离异,深怀怨望。

臣松之以为杨彪亦曾为魏武所困,几至于死,孔融竟不免于诛灭,岂所谓先行其言而后从之哉!非知之难,其在行之,信矣。

四年春二月,公还至昌邑。张杨将杨丑杀杨,眭固又杀丑,以其众属袁绍,屯射犬。夏四月,进军临河,使史涣、曹仁渡河击之。固使杨故长史薛洪、河内太守缪尚留守,自将兵北迎绍求救,与涣、仁相遇犬城。交战,大破之,斩固。公遂济河,围射犬。洪、尚率众降,封为列侯,还军敖仓。以魏种为河内太守,属以河北事。

初,公举种孝廉。兖州叛,公曰:"唯魏种且不弃孤也。"及闻种走,公怒曰:"种不南走越、北走胡,不置汝也!"既下射犬,生禽种,公曰:"唯其才也!"释其缚而用之。

是时袁绍既并公孙瓒,兼四州之地,众十馀万,将进军攻许,诸将以为不可敌,公曰:"吾知绍之为人,志大而智小,色厉而胆薄,忌克而少威,兵多而分画不明,将骄而政令不一,土地虽广,粮食虽丰,适足以为吾奉也。"秋八月,公进军黎阳,使臧霸等入青州破齐、北海、东安,留于禁屯河上。九月,公还许,分兵守官渡。冬十一月,张绣率众降,封列侯。

十二月,公军官渡。

袁术自败于陈,稍困,袁谭自青州遣迎之。术欲从下邳北过,公遣刘备、朱灵要之。会术病死。程昱、郭嘉闻公遣备,言于公曰:"刘备不可纵。"公悔,追之不及。备之未东也,阴与董承等谋反,至下邳,遂杀徐州刺史车胄,举兵屯沛。遣刘岱、王忠击之,不克。①

① 《献帝春秋》曰:备谓岱等曰:"使汝百人来,其无如我何;曹公自来,未可知耳!"

《魏武故事》曰:岱字公山,沛国人。以司空长史从征伐有功,封列侯。

《魏略》曰:王忠,扶风人,少为亭长。三辅乱,忠饥乏啖人,随辈南向武关。值娄子伯为荆州遣迎北方客人;忠不欲去,因率等件逆击之,夺其兵,聚众千馀人以归公。拜忠中郎将,从征讨。五官将知忠尝啖人,因从驾出行,令俳取冢间髑髅系著忠马鞍,以为欢笑。

庐江太守刘勋率众降,封为列侯。

五年春正月,董承等谋泄,皆伏诛。公将自东征备,诸将皆曰:"与公争天下者,袁绍也。今绍方来而弃之东,绍乘人后,若何?"公曰:"夫刘备,人杰也,今不击,必为后患。①袁绍虽有大志,而见事迟,必不动也。"郭嘉亦劝公,遂东击备,破之,生禽其将夏侯博。备走奔绍,获其妻子。备将关羽屯下邳,复进攻之,羽降。昌豨叛为备,又攻破之。公还官渡,绍卒不出。

① 孙盛《魏氏春秋》云:答诸将曰:"刘备,人杰也,将生忧寡人。"

臣松之以为史之记言,既多润色,故前载所述有非实者矣,后之作者又生意改之,于失实也,不亦弥远乎!凡孙盛制书,多用左氏以易旧文,如此者非一。嗟乎,后之学者将何取信哉?且魏武方以天下励志,而用夫差分死之言,尤非其类。

二月,绍遣郭图、淳于琼、颜良攻东郡太守刘延于白马,绍引兵至黎阳,将渡河。夏四月,公北救延。荀攸说公曰:"今兵少不敌,分其势乃可。公到延津,若将渡兵向其后者,绍必西应之,然后轻兵袭白马,掩其不备,颜良可禽也。"公从之。绍闻兵渡,即分兵西应之。

公乃引军兼行趣白马,未至十馀里,良大惊,来逆战。使张辽、关羽前登,击破,斩良。遂解白马围,徙其民,循河而西。绍于是渡河追公军,至延津南。公勒兵驻营南阪下,使登垒望之,曰:"可五六百骑。"有顷,复白:"骑稍多,步兵不可胜数。"公曰:"勿复白。"

乃令骑解鞍放马。是时,白马辎重就道。诸将以为敌骑多,不如还保营。荀攸曰:"此所以饵敌,如何去之!"绍骑将文丑与刘备将五六千骑前后至。诸将复白:"可上马。"公曰:"未也。"有顷,骑至稍多,或分趣辎重。公曰:"可矣。"乃皆上马。时骑不满六百,遂纵兵击,大破之,斩丑。良、丑皆绍名将也,再战,悉禽,绍军大震。公还军官渡。绍进保阳武。关羽亡归刘备。

八月,绍连营稍前,依沙塠为屯,东西数十里。公亦分营与相当,合战不利。[1]时公兵不满万,伤者十二三。[2]绍复进临官渡,起土山地道。公亦于内作之,以相应。绍射营中,矢如雨下,行者皆蒙楯,众大惧。时公粮少,与荀彧书,议欲还许。彧以为"绍悉众聚官渡,欲与公决胜败。公以至弱当至强,若不能制,必为所乘,是天下之大机也。且绍,布衣之雄耳,能聚人而不能用。夫以公之神武明哲而辅以大顺,何向而不济!"公从之。

[1] 习凿齿《汉晋春秋》曰:许攸说绍曰:"公无与操相攻也。急分诸军持之,而径从他道迎天子,则事立济矣。"绍不从,曰:"吾要当先围取之。"攸怒。

[2] 臣松之以为魏武初起兵,已有众五千,自后百战百胜,败者十二三而已矣。但一破黄巾,受降卒三十馀万,馀所吞并,不可悉纪;虽征战损伤,未应如此之少也。夫结营相守,异于摧锋决战。本纪云:"绍众十馀万,屯营东西数十里。"魏太祖虽机变无方,略不世出,安有以数千

之兵,而得逾时相抗者哉?以理而言,窃谓不然。绍为屯数十里,公能分营与相当,此兵不得甚少,一也。绍若有十倍之众,理应当悉力围守,使出入断绝,而公使徐晃等击其运车,公又自出击淳于琼等,扬旌往还,曾无抵阂,明绍力不能制,是不得甚少,二也。诸书皆云公坑绍众八万,或云七万。夫八万人奔散,非八千人所能缚,而绍之大众皆拱手就戮,何缘力能制之?是不得甚少,三也。将记述者欲以少见奇,非其实录也。按《钟繇传》云:"公与绍相持,繇为司隶,送马二千馀匹以给军。"本纪及《世语》并云公时有骑六百馀匹,繇马为安在哉?

孙策闻公与绍相持,乃谋袭许,未发,为刺客所杀。

汝南降贼刘辟等叛应绍,略许下。绍使刘备助辟,公使曹仁击破之。备走,遂破辟屯。

袁绍运谷车数千乘至,公用荀攸计,遣徐晃、史涣邀击,大破之,尽烧其车。公与绍相拒连月,虽比战斩将,然众少粮尽,士卒疲乏。公谓运者曰:"却十五日为汝破绍,不复劳汝矣。"

冬十月,绍遣车运谷,使淳于琼等五人将兵万馀人送之,宿绍营北四十里。绍谋臣许攸贪财,绍不能足,来奔,因说公击琼等。左右疑之,荀攸、贾诩劝公。公乃留曹洪守,自将步骑五千人夜往,会明至。琼等望见公兵少,出陈门外。公急击之,琼退保营,遂攻之。绍遣骑救琼。左右或言"贼骑稍近,请分兵拒之"。公怒曰:"贼在背后,乃白!"士卒皆殊死战,大破琼等,皆斩之。[①]绍初闻公之击琼,谓长子谭曰:"就彼攻琼等,吾攻拔其营,彼固无所归矣!"乃使张郃、高览攻曹洪。郃等闻琼破,遂来降。绍众大溃,绍及谭弃军走,渡河。追之不及,尽收其辎重图书珍宝,虏其众。[②]公收绍书中,得许下及军中人书,皆焚之。[③]冀州诸郡多举城邑降者。

①《曹瞒传》曰：公闻攸来，跣出迎之，抚掌笑曰："子远，卿来，吾事济矣！"既入坐，谓公曰："袁氏军盛，何以待之？今有几粮乎？"公曰："尚可支一岁。"攸曰："无是，更言之！"又曰："可支半岁。"攸曰："足下不欲破袁氏邪，何言之不实也！"公曰："向言戏之耳。其实可一月，为之奈何？"攸曰："公孤军独守，外无救援而粮谷已尽，此危急之日也。今袁氏辎重有万余乘，在故市、乌巢，屯军无严备；今以轻兵袭之，不意而至，燔其积聚，不过三日，袁氏自败也。"公大喜，乃举精锐步骑，皆用袁军旗帜，衔枚缚马口，夜从间道出，人抱束薪，所历道有问者，语之曰："袁公恐曹操钞略后军，遣兵以益备。"闻者信以为然，皆自若。既至，围屯，大放火，营中惊乱。大破之，尽燔其粮谷宝货，斩督将眭元进、骑督韩莒子、吕威璜、赵睿等首，割得将军淳于仲简鼻，未死，杀士卒千余人，皆取鼻，牛马割唇舌，以示绍军。将士皆怛惧。时有夜得仲简，将以诣麾下，公谓曰："何为如是？"仲简曰："胜负自天，何用为问乎！"公意欲不杀。许攸曰："明旦鉴于镜，此益不忘人。"乃杀之。

②《献帝起居注》曰：公上言："大将军邺侯袁绍前与冀州牧韩馥立故大司马刘虞，刻作金玺，遣故任长毕瑜诣虞，为说命录之数。又绍与臣书云：'可都鄄城，当有所立。'擅铸金银印，孝廉计吏，皆往诣绍。从弟济阴太守叙与绍书云：'今海内丧败，天意实在我家，神应有征，当在尊兄。南兄臣下欲使即位，南兄言，以年则北兄长，以位则北兄重。便欲送玺，会曹操断道。'绍宗族累世受国重恩，而凶逆无道，乃至于此。辄勒兵马，与战官渡，乘圣朝之威，得斩绍大将淳于琼等八人首，遂大破溃。绍与子谭轻身迸走。凡斩首七万余级，辎重财物巨亿。"

③《魏氏春秋》曰：公云："当绍之强，孤犹不能自保，而况众人乎！"

初，桓帝时有黄星见于楚、宋之分，辽东殷馗，馗，古逵字，见《三苍》。善天文，言后五十岁当有真人起于梁、沛之间，其锋不可当。至是凡五十年，而公破绍，天下莫敌矣。

六年夏四月，扬兵河上，击绍仓亭军，破之。绍归，复收散卒，攻定诸叛郡县。九月，公还许。绍之未破也，使刘备略汝南，汝南贼共都等应之。遣蔡扬击都，不利，为都所破。公南征备。备闻公自行，走奔刘表，都等皆散。

七年春正月，公军谯，令曰："吾起义兵，为天下除暴乱。旧土人民，死丧略尽，国中终日行，不见所识，使吾凄怆伤怀。其举义兵已来，将士绝无后者，求其亲戚以后之，授土田，官给耕牛，置学师以教之。为存者立庙，使祀其先人，魂而有灵，吾百年之后何恨哉！"遂至浚仪，治睢阳渠，遣使以太牢祀桥玄。①进军官渡。

① 襄赏令载公祀文曰："故太尉桥公，诞敷明德，泛爱博容。国念明训，士思令谟。灵幽体翳，邈哉晞矣！吾以幼年，逮升堂室，特以顽鄙之姿，为大君子所纳。增荣益观，皆由奖助，犹仲尼称不如颜渊，李生之厚叹贾复。士死知己，怀此无忘。又承从容约誓之言：'殂逝之后，路有经由，不以斗酒只鸡过相沃酹，车过三步，腹痛勿怪！'虽临时戏笑之言，非至亲之笃好，胡肯为此辞乎？匪谓灵忿，能诒己疾，怀旧惟顾，念之凄怆。奉命东征，屯次乡里，北望贵土，乃心陵墓。裁致薄奠，公其尚飨！"

绍自军破后，发病欧血，夏五月死。小子尚代，谭自号车骑将军，屯黎阳。秋九月，公征之，连战。谭、尚数败退，固守。

八年春三月，攻其郭，乃出战，击，大破之，谭、尚夜遁。夏四月，进军邺。五月还许，留贾信屯黎阳。

己酉，令曰："司马法'将军死绥'，①故赵括之母，乞不坐括。是古之将者，军破于外，而家受罪于内也。自命将征行，但赏功而不罚罪，非国典也。其令诸将出征，败军者抵罪，失利者免官爵。"②

① 《魏书》曰：绥，却也。有前一尺，无却一寸。

② 《魏书》载庚申令曰："议者或以军吏虽有功能，德行不足堪任郡国之选，所谓'可与适道，未可与权'。管仲曰：'使贤者食于能则上尊，斗士食于功则卒轻于死，二者设于国则天下治。'未闻无能之人，不斗之士，并受禄赏，而可以立功兴国者也。故明君不官无功之臣，不赏不

战之士;治平尚德行,有事赏功能。论者之言,一似管窥虎欤!"

秋七月,令曰:"丧乱已来,十有五年,后生者不见仁义礼让之风,吾甚伤之。其令郡国各修文学,县满五百户置校官,选其乡之俊造而教学之,庶几先王之道不废,而有以益于天下。"

八月,公征刘表,军西平。公之去邺而南也,谭、尚争冀州,谭为尚所败,走保平原。尚攻之急,谭遣辛毗乞降请救。诸将皆疑,荀攸劝公许之,[1]公乃引军还。冬十月,到黎阳,为子整与谭结婚。[2]尚闻公北,乃释平原还邺。东平吕旷、吕翔叛尚,屯阳平,率其众降,封为列侯。[3]

> [1]《魏书》曰:公云:"我攻吕布,表不为寇,官渡之役,不救袁绍,此自守之贼也,宜为后图。谭、尚狡猾,当乘其乱。纵谭挟诈,不终束手,使我破尚,偏收其地,利自多矣。"乃许之。
>
> [2]臣松之案:绍死至此,过周五月耳。谭虽出后其伯,不为绍服三年,而于再期之内以行吉礼,悖矣。魏武或以权宜与之约言;今云结婚,未必便以此年成礼。
>
> [3]《魏书》曰:谭之围解,阴以将军印绶假旷。旷受印送之,公曰:"我固知谭之有小计也。欲使我攻尚,得以其间略民聚众,尚之破,可得自强以乘我弊也。尚破我盛,何弊之乘平?"

九年春正月,济河,遏淇水入白沟以通粮道。二月,尚复攻谭,留苏由、审配守邺。公进军到洹水,由降。既至,攻邺,为土山、地道。武安长尹楷屯毛城,通上党粮道。夏四月,留曹洪攻邺,公自将击楷,破之而还。尚将沮鹄守邯郸,[1]又击拔之。易阳令韩范、涉长梁岐举县降,赐爵关内侯。五月,毁土山、地道,作围堑,决漳水灌城;城中饿死者过半。秋七月,尚还救邺,诸将皆以为"此归师,人自为战,不如避之"。公曰:"尚从大道来,当避之;若循西山来者,此成禽耳。"尚果循西山来,临滏水为营。^②夜遣兵犯围,公逆击破走之,遂围其营。未合,尚惧,遣故豫州刺史阴夔及陈琳乞降,公不许,为围益急。尚夜遁,保祁山,追击之。其将马延、张颢等临陈降,众大溃,尚走中山。尽获其辎重,得尚印绶节钺,使尚降人示其家,城中崩沮。八月,审配兄子荣夜开所守城东门内兵。配逆战,败,生禽配,斩之,邺定。公临祀绍墓,哭之流涕;慰劳绍妻,还其家人宝物,赐杂缯絮,廪食之。^③

①沮音菹,河朔闲今犹有此姓。鹄,沮授子也。

②《曹瞒传》曰:遣候者数部前后参之,皆曰"定从西道,已在邯郸"。公大喜,会诸将曰:"孤已得冀州,诸君知之乎?"皆曰:"不知。"公曰:"诸君方见不久也。"

③孙盛云:昔者先王之为诛赏也,将以惩恶劝善,永彰鉴戒。绍因世艰危,遂怀逆谋,上议神器,下干国纪。荐社污宅,古之制也,而乃尽哀于逆臣之冢,加恩于饕餮之室,为政之道,于斯蹶矣。夫匿怨友人,前哲所耻,税骖旧馆,义无虚涕,苟道乖好绝,何哭之有!昔汉高失之于项氏,魏武遵谬于此举,岂非百虑之一失也。

初,绍与公共起兵,绍问公曰:"若事不辑,则方面何所可据?"公曰:"足下意以为何如?"

绍曰:"吾南据河,北阻燕、代,兼戎狄之众,南向以争天下,庶可以济乎?"公曰:"吾任天下之智力,以道御之,无所不可。"^①

①《傅子》曰:太祖又云:"汤、武之王,岂同土哉?若以险固为资,则不能应机而变化也。"

九月,令曰:"河北罹袁氏之难,其令无出今年租赋!"重豪强兼并之法,百姓喜悦。^①天子以公领冀州牧,公让还兖州。

①《魏书》载公令曰："有国有家者，不患寡而患不均，不患贫而患不安。袁氏之治也，使豪强擅恣，亲戚兼并；下民贫弱，代出租赋，炫鬻家财，不足应命；审配宗族，至乃藏匿罪人，为逋逃主。欲望百姓亲附，甲兵强盛，岂可得邪！其收田租亩四升，户出绢二匹、绵二斤而已，他不得擅兴发。郡国守相明检察之，无令强民有所隐藏，而弱民兼赋也。"

公之围邺也，谭略取甘陵、安平、勃海、河间。尚败，还中山。谭攻之，尚奔故安，遂并其众。公遗谭书，责以负约，与之绝婚，女还，然后进军。谭惧，拔平原，走保南皮。十二月，公入平原，略定诸县。

十年春正月，攻谭，破之，斩谭，诛其妻子，冀州平。①下令曰："其与袁氏同恶者，与之更始。"令民不得复私仇，禁厚葬，皆一之于法。是月，袁熙大将焦触、张南等叛攻熙、尚，熙、尚奔三郡乌丸。触等举其县降，封为列侯。初讨谭时，民亡椎冰，②令不得降。顷之，亡民有诣门首者，公谓曰："听汝则违令，杀汝则诛首，归深自藏，无为吏所获。"民垂泣而去；后竟捕得。

①《魏书》曰：公攻谭，旦及日中不决；公乃自执枹鼓，士卒咸奋，应时破陷。

②臣松之以为讨谭时，川渠水冻，使民椎冰以通船，民惮役而亡。

夏四月，黑山贼张燕率其众十馀万降，封为列侯。故安赵犊、霍奴等杀幽州刺史、涿郡太守。三郡乌丸攻鲜于辅于犷平。①秋八月，公征之，斩犊等，乃渡潞河救犷平，乌丸奔走出塞。

①《续汉书郡国志》曰：犷平，县名，属渔阳郡。

九月，令曰："阿党比周，先圣所疾也。闻冀州俗，父子异部，更相毁誉。昔直不疑无兄，世人谓之盗嫂；第五伯鱼三娶孤女，谓之挝妇翁；王凤擅权，谷永比之申伯，王商忠议，张匡谓之左道：此皆以白为黑，欺天罔君者也。吾欲整齐风俗，四者不除，吾以为羞。"冬十月，公还邺。

初，袁绍以甥高幹领并州牧，公之拔邺，幹降，遂以为刺史。幹闻公讨乌丸，乃以州叛，执上党太守，举兵守壶关口。遣乐进、李典击之，幹还守壶关城。十一年春正月，公征幹。幹闻之，乃留其别将守城，走入匈奴，求救于单于，单于不受。公围壶关三月，拔之。幹遂走荆州，上洛都尉王琰捕斩之。

秋八月，公东征海贼管承，至淳于，遣乐进、李典击破之，承走入海岛。割东海之襄贲、郯、戚以益琅邪，省昌虑郡。[1]

> [1]《魏书》载十月乙亥令曰："夫治世御众，建立辅弼，诚在面从，诗称'听用我谋，庶无大悔'，斯实君臣恳恳之求也。吾充重任，每惧失中，频年已来，不闻嘉谋，岂吾开延不勤之咎邪？自今以后，诸掾属治中、别驾，常以月旦各言其失，吾将览焉。"

三郡乌丸承天下乱，破幽州，略有汉民合十馀万户。袁绍皆立其酋豪为单于，以家人子为己女，妻焉。辽西单于蹋顿尤强，为绍所厚，故尚兄弟归之，数入塞为害。公将征之，凿渠，自呼沱入泒水，泒音孤。名平虏渠；又从泃河口泃音句。凿入潞河，名泉州渠，以通海。

十二月春二月，公自淳于还邺。丁酉，令曰："吾起义兵诛暴乱，于今十九年，所征必克，岂吾功哉？乃贤士大夫之力也。天下虽未悉定，吾当要与贤士大夫共定之；而专飨其劳，吾何以安焉！其促定功行封。"于是大封功臣二十馀人，皆为列侯，其馀各以次受封，及复死事之孤，轻重各有差。[①]

①《魏书》载公令曰："昔赵奢、窦婴之为将也，受赐千金，一朝散之，故能济成大功，永世流声。吾读其文，未尝不慕其为人也。与诸将士大夫共从戎事，幸赖贤人不爱其谋，群士不遗其力，是以夷险平乱，而吾得窃大赏，户邑三万。追思窦婴散金之义，今分所受租与诸将掾属及故戍于陈、蔡者，庶以畴答众劳，不擅大惠也。宜差死事之孤，以租谷及之。若年殷用足，租奉毕入，将大与众人悉共飨之。"

将北征三郡乌丸，诸将皆曰："袁尚，亡虏耳，夷狄贪而无亲，岂能为尚用？今深入征之，刘备必说刘表以袭许。万一为变，事不可悔。"惟郭嘉策表必不能任备，劝公行。夏五月，至无终。秋七月，大水，傍海道不通，田畴请为乡导，公从之。引军出卢龙塞，塞外道绝不通，乃堑山堙谷五百馀里，经白檀，历平冈，涉鲜卑庭，东指柳城。未至二百里，虏乃知之。尚、熙与蹋顿、辽西单于楼班、右北平单于能臣抵之等将数万骑逆军。八月，登白狼山，卒与虏遇，众甚盛。公车重在后，被甲者少，左右皆惧。公登高，望虏陈不整，乃纵兵击之，使张辽为先锋，虏众大崩，斩蹋顿及名王已下，胡、汉降者二十馀万口。辽东单于速仆丸及辽西、北平诸豪，弃其种人，与尚、熙奔辽东，众尚有数千骑。初，辽东太守公孙康恃远不服。及公破乌丸，或说公遂征之，尚兄弟可禽也。公曰："吾方使康斩送尚、熙首，不烦兵矣。"九月，公引兵自柳城还，[①]康即斩尚、熙及速仆丸等，传其首。诸将或问："公还而康斩送尚、熙，何也？"公曰："彼素畏尚等，吾急之则并力，缓之则自相图，其势然也。"十一月至易水，代郡乌丸行单于普富卢、上郡乌丸行单于那楼将其名王来贺。

①《曹瞒传》曰：时寒且旱，二百里无复水，军又乏食，杀马数千匹以为

粮，凿地入三十徐丈乃得水。既还，科问前谏者，众莫知其故，人人皆惧。公皆厚赏之，曰："孤前行，乘危以徼幸，虽得之，天所佐也，故不可以为常。诸君之谏，万安之计，是以相赏，后勿难言之。"

十三年春正月，公还邺，作玄武池以肆舟师。[1]汉罢三公官，置丞相、御史大夫。夏六月，以公为丞相。[2]

① 肆，以四反。《三苍》曰："肆，习也。"

② 《献帝起居注》曰：使太常徐璆即授印绶。御史大夫不领中丞，置长史一人。

《先贤行状》曰：璆字孟玉，广陵人。少履清爽，立朝正色。历任城、汝南、东海三郡，所在化行。被征当还，为袁术所劫。术僭号，欲授以上公之位，璆终不为屈。术死后，璆得术玺，致之汉朝，拜卫尉太常；公为丞相，以位让璆焉。

秋七月，公南征刘表。八月，表卒，其子琮代，屯襄阳，刘备屯樊。九月，公到新野，琮遂降，备走夏口。公进军江陵，下令荆州吏民，与之更始。乃论荆州服从之功，侯者十五人，以刘表大将文聘为江夏太守，使统本兵，引用荆州名士韩嵩、邓义等。[1]益州牧刘璋始受征役，遣兵给军。十二月，孙权为备攻合肥。公自江陵征备，至巴丘，遣张憙救合肥。权闻憙至，乃走。公至赤壁，与备战，不利。于是大疫，吏士多死者，乃引军还。备遂有荆州江南诸郡。[2]

① 卫恒《四体书势序》曰：上谷王次仲善隶书，始为楷法。至灵帝好书，世多能者。而师宜官为最，甚矜其能，每书，辄削焚其札。梁鹄乃益为版而饮之酒，候其醉而窃其札，鹄卒以攻书至选部尚书。于是公欲为洛阳令，鹄以为北部尉。鹄后依刘表。及荆州平，公募求鹄，鹄惧，自缚诣门，署军假司马，使在秘书，以勤书自效。公尝悬着帐中，及以钉壁玩之，谓胜宜官。鹄字孟黄，安定人。魏宫殿题署，皆鹄书也。

皇甫谧《逸士传》曰：汝南王儁，字子文，少为范滂、许章所识，与南阳岑晊善。公之为布衣，特爱儁；儁亦称公有治世之具。及袁绍与弟术

271

丧母，归葬汝南，儁与公会之，会者三万人。公于外密语儁曰："天下
将乱，为乱魁者必此二人也。欲济天下，为百姓请命，不先诛此二子，
乱今作矣。"儁曰："如卿之言，济天下者，舍卿复谁？"相对而笑。儁为
人外静而内明，不应州郡三府之命。公车征，不到，避地居武陵，归儁
者一百馀家。帝之都许，复征为尚书，又不就。刘表见绍强，阴与绍
通，儁谓表曰："曹公，天下之雄也，必能兴霸道，继桓、文之功者也。
今乃释近而就远，如有一朝之急，遥望漠北之救，不亦难乎！"表不从。
儁年六十四，以寿终于武陵，公闻而哀伤。及平荆州，自临江迎丧，改
葬于江陵，表为先贤也。

②《山阳公载记》曰：公船舰为备所烧，引军从华容道步归，遇泥泞，道不
通，天又大风，悉使羸兵负草填之，骑乃得过。羸兵为人马所蹈藉，陷
泥中，死者甚众。军既得出，公大喜，诸将问之，公曰："刘备，吾俦也。
但得计少晚；向使早放火，吾徒无类矣。"备寻亦放火而无所及。

孙盛《异同评》曰：按吴志，刘备先破公军，然后权攻合肥，而此记云权
先攻合肥，后有赤壁之事。二者不同，吴志为是。

十四年春三月，军至谯，作轻舟，治水军。秋七月，自
涡入淮，出肥水，军合肥。辛未，令曰："自顷已来，军数征
行，或遇疫气，吏士死亡不归，家室怨旷，百姓流离，而仁者
岂乐之哉？不得已也。其令死者家无基业不能自存者，县
官勿绝廪，长吏存恤抚循，以称吾意。"置扬州郡县长吏，开
芍陂屯田。十二月，军还谯。

十五年春，下令曰："自古受命及中兴之君，曷尝不得
贤人君子与之共治天下者乎！及其得贤也，曾不出闾巷，
岂幸相遇哉？上之人不求之耳。今天下尚未定，此特求贤
之急时也。'孟公绰为赵、魏老则优，不可以为滕、薛大
夫'。若必廉士而后可用，则齐桓其何以霸世！今天下得
无有被褐怀玉而钓于渭滨者乎？又得无盗嫂受金而未遇
无知者乎？二三子其佐我明扬仄陋，唯才是举，吾得而用

之。"冬，作铜雀台。[①]

①《魏武故事》载公十二月已亥令曰："孤始举孝廉，年少，自以本非岩穴
知名之士，恐为海内人之所见凡愚，欲为一郡守，好作政教，以建立名
誉，使世士明知之；故在济南，始除残去秽，平心选举，违迕诸常侍。
以为强豪所忿，恐致家祸，故以病还。去官之后，年纪尚少，顾视同岁
中，年有五十，未名为老，内自图之，从此却去二十年，待天下清，乃与
同岁中始举者等耳。故以四时归乡里，于谯东五十里筑精舍，欲秋夏
读书，冬春射猎，求底下之地，欲以泥水自蔽，绝宾客往来之望，然不
能得如意。后征为都尉，迁典军校尉，意遂更欲为国家讨贼立功，欲
望封侯作征西将军，然后题墓道言'汉故征西将军曹侯之墓'，此其志
也。而遭值董卓之难，兴举义兵。是时合兵能多得耳，然常自损，不
欲多之；所以然者，多兵意盛，与强敌争，倘更为祸始。故汴水之战数
千，后还到扬州更募，亦复不过三千人，此其本志有限也。后领兖州，
破降黄巾三十万众。又袁术僭号于九江，下皆称臣，名门曰建号门，
衣被皆为天子之制，两妇预争为皇后。志计已定，人有劝术使遂即帝
位，露布天下，答言'曹公尚在，未可也'。后孤讨禽其四将，获其人
众，遂使术穷亡解沮，发病而死。及至袁绍据河北，兵势强盛，孤自度
势，实不敌之，但计投死为国，以义灭身，足垂于后。幸而破绍，枭其
二子。又刘表自以为宗室，包藏奸心，乍前乍却，以观世事，据有当
州，孤复定之，遂平天下。身为宰相，人臣之贵已极，意望已过矣。今
孤言此，若为自大，欲人言尽，故无讳耳。设使国家无有孤，不知当几
人称帝，几人称王。或者人见孤强盛，又性不信天命之事，恐私心相
评，言有不逊之志，妄相忖度，每用耿耿。齐桓、晋文所以垂称至今日
者，以其兵势广大，犹能奉事周室也。《论语》云'三分天下有其二，以
服事殷，周之德可谓至德矣'，夫能以大事小也。昔乐毅走赵，赵王欲
与之图燕，乐毅伏而垂泣，对曰：'臣事昭王，犹事大王；臣若获戾，放
在他国，没世然后已，不忍谋赵之徒隶，况燕后嗣乎！'胡亥之杀蒙恬
也，恬曰：'自吾先人及至子孙，积信于秦三世矣；今臣将兵三十馀万，
其势足以背叛，然自知必死而守义者，不敢辱先人之教以忘先王也。'
孤每读此二人书，未尝不怆然流涕也。孤祖父以至孤身，皆当亲重之
任，可谓见信者矣，以及子桓兄弟，过于三世矣。孤非徒对诸君说此

273

也，常以语妻妾，皆令深知此意。孤谓之言：'顾我万年之后，汝曹皆当出嫁，欲令传道我心，使他人皆知之。'孤此言皆肝鬲之要也。所以勤勤恳恳叙心腹者，见周公有《金縢》之书以自明，恐人不信之故。然欲孤便尔委捐所典兵众以还执事，归就武平侯国，实不可也。何者？诚恐已离兵为人所祸也。既为子孙计，又己败则国家倾危，是以不得慕虚名而处实祸，此所不得为也。前朝恩封三子为侯，固辞不受，今更欲受之，非欲复以为荣，欲以为外援，为万安计。孤闻介推之避晋封，申胥之逃楚赏，未尝不舍书而叹，有以自省也。奉国威灵，伏钺征伐，推弱以克强，处小而禽大，意之所图，动无违事，心之所虑，何向不济，遂荡平天下，不辱主命，可谓天助汉室，非人力也。然封兼四县，食户三万，何德堪之！江湖未静，不可让位；至于邑土，可得而辞。今上还阳夏、柘、苦三县户二万，但食武平万户，且以分损谤议，少减孤之责也。"

十六年春正月，[①]天子命公世子丕为五官中郎将，置官属，为丞相副。太原商曜等以大陵叛，遣夏侯渊、徐晃围破之。张鲁据汉中，三月，遣钟繇讨之。公使渊等出河东与繇会。

①《魏书》曰：庚辰，天子报：减户五千，分所让三县万五千封三子，植为平原侯，据为范阳侯，豹为饶阳侯，食邑各五千户。

是时关中诸将疑繇欲自袭，马超遂与韩遂、杨秋、李堪、成宜等叛。遣曹仁讨之。超等屯潼关，公敕诸将："关西兵精悍，坚壁勿与战。"秋七月，公西征，[①]与超等夹关而军。公急持之，而潜遣徐晃、朱灵等夜渡蒲阪津，据河西为营。公自潼关北渡，未济，超赴船急战。

校尉丁斐因放牛马以饵贼，贼乱取牛马，公乃得渡，[②]循河为甬道而南。贼退，拒渭口，公乃多设疑兵，潜以舟载兵入渭，为浮桥，夜，分兵结营于渭南。贼夜攻营，伏兵击破之。超等屯渭南，遣信求割河以西请和，公不许。九月，进军渡渭。③超等数挑战，又不许；固请割地，求送任子，公用贾诩计，伪许之。韩遂请与公相见，公与遂父同岁孝廉，又与遂同时侪辈，于是交马语移时，不及军事，但说京都旧故，拊手欢笑。既罢，超等问遂："公何言？"遂曰："无所言也。"超等疑之。④他日，公又与遂书，多所点窜，如遂改定者；超等愈疑遂。公乃与克日会战，先以轻兵挑之，战良久，乃纵虎骑夹击，大破之，斩成宜、李堪等。

遂、超等走凉州，杨秋奔安定，关中平。诸将或问公曰："初，贼守潼关，渭北道缺，不从河东击冯翊而反守潼关，引日而后北渡，何也？"公曰："贼守潼关，若吾入河东，贼必引守诸津，则西河未可渡，吾故盛兵向潼关；贼悉众南守，西河之备虚，故二将得擅取西河；然后引军北渡，贼不能与吾争西河者，以有二将之军也。连车树栅，为甬道而南，⑤既为不可胜，且以示弱。渡渭为坚垒，虏至不出，所以骄之也；故贼不为营垒而求割地。吾顺言许之，所以从其意，使自安而不为备，因畜士卒之力，一旦击之，所谓疾雷不及掩耳，兵之变化，固非一道也。"始，贼每一部到，公辄有喜色。贼破之后，诸将问其故。公答曰："关中长远，若贼各依险阻，征之，不一二年不可定也。今皆来集，其众虽多，莫相归服，军无适主，一举可灭，为功差易，吾是以喜。"

①《魏书》曰：议者多言"关西兵强，习长矛，非精选前锋，则不可以当也"。公谓诸将曰："战在我，非在贼也。贼虽习长矛，将使不得以刺，诸君但观之耳。"

②《曹瞒传》曰：公将过河，前队适渡，超等奄至，公犹坐胡床不起。张郃等见事急，共引公入船。河水急，比渡，流四五里，超等骑追射之，矢下如雨。诸将见军败，不知公所在，皆惶惧，至见，乃悲喜，或流涕。公大笑曰："今日几为小贼所困乎！"

③《曹瞒传》曰：时公军每渡渭，辄为超骑所冲突，营不得立，地又多沙，不可筑垒。娄子伯说公曰："今天寒，可起沙为城，以水灌之，可一夜而成。"公从之，乃多作缣囊以运水，夜渡兵作城，比明，城立，由是公军尽得渡渭。

或疑于时九月，水未应冻。臣松之按《魏书》：公军八月至潼关，闰月北渡河，则其年闰八月也，至此容可大寒邪！

④《魏书》曰：公后日复与遂等会语，诸将曰："公与虏交语，不宜轻脱，可为木行马以为防遏。"公然之。贼将见公，悉于马上拜，秦、胡观者，前后重沓，公笑谓贼曰："汝欲观曹公邪？亦犹人也，非有四目两口，但多智耳！"胡前后大观。又列铁骑五千为十重陈，精光耀日，贼益震惧。

⑤臣松之案：汉高祖二年，与楚战荣阳京、索之间，筑甬道属河以取敖仓粟。应劭曰："恐敌钞辎重，故筑垣墙如街巷也。"今魏武不筑垣墙，但连车树栅以抒两面。

冬十月，军自长安北征杨秋，围安定。秋降，复其爵位，使留抚其民人。① 十二月，自安定还，留夏侯渊屯长安。

①《魏略》曰：杨秋，黄初中迁讨寇将军，位特进，封临泾侯，以寿终。

十七年春正月，公还邺。天子命公赞拜不名，入朝不趋，剑履上殿，如萧何故事。马超馀众梁兴等屯蓝田，使夏侯渊击平之。割河内之荡阴、朝歌、林虑，东郡之卫国、顿丘、东武阳、发干，钜鹿之廮陶、曲周、南和，广平之任城，赵之襄国、邯郸、易阳以益魏郡。

冬十月，公征孙权。

十八年春正月，进军濡须口，攻破权江西营，获权都督公孙阳，乃引军还。诏书并十四州，复为九州。夏四月，至邺。

五月丙申，天子使御史大夫郗虑持节策命公为魏公① 曰：

朕以不德,少遭愍凶,越在西土,迁于唐、卫。当此之时,若缀旒然,^②宗庙乏祀,社稷无位;群凶觊觎,分裂诸夏,率土之民,朕无获焉,即我高祖之命将坠于地。朕用夙兴假寐,震悼于厥心,曰:"惟祖惟父,股肱先正,^③其孰能恤朕躬?"乃诱天衷,诞育丞相,保乂我皇家,弘济于艰难,朕实赖之。今将授君典礼,其敬听朕命。

昔者董卓初兴国难,群后释位以谋王室,^④君则摄进,首启戎行,此君之忠于本朝也。后及黄巾反易天常,侵我三州,延及平民,君又翦之以宁东夏,此又君之功也。韩暹、杨奉专用威命,君则致讨,克黜其难,遂迁许都,造我京畿,设官兆祀,不失旧物,天地鬼神于是获乂,此又君之功也。袁术僭逆,肆于淮南,慑惮君灵,用丕显谋,蕲阳之役,桥蕤授首,棱威南迈,术以陨溃,此又君之功也。回戈东征,吕布就戮,乘辕将返,张杨殂毙,眭固伏罪,张绣稽服,此又君之功也。袁绍逆乱天常,谋危社稷,凭恃其众,称兵内侮,当此之时,王师寡弱,天下寒心,莫有固志,君执大节,精贯白日,奋其武怒,运其神策,致届官渡,大歼丑类,^⑤俾我国家拯于危坠,此又君之功也。济师洪河,拓定四州,袁谭、高幹,咸枭其首,海盗奔迸,黑山顺轨,此又君之功也。乌丸三种,崇乱二世,袁尚因之,逼据塞北,束马县车,一征而灭,此又君之功也。刘表背诞,不供贡职,王师首路,威风先逝,百城八郡,交臂屈膝,此又君之功也。马超、成宜,同恶相济,滨据河、潼,求逞所欲,殄之渭南,献馘万计,遂定边境,抚和戎狄,此又君之功也。鲜卑、丁零,重译而至,箄于、白屋,请吏率职,此又君之功也。君有定天下之功,重之以明德,班叙海内,宣美风俗,旁施勤教,恤慎刑狱，吏无苛政，民无怀慝；敦崇帝族，表继绝世，旧德前功，罔不咸秩；虽伊尹格于皇天，周公光于四海，方之蔑如也。

朕闻先王并建明德，胙之以土，分之以民，崇其宠章，备其礼物，所以藩卫王室，左右厥世也。其在周成，管、蔡不静，惩难念功，乃使邵康公赐齐太公履，东至于海，西至于河，南至于穆陵，北至于无棣，五侯九伯，实得征之，世祚太师，以表东海；爰及襄王，亦有楚人不供王职，又命晋文登为侯伯，锡以二辂、虎贲、鈇钺、秬鬯、弓矢，大启南阳，世作盟主。故周室之不坏，繄二国是赖。今君称丕显德，明保朕躬，奉答天命，导扬弘烈，绥爰九域，莫不率俾，⑥功高于伊、周，而赏卑于齐、晋，朕甚恧焉。朕以眇眇之身，托于兆民之上，永思厥艰，若涉渊水，非君攸济，朕无任焉。今以冀州之河东、河内、魏郡、赵国、中山、常山、钜鹿、安平、甘陵、平原凡十郡，封君为魏公。锡君玄土，苴以白茅；爰契尔龟，用建冢社。昔在周室，毕公、毛公入为卿佐，周、邵师保出为二伯，外内之任，君实宜之。其以丞相领冀州牧如故。又加君九锡，其敬听朕命。以君经纬礼律，为民轨仪，使安职业，无或迁志，是用锡君大辂、戎辂各一，玄牡二驷。君劝分务本，稼穑昏作，⑦粟帛滞积，大业惟兴，是用锡君衮冕之服，赤舄副焉。君敦尚谦让，俾民兴行，少长有礼，上下咸和，是用锡君轩县之乐，六佾之舞。君翼宣风化，爰发四方，远人革面，华夏充实，是用锡君朱户以居。君研其明哲，思帝所难，官才任贤，群善必举，是用锡君纳陛以登。君秉国之钧，正色处中，纤毫之恶，靡不抑退，是用锡君虎贲之士三百人。君纠虔天刑，章厥有罪，⑧犯关干纪，莫不诛殛，是用锡君鈇钺各一。君龙骧虎视，旁眺八维，掩讨逆节，折冲四海，是用锡君彤弓一，彤矢百，玈弓十，玈矢千。君以温恭为基，孝友为德，明允笃诚，感于朕思，是用锡君秬鬯一卣，珪瓒副焉。魏国置丞相已下群卿百寮，皆如汉初诸侯王之制。往钦哉，敬服朕命！简恤尔众，时亮庶功，用终尔显德，对扬我高祖之休命！⑨

①《续汉书》曰：虑字鸿豫，山阳高平人。少受业于郑玄，建安初为侍中。虞溥《江表传》曰：献帝尝特见虑及少府孔融，问融曰："鸿豫何所优长？"融曰："可与适道，未可与权。"虑举笏曰："融昔宰北海，政散民流，其权安在也！"遂与融互相长短，以至不睦。公以书和解之。虑从光禄勋迁为大夫。

②《公羊传》曰："君若赘旒然。"何休云："赘犹缀也。旒，旌旒也。以旒譬者，言为下所执持东西也。"

③《文侯之命》曰："亦惟先正。"郑玄云："先正，先臣。谓公卿大夫也。"

④《左氏传》曰："诸侯释位以间王政。"服虔曰："言诸侯释其私政而佐王室。"

⑤《诗》曰："致天之届，于牧之野。"郑玄云："届，极也。"鸿范曰："鲧则殛死。"

⑥《盘庚》曰："绥爰有众。"郑玄曰："爰，于也，安隐于其众也。"君奭曰："海隅出日，罔不率俾。"率，循也。俾，使也。四海之隅，日出所照，无不循度而可使也。

⑦《盘庚》曰："堕农自安，不昏作劳。"郑玄云："昏，勉也。"

⑧"纠虔天刑"语出《国语》，韦昭注曰："纠，察也。虔，敬也。刑，法也。"

⑨后汉尚书左丞潘勖之辞也。勖字符茂，陈留中牟人。

《魏书》载公令曰："夫受九锡，广开土宇，周公其人也。汉之异姓八王者，与高祖俱起布衣，创定王业，其功至大，吾何可比之？"前后三让。于是中军师陵树亭侯荀攸、前军师东武亭侯钟繇、左军师凉茂、右军师毛玠、平虏将军华乡侯刘勋、建武将军清苑亭侯刘若、伏波将军高安侯夏侯惇、扬武将军都亭侯王忠、奋威将军乐乡侯刘展、建忠将军昌乡亭侯鲜于辅、奋武将军安国亭侯程昱、太中大夫都乡侯贾诩、军师祭酒千秋亭侯董昭、都亭侯薛洪、南乡亭侯董蒙、关内侯王粲、傅巽、祭酒王选、袁涣、王朗、张承、任藩、杜袭、中护军国明亭侯曹洪、中领军万岁亭侯韩浩、行骁骑将军安平亭侯曹仁、领护军将军王图、长史万潜、谢奂、袁霸等劝进曰："自古三代，胙臣以土，受命中兴，封秩辅佐，皆所以褒功赏德，为国藩翰也。往者天下崩乱，群凶豪起，颠越跋扈之险，不可忍言。明公奋身出命以徇其难，诛二袁篡盗之逆，灭黄巾贼乱之类，殄夷首逆，芟拨荒秽，沐浴霜露二十馀年，书契已来，未有若此功者。昔周公承文、武之绪，受已成之业，高枕墨笔，拱揖群后，商、奄之勤，不过二年，吕望因三分有二之形，据八百诸侯之势，暂把旄钺，一时指麾，然皆大启土宇，跨州兼国。周公八子，并为侯伯，白牡骍刚，郊祀天地，典策备物，拟则王室，荣章宠盛如此之弘也。逮至汉兴，佐命之臣，张耳、吴芮，其功至薄，亦连城开地，南面称孤。此皆明君达主行之于上，贤臣圣宰受之于下，三代令典，汉帝明制。今比劳则周、吕逸，计功则张、吴微，论制则齐、鲁重，言地则长沙多；然则魏国之封，九锡之荣，况于旧赏，犹怀玉而被褐也。且列侯诸将，幸攀龙骥，得窃微劳，佩紫怀黄，盖以百数，亦将因此传之万世，而明公独辞赏于上，将使其下怀不自安，上违圣朝欢心，下失冠带至望，忘辅弼之大业，信匹夫之细行，攸等所大惧也。"于是公敕外为章，但受魏郡。攸等复曰："伏见魏国初封，圣朝发虑，稽谋群寮，然后策命；而明公久违上指，不即大礼。今既虔奉诏命，副顺众望，又欲辞多受少，让九受一，是犹汉朝之赏不行，而攸等之请未许也。昔齐、鲁之封，奄有东海，疆域井赋，四百万家，基隆业广，易以立功，故能成翼戴之勋，立一匡之绩。今魏国虽有十郡之名，犹减于曲阜，计其户数，不能参半，以藩卫王室，立垣树屏，犹未足也。且圣上览亡秦无辅之祸，惩曩日震荡之艰，托建忠贤，废坠是为，愿明公恭承帝命，无或拒违。"公乃受命。《魏略》载公上书谢曰："臣蒙先帝厚恩，致位郎署，受性疲怠，意望毕足，非敢希望高位，庶几显达。会董卓作乱，义当死难，故敢奋身出命，摧锋率众，遂值千载之运，奉役目下。当二袁炎沸侵侮之际，陛下与臣寒心同忧，顾瞻京师，进受猛敌，常恐君臣俱陷虎口，诚不自意能全首领。赖祖宗灵佑，丑类夷灭，得使微臣窃名其间。陛下加恩，授以上相，封爵宠禄，丰大弘厚，生平之愿，实不望也。口与心计，幸且待罪，保持列侯，遗付子孙，自托圣世，永无忧责。不意陛下乃发盛意，开国备锡，以贶愚臣，地比齐、鲁，礼同藩王，非臣无功所宜膺据。归情上闻，不蒙听许，严诏切至，诚使臣心俯仰逼迫。伏自惟省，列在大臣,命制王室,身非己有,岂敢自私,遂其愚意,亦将黜退,令就初服。今奉疆土,备数藩翰,非敢远期,虑有后世;至于父子相誓终身,灰躯尽命,报塞厚恩。天威在颜,悚惧受诏。"

秋七月,始建魏社稷宗庙。天子聘公三女为贵人,少者待年于国。①九月,作金虎台,凿渠引漳水入白沟以通河。冬十月,分魏郡为东西部,置都尉。十一月,初置尚书、侍中、六卿。②

① 《献帝起居注》曰:使使持节行太常大司农安阳亭侯王邑,赍璧、帛、玄纁、绢五万匹之邺纳聘,介者五人,皆以议郎行大夫事,副介一人。

② 《魏氏春秋》曰:以荀攸为尚书令,凉茂为仆射,毛玠、崔琰、常林、徐奕、何夔为尚书,王粲、杜袭、卫觊、和洽为侍中。

马超在汉阳,复因羌、胡为害,氐王千万叛应超,屯兴国。使夏侯渊讨之。

十九年春正月,始耕籍田。南安赵衢、汉阳尹奉等讨超,枭其妻子,超奔汉中。韩遂徙金城,入氐王千万部,率羌、胡万馀骑与夏侯渊战,击,大破之,遂走西平。渊与诸将攻兴国,屠之。省安东、永阳郡。

安定太守毌丘兴将之官,公戒之曰:"羌、胡欲与中国通,自当遣人来,慎勿遣人往。善人难得,必将教羌、胡妄有所请求,因欲以自利;不从便为失异俗意,从之则无益事。"兴至,遣校尉范陵至羌中,陵果教羌,使自请为属国都尉。公曰:"吾预知当尔,非圣也,但更事多耳。"①

① 《献帝起居注》曰:使行太常大司农安阳亭侯王邑与宗正刘艾,皆持节,介者五人,赍束帛驷马,及给事黄门侍郎、掖庭丞、中常侍二人,迎二贵人于魏国。二月癸亥,又于魏公宗庙授二贵人印绶。甲子,诣魏公宫延秋门,迎贵人升车。魏遣郎中令、少府、博士、御府乘黄厩令、丞相掾属侍送贵人。癸酉,二贵人至洧仓中,遣侍中丹将冗从虎

贲前后骆驿往迎之。乙亥，二贵人入宫，御史大夫、中二千石将大夫、议郎会殿中，魏国二卿及侍中、中郎二人，与汉公卿并升殿宴。

三月，天子使魏公位在诸侯王上，改授金玺，赤绂、远游冠。[1]

[1]《献帝起居注》曰：使左中郎将杨宣、亭侯裴茂持节、印授之。

秋七月，公征孙权。[1]

[1]《九州春秋》曰：参军傅幹谏曰："治天下之大具有二，文与武也；用武则先威，用文则先德，威德足以相济，而后王道备矣。往者天下大乱，上下失序，明公用武攘之，十平其九。今未承王命者，吴与蜀也，吴有长江之险，蜀有崇山之阻，难以威服，易以德怀。愚以为可且按甲寝兵，息军养士，分土定封，论功行赏，若此则内外之心固，有功者劝，而天下知制矣。然后渐兴学校，以导其善性而长其义节。公神武震于四海，若修文以济之，则普天之下，无思不服矣。今举十万之众，顿之长江之滨，若贼负固深藏，则士马不能逞其能，奇变无所用其权，则大威有屈而敌心未能服矣。唯明公思虞舜舞干戚之义，全威养德，以道制胜。"公不从，军遂无功。幹字彦材，北地人，终于丞相仓曹属。有子曰玄。

初，陇西宋建自称河首平汉王，聚众枹罕，改元，置百官，三十馀年。遣夏侯渊自兴国讨之。冬十月，屠枹罕，斩建，凉州平。

公自合肥还。十一月，汉皇后伏氏坐昔与父故屯骑校尉完书，云帝以董承被诛怨恨公，辞甚丑恶，发闻，后废黜死，兄弟皆伏法。[1]

[1]《曹瞒传》曰：公遣华歆勒兵入宫收后，后闭户匿壁中。歆坏户发壁，牵后出。帝时与御史大夫郗虑坐，后被发徒跣过，执帝手曰："不能复相活邪？"帝曰："我亦不自知命在何时也。"帝谓虑曰："郗公，天下宁有是邪！"遂将后杀之，完及宗族死者数百人。

十二月，公至孟津。天子命公置旄头，宫殿设钟虡。乙未，令曰："夫有行之士未必能进取，进取之士未必能有行也。陈平岂笃行，苏秦岂守信邪？而陈平定汉业，苏秦济弱燕。由此言之，士有偏短，庸可废乎！有司明思此义，则士无遗滞，官无废业矣。"又曰："夫刑，百姓之命也，而军中典狱者或非其人，而任以三军死生之事，吾甚惧之。其选明达法理者，使持典刑。"于是置理曹掾属。

二十年春正月，天子立公中女为皇后。省云中、定襄、五原、朔方郡，郡置一县领其民，合以为新兴郡。

三月，公西征张鲁，至陈仓，将自武都入氐；氐人塞道，先遣张郃、朱灵等攻破之。夏四月，公自陈仓以出散关，至河池。氐王窦茂众万馀人，恃险不服，五月，公攻屠之。西平、金城诸将麹演、蒋石等共斩送韩遂首。[1]秋七月，公至阳平。张鲁使弟卫与将杨昂等据阳平关，横山筑城十馀里，攻之不能拔，乃引军还。贼见大军退，其守备解散。公乃密遣解摽、高祚等乘险夜袭，大破之，斩其将杨任，进攻卫，卫等夜遁，鲁溃奔巴中。公军入南郑，尽得鲁府库珍宝。[2]巴、汉皆降。复汉宁郡为汉中；分汉中之安阳、西城为西城郡，置太守；分锡、上庸郡，置都尉。

[1]《典略》曰：遂字文约，始与同郡边章俱著名西州。章为督军从事。遂奉计诣京师，何进宿闻其名，特与相见，遂说进使诛诸阉人，进不从，乃求归。会凉州宋扬、北宫玉等反，举章、遂为主，章寻病卒，遂为扬等所劫，不得已，遂阻兵为乱，积三十二年，至是乃死，年七十馀矣。刘艾《灵帝纪》曰：章，一名允。

[2]《魏书》曰：军自武都山行千里，升降险阻，军人劳苦；公于是大飨，莫不忘其劳。

八月，孙权围合肥，张辽、李典击破之。

九月，巴七姓夷王朴胡、賨邑侯杜濩举巴夷、賨民来附，[1]于是分巴郡，以胡为巴东太守，濩为巴西太守，皆封列侯。天子命公承制封拜诸侯守相。[2]

[1]孙盛曰：朴音浮。濩音户。

[2]孔衍《汉魏春秋》曰：天子以公典任于外，临事之赏，或宜速疾，乃命公得承制封拜诸侯守相，诏曰："夫军之大事，在兹赏罚，劝善惩恶，宜不旋时，故《司马法》曰'赏不逾日者，欲民速睹为善之利也。'昔在中兴，邓禹入关，承制拜军祭酒李文为河东太守，来歙又承制拜高峻为通路将军，察其本传，皆非先请，明临事刻印也，斯则世祖神明，权达损益，盖所用速示威怀而着鸿勋也。其《春秋》之义，大夫出疆，有专命之事，苟所以利社稷安国家而已。况君秉任二伯，师尹九有，实征夷夏，军行藩甸之外，失得在于斯须之间，停赏俟诏以滞世务，固非朕之所图也。自今已后，临事所甄，当加宠号者，其便刻印章假授，咸使忠义得相奖励，勿有疑焉。"

冬十月，始置名号侯至五大夫，与旧列侯、关内侯凡六等，以赏军功。[1]

[1]《魏书》曰：置名号侯爵十八级，关中侯爵十七级，皆金印紫绶；又置关内外侯十六级，铜印龟纽墨绶；五大夫十五级，铜印环纽，亦墨绶，皆不食租，与旧列侯关内侯凡六等。

臣松之以为今之虚封盖自此始。

十一月，鲁自巴中将其馀众降。封鲁及五子皆为列侯。刘备袭刘璋，取益州，遂据巴中；遣张郃击之。

十二月，公自南郑还，留夏侯渊屯汉中。[1]

[1]是行也，侍中王粲作五言诗以美其事曰："从军有苦乐，但问所从谁。所从神且武，安得久劳师？相公征关右，赫怒振天威，一举灭獯虏，再举服羌夷，西收边地贼，忽若俯拾遗。陈赏越山岳，酒肉逾川坻，军中多饶饫，人马皆溢肥，徒行兼乘还，空出有馀资。拓土三千里，往反速如飞，歌舞入邺城，所愿获无违。"

二十一年春二月，公还邺。①三月壬寅，公亲耕籍田。②夏五月，天子进公爵为魏王。③代郡乌丸行单于普富卢与其侯王来朝。天子命王女为公主，食汤沐邑。秋七月，匈奴南单于呼厨泉将其名王来朝，待以客礼，遂留魏，使右贤王去卑监其国。八月，以大理钟繇为相国。④

①《魏书》曰：辛未，有司以太牢告至，策勋于庙，甲午始春祠，令曰："议者以为祠庙上殿当解履。吾受锡命，带剑不解履上殿。今有事于庙而解履，是尊先公而替王命，敬父祖而简君主，故吾不敢解履上殿也。又临祭就洗，以手拟水而不盥。夫盥以洁为敬，未闻拟而不盥之礼，且'祭神如神在'，故吾亲受水而盥也。又降神礼讫，下阶就幕而立，须奏乐毕竟，似若不衍烈祖，迟祭不速讫也，故吾坐俟乐阕送神乃起也。受胙纳袖，以授侍中，此为敬恭不终实也，古者亲执祭事，故吾亲纳于袖，终抱而归也。仲尼曰'虽违众，吾从下'，诚哉斯言也。"

②《魏书》曰：有司奏："四时讲武于农隙。汉承秦制，三时不讲，唯十月都试车马，幸长水南门，会五营士为八陈进退，名曰乘之。今金革未偃，士民素习，自今已后，可无四时讲武，但以立秋择吉日大朝车骑，号曰治兵，上合礼名，下承汉制。"奏可。

③《献帝传》载诏曰："自古帝王，虽号称相变，爵等不同，至乎褒崇元勋，建立功德，光启氏姓，延于子孙，庶姓之与亲，岂有殊焉。昔我圣祖受命，创业肇基，造我区夏，鉴古今之制，通爵等之差，尽封山川以立藩屏，使异姓亲戚，并列土地，据国而王，所以保乂天命，安固万嗣。历世承平，臣主无事。世祖中兴而时有难易，是以旷年数百，无异姓诸侯王之位。朕以不德，继序弘业，遭率土分崩，群凶纵毒，自西徂东，辛苦卑约。当此之际，唯恐溺入于难，以羞先帝之圣德。赖皇天之灵，俾君秉义奋身，震迅神武，捍朕于艰难，获保宗庙，华夏遗民，含气之伦，莫不蒙焉。君勤过稷、禹，忠侔伊、周，而掩之以谦让，守之以弥恭，是以往者初开魏国，锡君土宇，惧君之违命，虑君之固辞，故且怀志屈意，封君为上公，欲以钦顺高义，须俟勋绩。韩遂、宋建，南结巴、蜀，群逆合从，图危社稷，君复奋将，龙骧虎奋，枭其元首，屠其窟栖。暨至西征，阳平之役，亲擐甲胄，深入险阻，芟夷蛮贼，殄其凶丑，荡定西陲，悬旌万里，声教远振，宁我区夏。盖唐、虞之盛，三后树功，文、

285

武之兴,旦、奭作辅,二祖成业,英豪佐命;夫以圣哲之君,事为己任,犹锡土班瑞以报功臣,岂有如朕寡德,仗君以济,而赏典不丰,将何以答神只慰万方哉?今进君爵为魏王,使使持节行御史大夫、宗正刘艾奉策玺玄土之社,苴以白茅,金虎符第一至第五,竹使符第一至十。君其正王位,以丞相领冀州牧如故。其上魏公玺绶符册。敬服朕命,简恤尔众,克绥庶绩,以扬我祖宗之休命。"魏王上书三辞,诏三报不许。又手诏曰:"大圣以功德为高美,以忠和为典训,故创业垂名,使百世可希,行道制义,使力行可效,是以勋烈无穷,休光茂着。稷、契载元首之聪明,周、邵因文、武之智用,虽经营庶官,仰叹俯思,其对岂有若君者哉?朕惟古人之功,美之如彼,思君忠勤之绩,茂之如此,是以每将镂符析瑞,陈礼命册,寤寐慨然,自忘守文之不德焉。今君重违朕命,固辞恳切,非所以称朕心而训后世也。其抑志撙节,勿复固辞。"

《四体书势序》曰:梁鹄以公为北部尉。

《曹瞒传》曰:为尚书右丞司马建公所举。及公为王,召建公到邺,与欢饮,谓建公曰:"孤今日可复作尉否?"建公曰:"昔举大王时,适可作尉耳。"王大笑。建公名防,司马宣王之父。

臣松之案司马彪《序传》,建公不为右丞,疑此不然,而王隐《晋书》云赵王篡位,欲尊祖为帝,博士马平议称京兆府君昔举魏武帝为北部尉,贼不犯界,如此则为有征。

④《魏书》曰:始置奉常宗正官。

冬十月,治兵,①遂征孙权,十一月至谯。

①《魏书》曰:王亲执金鼓以令进退。

二十二年春正月,王军居巢,二月,进军屯江西郝谿。权在濡须口筑城拒守,遂逼攻之,权退走。三月,王引军还,留夏侯惇、曹仁、张辽等屯居巢。

夏四月,天子命王设天子旌旗,出入称警跸。五月,作泮宫。六月,以军师华歆为御史大夫。①冬十月,天子命王冕十有二旒,乘金根车,驾六马,设五时副车,以五官中郎将丕为魏太子。

①《魏书》曰：初置卫尉官。秋八月，令曰："昔伊挚、傅说出于贱人，管
仲，桓公贼也，皆用之以兴。萧何、曹参，县吏也，韩、陈平负污辱之
名，有见笑之耻，卒能成就王业，声着千载。吴起贪将，杀妻自信，散
金求官，母死不归，然在魏，秦人不敢东向，在楚则三晋不敢南谋。今
天下得无有至德之人放在民间，及果勇不顾，临敌力战；若文俗之吏，
高才异质，或堪为将守；负污辱之名，见笑之行，或不仁不孝而有治国
用兵之术：其各举所知，勿有所遗。"

刘备遣张飞、马超、吴兰等屯下辩；遣曹洪拒之。

二十三年春正月，汉太医令吉本与少府耿纪、司直韦
晃等反，攻许，烧丞相长史王必营，[①]必与颍川典农中郎将
严匡讨斩之。[②]

①《魏武故事》载令曰："领长史王必，是吾披荆棘时吏也。忠能勤事，心
如铁石，国之良吏也。蹉跌久未辟之，舍骐骥而弗乘，焉遑遑而更求
哉？故教辟之，已署所宜，便以领长史统事如故。"

②《三辅决录注》曰：时有京兆金祎字德祎，自以世为汉臣，自日磾讨莽何
罗，忠诚显著，名节累叶。睹汉祚将移，谓可季兴，乃喟然发愤，遂与
耿纪、韦晃、吉本、本子邈、邈弟穆等结谋。纪字季行，少有美名，为丞
相掾，王甚敬异之，迁侍中，守少府。邈字文然，穆字思然，以祎慷慨
有日磾之风，又与王必善，因以闲之，若杀必，欲挟天子以攻魏，南援
刘备。时关羽强盛，而王在邺，留必典兵督许中事。文然等率杂人及
家僮千馀人夜烧门攻必，祎遣人为内应，射必中肩。必不知攻者为
谁，以素与祎善，走投祎，夜唤德祎，祎家不知是必，谓为文然等，错应
曰："王长史已死乎？卿曹事立矣！"必乃更他路奔。一曰：必欲投祎，
其帐下督谓必曰："今日事竟知谁门而投入乎？"扶必奔南城。会天
明，必犹在，文然等众散，故败。后十馀日，必竟以创死。
《献帝春秋》曰：收纪、晃等，将斩之，纪呼魏王名曰："恨吾不自生意，
竟为群儿所误耳！"晃顿首搏频，以至于死。《山阳公载》记曰：王闻王
必死，盛怒，召汉百官诣邺，令救火者左，不救火者右。众人以为救火
者必无罪，皆附左；王以为"不救火者非助乱，救火乃实贼也"。皆

杀之。

曹洪破吴兰，斩其将任夔等。三月，张飞、马超走汉中，阴平氐强端斩吴兰，传其首。

夏四月，代郡、上谷乌丸无臣氐等叛，遣鄢陵侯彰讨破之。[1]

[1]《魏书》载王令曰："去冬天降疫疠，民有凋伤，军兴于外，垦田损少，吾甚忧之。其令吏民男女：女年七十已上无夫子，若年十二已下无父母兄弟，及目无所见，手不能作，足不能行，而无妻子父兄产业者，廪食终身。幼者至十二止，贫穷不能自赡者，随口给贷。老耄须待养者，年九十已上，复不事，家一人。"

六月，令曰："古之葬者，必居瘠薄之地。其规西门豹祠西原上为寿陵，因高为基，不封不树。《周礼》冢人掌公墓之地，凡诸侯居左右以前，卿大夫居后，汉制亦谓之陪陵。其公卿大臣列将有功者，宜陪寿陵，其广为兆域，使足相容。"

秋七月，治兵，遂西征刘备，九月，至长安。

冬十月，宛守将侯音等反，执南阳太守，劫略吏民，保宛。初，曹仁讨关羽，屯樊城，是月使仁围宛。

二十四年春正月，仁屠宛，斩音。[1]

[1]《曹瞒传》曰：是时南阳闲苦徭役，音于是执太守东里衮，与吏民共反，与关羽连和。南阳功曹宗子卿往说音曰："足下顺民心，举大事，远近莫不望风；然执郡将，逆而无益，何不遣之。吾与子共戮力，比曹公军来，关羽兵亦至矣。"音从之，即释遣太守。子卿因夜踰城亡出，遂与太守收馀民围音，会曹仁军至，共灭之。

夏侯渊与刘备战于阳平，为备所杀。三月，王自长安出斜谷，军遮要以临汉中，遂至阳平。备因险拒守。[1]

[1]《九州春秋》曰：时王欲还，出令曰"鸡肋"，官属不知所谓。主簿杨修

便自严装,人惊问修:"何以知之?"修曰:"夫鸡肋,弃之如可惜,食之无所得,以比汉中,知王欲还也。"

夏五月,引军还长安。

秋七月,以夫人卞氏为王后。遣于禁助曹仁击关羽。八月,汉水溢,灌禁军,军没,羽获禁,遂围仁。使徐晃救之。

九月,相国钟繇坐西曹掾魏讽反免。[①]

[①]《世语》曰:讽字子京,沛人,有惑众才,倾动邺都,钟繇由是辟焉。大军未反,讽潜结徒党,又与长乐卫尉陈祎谋袭邺。未及期,祎惧,告之太子,诛讽,坐死者数十人。

王昶《家诫》曰"济阴魏讽",而此云沛人,未详。

冬十月,军还洛阳。[①]孙权遣使上书,以讨关羽自效。王自洛阳南征羽,未至,晃攻羽,破之,羽走,仁围解。王军摩陂。[②]

[①]《曹瞒传》曰:王更修治北部尉廨,令过于旧。

[②]《魏略》曰:孙权上书称臣,称说天命。王以权书示外曰:"是儿欲踞吾着炉火上邪!"侍中陈群、尚书桓阶奏曰:"汉自安帝已来,政去公室,国统数绝,至于今者,唯有名号,尺土一民,皆非汉有,期运久已尽,历数久已终,非适今日也。是以桓、灵之间,诸明图纬者,皆言'汉行气尽,黄家当兴'。殿下应期,十分天下而有其九,以服事汉,群生注望,遐迩怨叹,是故孙权在远称臣,此天人之应,异气齐声。臣愚以为虞、夏不以谦辞,殷、周不吝诛放,畏天知命,无所与让也。"

《魏氏春秋》曰:夏侯惇谓王曰:"天下咸知汉祚已尽,异代方起。自古已来,能除民害为百姓所归者,即民主也。今殿下即戎三十馀年,功德着于黎庶,为天下所依归,应天顺民,复何疑哉!"王曰:"'施于有政,是亦为政'。若天命在吾,吾为周文王矣。"

《曹瞒传》及《世语》并云桓阶劝王正位,夏侯惇以为宜先灭蜀,蜀亡则吴服,二方既定,然后遵舜、禹之轨,王从之。及至王薨,惇追恨前言,发病卒。

孙盛《评》曰：夏侯惇耻为汉官，求受魏印，桓阶方惇，有义直之节；考其传记，《世语》为妄矣。

二十五年春正月，至洛阳。权击斩羽，传其首。

庚子，王崩于洛阳，年六十六。[①]遗令曰："天下尚未安定，未得遵古也。葬毕，皆除服。其将兵屯戍者，皆不得离屯部。有司各率乃职。敛以时服，无藏金玉珍宝。"谥曰武王。二月丁卯，葬高陵。[②]

[①]《世语》曰：太祖自汉中至洛阳，起建始殿，伐濯龙祠而树血出。

《曹瞒传》曰：王使工苏越徙美梨，掘之，根伤尽出血。越白状，王躬自视而恶之，以为不祥，还遂寝疾。

[②]《魏书》曰：太祖自统御海内，芟夷群丑，其行军用师，大较依孙、吴之法，而因事设奇，谲敌制胜，变化如神。自作兵书十万馀言，诸将征伐，皆以新书从事。临事又手为节度，从令者克捷，违教者负败。与虏对陈，意思安闲，如不欲战，然及至决机乘胜，气势盈溢，故每战必克，军无幸胜。知人善察，难眩以伪，拔于禁、乐进于行陈之间，取张辽、徐晃于亡虏之内，皆佐命立功，列为名将；其馀拔出细微，登为牧守者，不可胜数。是以创造大业，文武并施，御军三十馀年，手不舍书，昼则讲武策，夜则思经传，登高必赋，及造新诗，被之管弦，皆成乐章。才力绝人，手射飞鸟，躬禽猛兽，尝于南皮一日射雉获六十三头。及造作宫室，缮治器械，无不为之法则，皆尽其意。雅性节俭，不好华丽，后宫衣不锦绣，侍御履不二采，帷帐屏风，坏则补纳，茵蓐取温，无有缘饰。攻城拔邑，得美丽之物，则悉以赐有功，勋劳宜赏，不吝千金，无功望施，分毫不与，四方献御，与羣下共之。常以送终之制，袭称之数，繁而无益，俗又过之，故预自制终亡衣服，四箧而已。

《傅子》曰：太祖愍嫁取之奢僭，公女适人，皆以皂帐，从婢不过十人。

张华《博物志》曰：汉世，安平崔瑗、瑗子寔、弘农张芝、芝弟昶并善草书，而太祖亚之。桓谭、蔡邕善音乐，冯翊山子道、王九真、郭凯等善围棋，太祖皆与埒能。又好养性法，亦解方药，招引方术之士，庐江左慈、谯郡华佗、甘陵甘始、阳城郤俭无不毕至，又习啖野葛至一尺，亦得少多饮鸩酒。

290

《傅子》曰：汉末王公，多委王服，以幅巾为雅，是以袁绍、崔[钧]（豹）之徒，虽为将帅，皆着缣巾。魏太祖以天下凶荒，资财乏匮，拟古皮弁，裁缣帛以为帢，合于简易随时之义，以色别其贵贱，于今施行，可谓军容，非国容也。

《曹瞒传》曰：太祖为人佻易无威重，好音乐，倡优在侧，常以日达夕。被服轻绡，身自佩小鞶囊，以盛手巾细物，时或冠帢帽以见宾客。每与人谈论，戏弄言诵，尽无所隐，及欢悦大笑，至以头没杯案中，肴膳皆沾污巾帻，其轻易如此。然持法峻刻，诸将有计画胜出己者，随以法诛之，及故人旧怨，亦皆无余。其所刑杀，辄对之垂涕嗟痛之，终无所活。初，袁忠为沛相，尝欲以法治太祖，沛国桓邵亦轻之，及在兖州，陈留边让言议颇侵太祖，太祖杀让，族其家，忠、邵俱避难交州，太祖遣使就太守士燮尽族之。桓邵得出首，拜谢于庭中，太祖谓曰："跪可解死邪！"遂杀之。常出军，行经麦中，令："士卒无败麦，犯者死。"骑士皆下马，付麦以相持，于是太祖马腾入麦中，敕主簿议罪；主簿对以春秋之义，罚不加于尊。太祖曰："制法而自犯之，何以帅下？然孤为军帅，不可自杀，请自刑。"因援剑割发以置地。又有幸姬常从昼寝，枕之卧，告之曰："须臾觉我。"姬见太祖卧安，未即寤，及自觉，棒杀之。常讨贼，廪谷不足，私谓主者曰："如何？"主者曰："可以小斛以足之。"太祖曰："善。"后军中言太祖欺众，太祖谓主者曰："特当借君死以厌众，不然事不解。"乃斩之，取首题徇曰："行小斛，盗官谷，斩之军门。"其酷虐变诈，皆此类也。

评曰：汉末，天下大乱，雄豪并起，而袁绍虎视四州，强盛莫敌。太祖运筹演谋，鞭挞宇内，揽申、商之法术，该韩、白之奇策，官方授材，各因其器，矫情任算，不念旧恶，终能总御皇机，克成洪业者，惟其明略最优也。抑可谓非常之人，超世之杰矣。

曹操年表

江 耦

曹操,字孟德,沛国谯县(今安徽亳州县)人。父曹嵩为中常侍曹腾之养子。曹腾在宫中三十馀年。汉桓帝刘志即位,曹腾以定策功封费亭侯,迁大长秋。曹嵩在汉桓帝与汉灵帝时曾任司隶校尉、大司农、大鸿胪、太尉。

一岁 汉桓帝刘志永寿元年(一五五)

二月,司隶、冀州饥馑。 夏,南阳大水。 秋,南匈奴左台、且渠伯德等反汉,侵西河美稷,为安定属国都尉张奂击败,伯德等率众降。 是岁,孙坚生。

二岁 永寿二年(一五六)

七月,鲜卑大人檀石槐将三四千骑侵云中。 泰山、琅玡二郡公孙举、东郭窦等起义已年馀,众约三万人,攻青、兖、徐三州。是秋为中郎将段颖所击破,公孙举等被杀。

三岁 永寿三年(一五七)

九真人朱达等起义,杀县令、郡守,四月,为九真都尉魏朗击破。 十一月,长沙蛮起义,攻益阳。

四岁 延熹元年(一五八)

外戚权臣大将军梁冀,自顺帝末年以来专恣跋扈已十七载,是年五月复杀害太史令陈授,桓帝由是疾恶梁冀。

十二月,鲜卑入侵,为护匈奴中郎将张奂率南匈奴击败。

五岁 延熹二年(一五九)

二月,鲜卑侵雁门;六月,复侵辽东。 八月,中常侍单超、左悺等宦官合谋佐桓帝杀梁冀,连及公卿、列校、刺史、二千石死者数十人,梁冀故吏、宾客免黜者三百馀人。桓帝赏诛梁冀之功,封单超等五人为县侯。十月,以单超为车骑将军。自此宦官开始专政。

六岁 延熹三年(一六〇)

正月,单超死。宦官左悺、具瑗、徐璜等日益横暴。闰正月,西羌侵张掖,为护羌校尉段颎击败。 九月,泰山、琅玡劳丙等暴动。 十一月,泰山叔孙无忌起义,攻杀都尉;十二月,为中郎将宗资所败。 是岁,长沙、零陵蛮起义,为荆州刺史度尚所击破。

七岁 延熹四年(一六一)

正月,大疫。 七月,汉朝廷以财政困难,减公卿以下百官俸,借王侯半租。卖爵。 十月,南阳黄武、襄城惠得与昆阳乐季相率起义,军败,被杀。 诸羌复起,侵并、凉二州及三辅,十一月,为中郎将皇甫规击败。 是岁,刘备生。

八岁 延熹五年(一六二)

三月,皇甫规复破沈氏羌,其大豪等率众降。 四月,长沙、零陵人起义。豫章艾县人起义,攻长沙诸县,杀益阳令。　零陵、武陵蛮起义，十月，为车骑将军冯绲所败。是岁，荀彧生。

九岁　延熹六年（一六三）

五月，鲜卑侵辽东属国。　七月，桂阳李研起义。十一月，南海人起义。　时宦官专权秉势，亲族宾客遍布京都及州郡，贪残横暴，尚书朱穆上疏建议应加限制，桓帝不听。

十岁　延熹七年（一六四）

荆州刺史度尚击破豫章艾县起义军；九月，又败桂阳卜阳、潘鸿等起义军。

十一岁　延熹八年（一六五）

五月，桂阳胡兰与朱盖等起义，攻桂阳、零陵。为中郎将度尚击破，胡兰等被杀。　六月，段颎击败西羌。　八月，始令郡国有田者每亩增税十钱。　十月，勃海盖登等起义，失败，被杀。

十二岁　延熹九年（一六六）

三月，司隶、豫州饥馑，死者十之四五，至有全家饿死者。六月，南匈奴、乌桓、鲜卑数道入塞，侵北边九郡。　七月，鲜卑复连结诸羌侵武威、张掖。汉朝廷遣护匈奴中郎将张奂往击。　党锢事起。宦官教人上书告发司隶校尉李膺等共为部党，桓帝怒，下李膺狱，连及杜密、陈翔等二百馀人，皆下狱；命郡国逮捕党人。

十三岁　永康元年(一六七)

正月,诸羌复起,为段颎所击破。　四月,先零羌侵三辅,攻没京兆虎牙营与扶风雍营。　六月,解党禁,遣党人二百馀人皆归田里,书名三府,禁锢终身。　十月,先零羌侵三辅,张奂遣司马董卓等击破之,以董卓为郎中。十二月,桓帝刘志死。窦皇后为皇太后,临朝,与窦武定议立解渎亭侯刘宏为皇帝。

十四岁　汉灵帝刘宏建宁元年(一六八)

正月,大将军窦武、太傅陈蕃等迎刘宏即皇帝位,年十三。　二月,段颎与先零羌战于安定高平,大破羌人;七月,复败诸羌。　陈蕃、窦武谋诛宦官,犹豫未发,谋泄;九月,中常侍曹节、王甫等勒兵杀陈蕃、窦武,幽隔窦太后。自此宦官权势益盛。　十二月,鲜卑及濊貊侵幽、并二州。

十五岁　建宁二年(一六九)

七月,段颎复大破诸羌,招降四千人分置安定等三郡;东羌平。李膺等虽废锢,仍有声誉,为宦官所疾恶。　十月,中常侍曹节等奏李膺、杜密等为钩党,遂下州郡考讯,皆死;复命州郡大举钩党,党人死者约数百人。　十一月,鲜卑侵并州。

十六岁　建宁三年(一七〇)

冬,济南人起义,攻东平陵。

十七岁　建宁四年(一七一)

正月,大赦,唯党人不赦。　三月,大疫。　冬,鲜卑侵并州。

十八岁　熹平元年(一七二)

六月,窦太后死。　七月,因朱雀阙发现"诽书",宦官使司隶校尉段颖四出搜捕,捕系人民及太学生千馀人。十一月,会稽许昭起义,立父许生为越王,众约万人。十二月,鲜卑侵并州。

十九岁　熹平二年(一七三)

正月,大疫。　十二月,鲜卑侵幽、并二州。

二十岁　熹平三年(一七四)

曹操举孝廉,为郎[①];除洛阳北部尉[②],造五色棒悬尉廨门左右各十馀枚,有犯禁者,不避豪强,皆棒杀之。小黄门蹇硕叔父夜行,操即杀之。京师敛迹莫敢犯;近习宠臣咸疾之,然不能伤。　十一月,会稽起义军失败,许生被杀。十二月,鲜卑侵北地,又侵并州。

① 后汉郡国口二十万,岁举孝廉一人为郎。

② 《续汉书·百官志》注引汉官:"雒阳孝廉左尉四百石,孝廉右尉四百石。"时操以孝廉为郎,故得除洛阳尉,除年应即在举孝廉之年,故今系于此年。又据《魏志·武帝纪》建安十三年注,尚书选部梁鹄以操为北部尉;建安二十一年注引《曹瞒传》则谓系尚书右丞(另说京兆尹)司马防所举。

二十一岁　熹平四年(一七五)

三月,令诸儒正五经文字,刻石立于太学门外。　四月,郡、国七大水。　五月,鲜卑侵幽州。　六月,弘农、三辅螟灾。　十月,改"平准"为"中准",使宦者为令,列于内署,自是诸署皆以宦官为丞、令。　是岁,孙策、周瑜生。

二十二岁　熹平五年(一七六)

闰五月,永昌太守曹鸾上书讼党人,灵帝怒,收曹鸾下狱,被杀。令州郡更考党人门生、故吏、父子兄弟在位者,皆免官禁锢。　是岁,鲜卑侵幽州。

二十三岁　熹平六年(一七七)

四月,大旱,七州蝗。　鲜卑侵三边。八月,遣破鲜卑中郎将田晏等三道出塞击鲜卑,檀石槐命三部大人各帅众逆战,汉军大败。　操迁顿丘令[1];征拜议郎[2]。

[1]《魏志·陈思王传》:太祖征孙权,使植留守邺,戒之曰:"吾昔为顿丘令,年二十三,思此时所行,无悔于今。"

[2]征拜议郎年月不详,观魏志武帝纪文,应在是年或下年从坐免官以前。今暂系于此年。

二十四岁　光和元年(一七八)

二月,置鸿都门学。　十月,灵帝信宦官谮言,废皇后宋氏,宋氏自致暴室,忧死;后父宋酆及兄弟并被诛。　操从妹夫濦彊侯宋奇被诛,操从坐免官[1]。　十一月,鲜卑侵酒泉;鲜卑部众日多,缘边州郡皆受其害。　是年初开西邸卖官,自关内侯、虎贲羽林,入钱多寡不等,于西园立库以贮之。有上书占令、长者，随县好丑，丰约有价。又私令左右卖公卿，公钱千万，卿五百万。

① 从卢弼《三国志集解》注引梁章钜说，谓"濊貊侯必塞皇后兄弟行"，故暂系于此年。

二十五岁　光和二年（一七九）

春，大疫。　四月，大赦天下，诸党人禁锢者小功以下皆解除。　司徒刘郃、永乐少府陈球等谋诛宦官曹节等，十月，事泄，皆下狱死。　十二月，鲜卑侵幽、并二州。是岁操在谯纳卞氏为妾。①

① 《魏志·卞皇后纪》注引魏书："后以汉延熹三年十二月已巳生。"纪言："年二十，太祖于谯纳后为妾。"时操适坐宋奇事免官居乡里，故纳卞氏于谯。

二十六岁　光和三年（一八〇）

四月，江夏蛮起义。　六月，命公卿举能通《尚书》、《毛诗》、《左氏》、《穀梁春秋》者各一人，悉除议郎。　操以能明古学，复征拜议郎。①　冬，鲜卑侵幽、并二州。　十二月，灵帝立贵人何氏为皇后。征后兄何进为侍中。　是岁苍梧、桂阳人起义，为零陵太守杨琁击破。

① 《魏志·武帝纪》注引《魏书》但云"后以能明古学，复征拜议郎"，未详年月。按《后汉书·灵帝纪》是年六月"诏公卿举能通尚书、毛诗、左氏、穀梁春秋各一人，悉除议郎"，则操之复征拜议郎，因"以能明古学"，似应即在此时。今暂系于此年。

二十七岁　光和四年（一八一）

正月，汉朝廷初置騄骥厩丞官，领受郡国征调马匹，因豪右垄断,马价每匹至二百万钱。　　操上书陈陈蕃、窦武等正直而见陷害,奸邪盈朝,善人壅塞,言甚切;灵帝不纳。[1]　　十月,鲜卑侵幽、并二州。是年鲜卑大人檀石槐死。灵帝作列肆于后宫,使诸采女贩卖,自著商贾服,从之饮宴为乐。　　是岁,孙权、诸葛亮生。

[1] 操上书陈窦武等,在其复征拜议郎之后,及诏公卿以谣言举刺史二千石之前,故应在光和三年六月至五年正月之间,今暂系于此年。

二十八岁　光和五年(一八二)

正月,令公卿以谣言劾举刺史、二千石为民蠹害者。太尉、司空承望宦官,受取货赂,凡宦官子弟、宾客,虽贪污秽浊,皆不敢问,而虚纠边远小郡清修有惠化者二十六人,吏民诣阙陈诉。　　二月,大疫。　　是岁,以灾异博问得失,操上书言三公所举奏,专回避贵戚。灵帝以示三府,并谴责之。[1]

[1]《后汉书·灵帝纪》载,是年二月大疫,五月庚申永乐宫署灾,七月有星孛于太微。操上书时间应在是年二月至七月间。

二十九岁　光和六年(一八三)

夏,大旱。　　初,钜鹿人张角奉事黄、老,号"太平道",分遣弟子周行四方,十馀年间众数十万,青、徐、幽、冀、荆、扬、兖、豫八州之人莫不毕应。遂置三十六方,大方万馀人,小方六七千人,各立渠帅;言"苍天已死,黄天将立,岁在甲子,天下大吉"。大方马元义等先收荆、扬数万人,期会发于邺(今河北临漳县西北,汉冀州刺史治所)。马元义数往来京师,以中常侍封谞、徐奉为内应。约以翌年(甲子年)三月五日内外俱起。

三十岁　中平元年(一八四)

春,张角弟子唐周背叛,上书告密,汉朝廷遂逮捕马元义,车裂于洛阳。令三公及司隶校尉按验宫省直卫及百姓有事角道者,杀千馀人;命冀州搜捕张角等。张角等知事已露,晨夜驰敕诸方,同时起义,皆著黄巾以为标帜。　二月,张角自称"天公将军",弟张宝称"地公将军"、张梁称"人公将军",所在攻官府,州郡失据,官吏多逃亡,旬月之间天下响应。　汉朝廷惶惧,以何进为大将军,率左右羽林五营营士屯都亭,镇京师;置函谷等八关都尉。　三月,灵帝赦天下党人,还诸徙者,唯张角不赦。　汉朝廷大发兵,遣北中郎将卢植攻张角,左中郎将皇甫嵩、右中郎将朱儁攻颍川黄巾。令公卿出马、弩,举明战阵之略者以备选用。曹操自议郎拜为骑都尉,与皇甫嵩、朱儁共攻黄巾。七月,张修号"五斗米师",起于巴郡。　皇甫嵩、朱儁等攻败颍川、汝南、陈国黄巾;又进攻东郡、南阳黄巾。卢植围张角于钜鹿、广宗(今河北威县东),后命皇甫嵩代。　十月,张梁为皇甫嵩战败,被杀。张角先病殁。十一月张宝亦败,被杀。皇甫嵩先后残杀义军十馀万人;义军主力遂溃,转为分散活动。　北地、先零、羌等共立湟中义从胡北宫伯玉为将军,以边章、韩遂为军帅,杀刺史、守令,攻凉州及三辅。　是岁,操攻颍川黄巾后,迁为济南相(治所在今山东历城县东)。①济南所属十馀县官吏多阿附贵戚,赃污狼籍,操奏免其八②。又禁断淫祀;奸宄逃窜,郡界肃然。是岁,刘备二十四岁,得中山大商张世平、苏双资助,与关羽、张飞起兵

300

击黄巾,有"功",除安喜尉。朱儁攻黄巾,表孙坚为左军司马,以击黄巾"功",拜别部司马。

①从卢弼《三国志集解》说,这一年操为济南相,时年三十,与《明本志令》文合。

②《太平御览》引,"八"下有"九"字。

三十一岁　中平二年(一八五)

春,大疫。　二月,中常侍张让、赵忠复说灵帝敛天下田每亩十钱,以修宫室。又诏发州郡材木文石送京师,宦官爰以为奸;刺史、太守复增和调,百姓呼嗟。　四月,大风雨雹。　张牛角、褚飞燕等起义,号曰"黑山"①,众至百万,攻黄河以北诸郡县。　七月,三辅螟灾。　八月,汉朝廷以司空张温为车骑将军,击北宫伯玉,战于扶风美阳,不利;十一月,董卓、鲍鸿复攻之,边章、韩遂等退走榆中。

①黑山,山名,在河南浚县西北七十里。黑山义军初起时以此为根据地,故名。

三十二岁　中平三年(一八六)

二月,江夏兵赵慈暴动,杀南阳太守秦颉;六月,为荆州刺史王敏所击破。　春,以中常侍赵忠为车骑将军,六月罢。　十月,武陵蛮起义,为郡兵所攻破。　十二月,鲜卑侵幽、并二州。

三十三岁　中平四年(一八七)

二月,荥阳民变,杀中牟令。三月,为河南尹何苗所击破。　韩遂杀边章及北宫伯玉,拥兵十馀万据陇西,凉州刺史耿鄙攻之,败死,韩遂遂围汉阳。耿鄙司马马腾引兵与韩遂合,推王国为主,攻三辅。　六月,故中山相张纯等连合乌桓,举兵于幽州,屯肥如(今河北卢龙县北)。十月,零陵观鹄起义,为长沙太守孙坚所击破,被杀。　十一月,操父大司农曹嵩买官为太尉。　是岁,操征还为东郡太守,不就,称疾归乡里,[1]筑室城外,春夏习读书传,秋冬弋猎以自娱乐。　冬,操子丕生于谯。

[1]《魏志·武帝纪》记操任济南相后,但云"久之,征还为东郡太守,不就,称疾归乡里",而未详征年。按后汉官吏有三载考绩之制,崔寔政论"汉法亦三年壹察治状,举孝廉尤异";崔寔又指斥"近日所见,或一期之中郡主易数二千石"之病;所谓"一期",即是三载。操自中平元年七月与皇甫嵩、朱儁攻颍川黄巾后迁济南相,至中平四年秋适满三载。且据武帝纪,操在济南颇有治绩,则至中平四年秋正应课最而征迁,又与纪"久之"之文合,故今暂系其征还为东郡太守事于此年。又,《武帝纪》注引《魏书》曰:"于是权臣专朝,贵戚横恣,太祖不能违道取容,数数干忤,恐为家祸,遂乞留宿卫,拜议郎,常托疾病,辄告归乡里。"与武帝纪不同。按自济南相复拜议郎,似于情理不合,今从武帝纪。是年操实归乡里,由子丕是冬生于谯可知。

三十四岁　中平五年(一八八)

二月,黄巾郭大等起于西河白波谷,攻太原、河东。三月,屠各胡杀并州刺史张懿。汉发南匈奴兵配刘虞击张纯,南匈奴人不愿,其右部醢落结屠各胡杀单于羌渠,南匈奴立其子於扶罗为单于。　四月,操父太尉曹嵩罢。六月,益州马相、赵祗等起义,亦称黄巾,为益州从事贾龙所破。贾龙迎刘焉。是岁改刺史为州牧,刘焉为益州牧,刘虞为幽州牧。　冀州刺史王芬等谋乘灵帝北巡时,以兵要劫,废灵帝、诛宦官而立合肥侯,约结曹操,操拒之。[1]　八月,汉朝廷初置西园八校尉,小黄门蹇硕为上军校尉,袁绍为中军校尉,曹操为典军校尉;八校尉皆统于蹇硕。　九月,匈奴南单于於扶罗与白波众攻河东。　汉朝廷命骑都尉公孙瓒等至渔阳击张纯。　十月,青、徐二州黄巾复起,攻郡县。　十一月,王国围陈仓,左将军皇甫嵩督前将军董卓率兵四万拒之。

①《通鉴》系此事于是年六月,今从之。按此时操尚在谯,去冀州远。《魏志·武帝纪》言:"顷之,冀州刺史王芬、南阳许攸、沛国周旌等,连结豪杰,谋废灵帝,立合肥侯,以告太祖,太祖拒之。"则此时或因操与周旌为同乡,故周旌"连结"操。又按,此事在操称疾归乡里后不足一年,适与《纪》中"顷之"文合。

三十五岁　中平六年(一八九)

二月,皇甫嵩破王国军,韩遂等废王国,更相攻争。刘虞至幽州,与公孙瓒不和。　四月,灵帝刘宏死,子刘辩即皇帝位(少帝),年十七。　大将军何进(刘辩母何太后之弟)谋诛宦官,任用袁绍、袁术等。蹇硕谋杀何进,进诛蹇硕。秋,何进欲召四方猛将董卓等,使引兵向京城以胁太后诛宦官,曹操非之。董卓自河东率兵向洛阳。　何进谋泄,八月,中常侍张让、段珪杀何进于宫中,袁绍入宫杀宦官二千馀人,张让等将少帝与陈留王夜走小平津,追兵至,张让、段珪投河死。宦官专政至此结束。董卓率兵迎少帝还宫。袁绍与董卓有隙,东奔冀州。　九月,董卓废刘辩为弘农王,立陈留王刘协为皇帝(献帝),年九岁。董卓自为太尉,酖杀何太后。　董卓表曹操为骁骑校尉,欲与计事,操不就,变易姓名,间行东归。①过中牟(今河南中牟县东),为亭长所执,旋得释。十月,白波众攻河东,董卓遣其将牛酺往拒之。　十一月,董卓为相国,独专朝政。　十二月,操至陈留(今属河南开封市),孝廉卫兹以家财助曹操,遂招募得五千人②,起兵于陈留己吾(今河南宁陵县西南)。

①《魏志·武帝纪》注引《魏书》言操"从数骑过故人成皋吕伯奢",即此"间行东归"途中事。《魏书》及注引《世语》与孙盛《杂记》所记均不同。

②《魏志·武帝纪》曰五千人,《卫臻传》曰三千人。

三十六岁　初平元年(一九〇)

正月,关东州郡皆起兵以讨董卓,推勃海太守袁绍为盟主。袁绍与河内太守王匡屯河内,冀州牧韩馥留邺给其军粮。豫州刺史孔伷屯颍川,兖州刺史刘岱、陈留太守张邈及弟广陵太守张超、东郡太守桥瑁、山阳太守袁遗、济北相鲍信与行奋武将军曹操①俱屯酸枣(今河南延津县北),后将军袁术屯鲁阳,众各数万人。　董卓酖杀弘农王刘辩。董卓以关东兵盛,二月促献帝迁都长安,遂焚烧洛阳宫庙官府人家。　三月,献帝至长安,朝政皆委司徒王允。　刘表为荆州刺史。　董卓仍在洛阳,袁绍等畏其兵强,莫敢先进。操独西进拟据成皋,与董卓将徐荣战于荥阳(今河南荥泽市西南)汴水,操败走,士卒死伤甚多,操仅而得免。操至酸枣,见诸将不图西进,操谴责之,为画攻董卓之计,张邈等不听。　曹操兵少,乃与司马夏侯惇等至扬州募兵,得四千馀人;还至龙亢,士卒多叛,至铚、建平,复收兵得千馀人②,进屯河内(今河南武陟县西南)。　黄巾起义军入青州。冬,袁绍与韩馥谋立幽州牧刘虞为帝,约结曹操,曹操拒之。③

①时关东州郡起兵者皆汉刺史守相,唯操以上年董卓表之为骁骑校尉不就,东归,故起兵时但行奋武将军。

②铚（今安徽宿县西南）、建平（今河南永城市），皆沛国属县，去谯不远。然则此千馀人，皆操在家乡近县所募得者。

③参见《答袁绍》。

三十七岁　初平二年（一九一）

正月，袁绍、韩馥遂立刘虞为帝，刘虞不从。　二月，董卓为太师，位在诸侯王上。　孙坚击败董卓军，卓退至渑池，聚兵于陕。孙坚进至洛阳。董卓留兵屯渑池、华阴、安邑，引兵而西，四月，至长安。　七月，袁绍迫胁韩馥以冀州让绍，绍遂领冀州牧。鲍信说曹操据黄河以南以待其变。　黑山义军于毒、白绕、眭固等十馀万众攻魏郡、东郡，东郡太守王肱不能抗。操引兵入东郡，攻破白绕于濮阳（今河南濮阳市）。袁绍遂表操为东郡太守，治东武阳（今属山东聊城市）。青州黄巾攻勃海，众三十万人，欲与黑山军合；为公孙瓒败于东光南。　时关东州郡务相兼并以自强大，袁绍与袁术、公孙瓒不和，南结刘表。　刘备为平原相。是岁孙坚死。荀彧去袁绍来归操，操大悦曰："吾之子房也。"以为司马。

三十八岁　初平三年（一九二）

正月，袁绍败公孙瓒于界桥。　操驻军顿丘，黑山帅于毒等攻东武阳，为操所败。操又破黑山眭固与匈奴於扶罗于内黄（今河南内黄县西北）。　四月，王允、吕布杀董卓于长安。　青州黄巾入兖州，杀刺史刘岱。鲍信乃与州吏等至东郡迎操领兖州牧。　操进兵攻黄巾于寿张（今山东东平县西南）东，鲍信战死，黄巾亦退。①六月，董卓故将李傕、郭汜围长安,杀王允,败吕布,吕布东逃,终归袁绍。李傕、郭汜、樊稠等遂专断于长安。 冬,操追黄巾至济北(济北国治卢,今山东长清县南),黄巾败降,得戎卒三十馀万,男女百馀万口,操收其精锐者,号为"青州兵"。② 治中从事毛玠劝操"宜奉天子以令不臣,修耕植以畜军资,如此则霸王之业可成"。操纳其言。 公孙瓒攻袁绍,使刘备、单经、陶谦自东方迫袁绍,袁绍与曹操合攻诸军,皆破之,公孙瓒遂还幽州,不敢复出兵。 是岁,操子植生。

① 《魏志·武帝纪》初平三年注引魏书言操"将步骑千馀人,行视战地,卒抵贼营,战不利,死者数百人,引还。"继言黄巾"兵皆精悍",而操则"旧兵少,新兵不习练"。《鲍勋传》注言鲍信"殊死战以救太祖,太祖仅得溃围出,信遂没"。

② 《通鉴》胡三省注曰:"所降者青州黄巾也,故号青州兵。"何焯曰:"魏武之强自此始。"

三十九岁 初平四年(一九三)

正月,操驻军鄄城(今山东濮县东)。袁术为刘表所逼,引兵屯封丘,黑山军及南匈奴於扶罗皆附之。操连击破之,袁术遂引兵南下,逐扬州刺史陈瑀而据扬州,兼称徐州伯。 夏,曹操还军定陶(今属山东菏泽市)。 六月,黑山帅于毒为袁绍攻破,被杀;袁绍复败诸义军,又与黑山帅张燕及匈奴乌桓联军战于常山。 下邳阙宣起义。

操父曹嵩避乱在琅玡,为陶谦别将所劫杀。秋,操率兵击陶谦,攻拔十馀城,遂至彭城(今江苏徐州);陶谦败,走保郯。 冬,刘虞攻公孙瓒,大败,被杀。

四十岁 兴平元年(一九四)

二月,操因军食尽,自彭城引兵还。四月,操使荀彧、程昱守鄄城,自率兵复攻陶谦,遂至琅玡、东海,还击刘备于郯东。 张邈与陈宫叛操,迎吕布为兖州牧,兖州郡县皆应布,唯鄄城、范(今河南范县东南)、东阿(今山东阳谷县东北阿城镇)三城为操固守。吕布攻鄄城不下,西屯濮阳。操引军自徐州还,与吕布战于濮阳西,军败。[①] 四月至七月,大旱,饥馑。 九月,操还鄄城。袁绍使人说操欲连和,使操遣家居邺;操新失兖州,军食尽,将许之,程昱劝阻,乃止。 冬,刘焉死,子刘璋为益州牧。 陶谦死,刘备代领徐州牧。 孙策率父孙坚部曲渡江至江东。

①《魏志·武帝纪》:"布出兵战,先以骑犯青州兵,青州兵奔,太祖阵乱,驰突火出,坠马,烧左手掌。司马楼昱扶太祖上马,遂引去。"

四十一岁 兴平二年(一九五)

正月,操败吕布于定陶。 春,关中李催、郭汜相攻。闰四月,吕布将薛兰、李封屯钜野(今山东巨野县南),操攻之,吕布来救薛兰,败走,操杀薛兰等。吕布、陈宫复从东缗(今山东金乡县东北)来战,操大破之;复进军攻拔定陶,分兵平诸县。吕布败,东奔刘备,张邈从吕布,使弟张超将家属保雍丘(今河南杞县)。 七月,董承、杨奉护献帝自长安东迁。 八月,曹操围雍丘,张邈诣袁术求救,未至,为其下所杀。 十月,献帝拜曹操为兖州牧。 十一月,李催、郭汜悔令献帝东行,率兵来追。 十二月,献帝至弘农,战于东涧,董承、杨奉败,至曹阳,密遣使至河东招故白波帅李乐、韩暹、胡才及南匈奴右贤王去卑,李乐等率数千骑来,与董承、杨奉共击李催等,大破之。李催等复来追,献帝至陕渡河,入河东至安邑。 蔡文姬被匈奴人虏获。① 十二月,操攻雍丘,雍丘溃,张超自杀,操夷张邈三族。兖州遂全入操手。

①据郭沫若《谈蔡文姬的〈胡笳十八拍〉》,定在是年被虏,入匈奴大约在次年。

四十二岁 建安元年(一九六)

春,操准备迎献帝。 汝南、颍川黄巾何仪、刘辟、黄邵、何曼等众各数万人,附袁术;二月,为操所击败,黄邵被杀,刘辟、何仪率众降。 献帝拜操为建德将军,六月,迁镇东将军,封费亭侯。 献帝欲归洛阳,自安邑至闻喜。

刘备与袁术争徐州,为吕布所袭,投归操,操表刘备为豫州牧,使屯小沛以拒吕布。 七月,献帝至洛阳。是时宫室烧尽,百官被荆棘,依墙壁间。州郡各拥强兵,委输不至,群僚饥乏,尚书郎以下自出采稆,或饥死墙壁间,或为兵士所杀。 八月,操将兵至洛阳,献帝以操领司隶校尉,假节钺,录尚书事。 九月,操奉献帝迁都许(今河南许昌市),以操为大将军,封武平侯。杨奉自梁(今河南汝南县西)来邀击,不及;十月,操攻杨奉,杨奉南奔袁术。 以袁绍为太尉,绍不肯受,操以大将军让袁绍,自为司空,行车骑将军。自此袁绍与操交恶。 是岁,操用枣祗、韩浩议,始兴屯田,以枣祗为屯田都尉,以任峻为典农中郎将,募民屯田许下,得谷百万斛。于是例置田官,所在积谷。① 张济引兵自关中入荆州界,攻穰城(今河南邓州),战死,侄张绣代领其众,屯宛(今河南南阳),附于刘表。

①《魏志·任峻传》:"是时岁饥旱,军食不足,羽林监颍川枣祗建置屯

田,太祖以峻为典农中郎将,数年中所在积粟,仓廪皆满,……军国之饶,起于枣祇而成于峻。"

四十三岁　建安二年(一九七)

正月,操至宛攻张绣,张绣降,既而悔之,反攻操,操军败,操长子昂死于役。操复收散兵击张绣,张绣败走穰城,复与刘表合;操还许。　袁术称帝于寿春。　三月,献帝诏拜袁绍大将军,兼督冀、青、幽、并四州。　五月,蝗灾。袁术攻吕布,败。　九月,操攻袁术,袁术败走渡淮,自是遂衰。　十一月,操复率兵至宛击张绣,拔湖阳(今河南唐河县南),擒刘表将邓济,又攻下舞阴(今河南泌阳县西北)。

四十四岁　建安三年(一九八)

三月,操复攻张绣,围穰城。　四月,袁绍使使说操以许下埤湿,洛阳残破,宜徙都鄄城以就全实,操拒之。操闻袁绍欲攻许,乃解穰城之围引军还许。张绣进兵追操军;五月,刘表遣兵救张绣,屯安众(今河南镇平县东南)欲绝操军后路,操大破刘表、张绣联军于安众。　七月,操还许。　九月,吕布将高顺等攻刘备,破沛城,刘备单身走。　操自引军攻吕布,十月,下彭城,吕布退保下邳(今江苏邳州)。操围下邳,十二月,吕布将侯成等降操,城陷,操擒杀吕布、陈宫。徐州遂入操手。　冬,袁绍复攻公孙瓒。　是岁,孙策逐步占据江东。

四十五岁　建安四年(一九九)

春,黑山帅眭固降袁绍,屯射犬。　三月,袁绍大破公孙瓒于易京,杀之;袁绍赐乌桓王蹋顿等单于印绶。渔阳太守鲜于辅附于操。 四月,操遣兵北渡河攻眭固,眭固败,被杀。操还军敖仓(今河南荥泽县西北),以魏种为河内太守。 车骑将军董承与刘备密谋杀操,未发,刘备疑操已觉;操适遣刘备东向邀击袁术,刘备遂杀徐州刺史车胄而据徐州,背操,留关羽守下邳,自守小沛。东海昌豨附刘备。备众至数万人,遣使与袁绍连兵。 六月,袁术穷迫病死于寿春江亭。 袁绍破公孙瓒后,志益骄,简精兵十万、骑万匹,欲攻许。[1]八月,操进军黎阳(今河南浚县东北)[2],使臧霸等入青州,于禁屯河上;九月,操还许,复分兵守官渡(今河南中牟县东北)。袁绍欲连结张绣。张绣听贾诩议,十一月率众降操。 操使卫觊镇抚关中。 庐江太守刘勋率众降操。

[1] 袁绍当时"兼四州之地,众十馀万,将进军攻许",操诸将以为不易抵御,操对袁绍则有准确之估计,曰:"吾知绍之为人,志大而智小,色厉而胆薄,忌克而少威,兵多而分画不明,将骄而政令不一,土地虽广,粮食虽丰,适足以为吾奉也。"见魏志武帝纪建安四年。
[2] 黎阳为后汉时控制东方之重镇,设有黎阳营,故为军事上必争之地。

四十六岁 建安五年(二〇〇)

正月,董承等杀操之谋泄,皆被杀。操自将东征刘备,破之,获其妻子;进拔下邳,擒关羽;刘备走奔袁绍。 袁绍谋攻操,移檄州郡,数操罪恶[1]。二月,进军黎阳,遣其将颜良攻东郡太守刘延于白马,曹军斩颜良,退至河南。袁绍军渡河至延津复战,操破袁军,斩其将文丑。操还军官渡,袁绍进保阳武(今河南阳武县)。关羽逃归刘备。 四月,孙策死,弟孙权领其军,有扬州五郡。 七月,操制新科,行户调。②刘辟背曹操,应袁绍。   袁绍使刘备略汝南,备阴欲脱离袁绍。   八月,袁绍连营数十里,操亦分营与相当。袁绍复进临官渡,两军相持连月。十月,操烧袁绍辎重,大败袁绍军于官渡,绍仅与八百骑北渡河,尽亡其士卒辎重。操收袁绍书中,得许下及军中人书,③皆焚之。冀州诸郡多举城邑降。

①檄文见《后汉书·袁绍传》。

②操始制新科,行户调,《通鉴》系于此年七月。但细玩《魏志何夔传》及《赵俨传》文,操之始行户调,可能即在此年,亦可能早一两年。今暂依《通鉴》。

③《魏志赵俨传》注引《魏略》:"太祖北拒袁绍,时远近莫不私遗牋记通意于绍者。"

四十七岁 建安六年(二〇一)

四月,操扬兵河上,击袁绍仓亭(今河南境内)军,破之。九月,操引兵南征刘备于汝南,刘备投奔刘表。

四十八岁 建安七年(二〇二)

正月,操军谯,抚循将士亲族。①至浚仪(今属河南开封市),治睢阳渠。进军官渡。   五月,袁绍病死,少子袁尚领其军,自号车骑将军,屯黎阳。时袁绍长子袁谭为青州刺史,次子袁熙为幽州刺史,甥高幹为并州刺史。九月,操与袁谭、袁尚相拒于黎阳,数败之。   操使司隶校尉钟繇围南匈奴单于呼厨泉于平阳,呼厨泉降。   操下书要求孙权送质子于许,孙权拒之。

①参见文集《军谯令》。

四十九岁　建安八年(二〇三)

三月,曹操攻黎阳,大破袁谭、袁尚军,谭、尚败走还邺。四月,操进军追至邺。五月,还许,留贾信屯黎阳。七月,令郡国修文学,县满五百户者置校官。[①]　八月,操攻刘表,军于西平(今河南西平县西)。　袁谭与袁尚内哄,引兵相攻。袁谭为袁尚所败,走保平原(今山东平原县南),袁尚围攻之,袁谭乃遣辛毗请救于操,操许之。操引军自西平北还,十月至黎阳;袁尚闻操北上,乃释平原还邺。东平吕旷、吕详叛袁尚降操。　孙权攻山越。建安、汉兴、南平民变,众各万馀人,为孙权所击破。

①参见文集《修学令》。

五十岁　建安九年(二〇四)

正月,操渡河,遏淇水入白沟以通粮道。　二月,袁尚复攻袁谭于平原,留其将审配守邺。操进军至邺围攻之。四月,拔邯郸;易阳令韩范降。五月,决漳水灌邺。　七月,袁尚将兵万人还救邺,操大破袁尚军,袁尚奔中山。八月,操攻入邺城,杀审配。　九月,下收田租令,但令民出田租亩四升,户调绢二匹、绵二斤,[①]并免河北是年租赋。献帝令操领冀州牧。　十月,高幹以并州降。　袁谭复背操,略取甘陵、安平、勃海、河间诸郡;攻袁尚于中山,袁尚败走从袁熙。　操引兵东攻袁谭,谭走保南皮(今河北南皮县)。　操遣牵招至柳城抚慰乌桓峭王。

①参见文集《收田租令》。

五十一岁　建安十年(二〇五)

正月,操攻南皮,大破袁谭,杀之。冀州遂全入操手。郭嘉说操多辟青、冀、幽、并人以为掾属。袁熙、袁尚俱奔辽西乌桓。　操下令使民不得复私雠;禁厚葬。①

四月,黑山帅张燕率众十馀万降操。　故安赵犊、霍奴等杀幽州刺史及涿郡太守;三郡乌桓攻鲜于辅于犷平。八月,操攻破赵犊军,杀犊等;乃渡潞河救犷平,乌桓走出塞。　九月,下整齐风俗令。②　十月,操还邺。高幹闻操征乌桓,复以并州叛,执上党太守,守壶关口,操遣兵击之。

①参见《赦袁氏同恶及禁复雠厚葬令》。

②参见《整齐风俗令》。

五十二岁　建安十一年(二〇六)

正月,操击高幹;三月,攻入壶关,高幹走荆州,为上洛都尉所捕杀,并州遂全入操手,操使梁习为并州刺史。八月,操东征管承,管承败走海岛。　初,三郡乌桓乘中国乱,破幽州,略有汉民十馀万户,袁绍皆立其酋豪为单于。辽西乌桓蹋顿尤强,为袁绍所厚,故袁熙、袁尚逃归之,数入塞为害。操将征乌桓,乃凿平虏渠、泉州渠以通运道。

十月,下求言令,令"自今以后诸掾属治中别驾常以月旦各名其失。"②　操使国渊典屯田事,渊相土处民,计民置吏,明功课之法,五年中仓廪丰实,百姓竞劝乐业②。

①参见《求言令》。

②《魏志·国渊传》记国渊典屯田事,不详年分。按传文,建安十六年操征关中时,渊已典屯田约五年。又,渊先避乱辽东,还故土似当在操

平河北以后。故暂系渊始典屯田于此年。

五十三岁　建安十二年(二〇七)

二月,下封功臣令,封功臣二十馀人为列侯,馀各以次受封;又分邑租以赐将吏。[1]　五月,操北征三郡乌桓,至无终(今天津蓟县),大水,傍海道不通,田畴为乡导,引军出卢龙塞(今喜峰口),堑山堙谷五百馀里,经白檀(今河北滦平县)、历平冈(今喀喇沁左旗),东向柳城(今辽宁朝阳市南)。蹋顿等以数万骑逆军。八月,登白狼山,大破乌桓,杀蹋顿,胡、汉降者二十馀万口。袁熙、袁尚奔辽东。　九月,操引兵自柳城还。辽东太守公孙康杀袁熙、袁尚。十一月,操至易水,代郡乌桓行单于普富卢、上郡乌桓行单于那楼将其名王来贺。是岁,刘备始用诸葛亮。操遣使者以金璧赎归蔡文姬。[2]

①参见建安十二年三令。
②据郭沫若考证,蔡文姬留匈奴十二年,曹操赎归当在是年或次年。

五十四岁　建安十三年(二〇八)

正月,操还邺,作玄武池,练水军。　六月,操为丞相。七月,操南征刘表。　八月,刘表死,子刘琮代,领其军屯襄阳,刘备屯樊,表长子刘琦奔江南。　九月,操至新野(今河南新野县),刘琮举荆州以降操。操军至宛,刘备南走,至当阳为操军追及,战败,济沔,遇刘琦,同走夏口(今属武汉),操遂得江陵(今湖北江陵)。十月,刘备与孙权联合谋拒操。　刘备军驻樊口(今武昌西北五里),周瑜率江东兵三万人至荆州,十一月,曹操顺江陵而下,与周瑜军遇于赤壁(在今湖北嘉鱼县境),时操军士疾疫,战不利,引次江北,周瑜军以火攻,操船

314

舰焚毁,军遂大败,自华容(今湖北监利县西北)道北走;刘备、周瑜追至南郡。操乃留曹仁、徐晃守江陵,乐进守襄阳,引军北还。周瑜复击败曹仁于夷陵(今属湖北宜昌)。 十二月,孙权自将围合肥(今安徽合肥)。 刘备表刘琦为荆州刺史,引兵南向,遂有荆州江南四郡;周瑜屯江北与曹仁相距。刘璋与操绝而与刘备相结。

五十五岁 建安十四年(二〇九)

三月,操军至谯,作轻舟,治水军。孙权自合肥退还。七月,操自引水军自涡水入淮,出肥水,军合肥;令存恤从军吏士家室[①],置扬州郡县长吏,开芍陂(今安徽寿县南)屯田。命仓慈为绥集都尉,屯田淮南。[②] 十二月,操引军还谯。

庐江人陈兰、梅成等起义于灊、六,操遣荡寇将军张辽攻之,陈兰等被杀;操因使张辽、乐进、李典等将七千人屯合肥。 孙权命周瑜屯江陵,程普领江夏太守,吕范领彭泽太守,遂有荆州江北诸郡;刘备营于公安(今湖北公安县南)。

①参见《存恤从军吏士家室令》。
②仓慈为绥集都尉,为操"开募屯田于淮南"事,《魏志·仓慈传》未详年分。按操大规模屯田淮南,始于建安十四年,以给合肥屯军,故暂系之于此年。

五十六岁 建安十五年(二一〇)

春,操下求贤令。言"今天下尚未定,此特求贤之急时",不必用廉士,但唯才是举。[①]冬,作铜雀台于邺。 十二月,下明本志令,自明守义为国,无代汉之意;并让还封国之三县,但食武平万户。[②] 是岁,周瑜死。 交趾太守士燮雄于交州,董督七郡,至是附于孙权,孙权势力遂扩及岭南。

①参见《求贤令》。

②参见《让县自明本志令》。此令为了解操事迹最重要之直接资料。

五十七岁　建安十六年(二一一)

正月,操子丕为五宫中郎将,为丞相副。　太原商曜等起义于大陵,为操将夏侯渊、徐晃所击破。　三月,操遣司隶校尉钟繇攻汉中张鲁,使夏侯渊等将兵出河东。关中马超、韩遂、杨秋等十部皆起抗操军,众十万,据潼关,操使曹仁督诸将拒之。　七月,操自将西征,八月,至潼关,北渡河,自蒲阪入西河,马超等拒于渭口(今陕西华阴县北)。操进至渭南;九月,大破马超等,马超、韩遂奔凉州,杨秋奔安定。关中遂全入操手。　十月,操攻杨秋,围安定,杨秋降。　河间田银、苏伯起义。　十二月,操自安定引军还,留夏侯渊屯长安,以张阮为京兆尹。　是岁,刘璋迎刘备,刘备留关羽守荆州,自将数万人入益州。刘璋使刘备往击张鲁,刘备遂引军北上至葭萌(今属四川广元市)。

五十八岁　建安十七年(二一二)

正月,操还邺。　田银、苏伯起义失败,馀众降。　七月,马超馀众梁兴等屯蓝田,夏侯渊击平之。　割河内、东郡、钜鹿、广平、赵国诸县以益魏郡。　九月,立献帝诸皇子为王。　孙权徙治秣陵,改名建业(今南京)。夹濡须口(今安徽无为县东北)立坞。　十月,操征孙权。　十二月,刘备自葭萌还军,进据涪城(今四川绵阳市东),欲袭成都。　是年荀彧自杀。

五十九岁　建安十八年(二一三)

正月,操进军濡须口,攻破孙权江西营,获其都督公孙阳;孙权率兵七万御之,相守月馀,操引军还。　诏并十四州为九州。　四月,操至邺。操欲令淮南滨江人民内徙,民转相惊,庐江、九江、蕲春、广陵等郡十馀万户皆东渡江,江西遂虚。　五月,献帝以冀州十郡封操为魏公,加九锡。九月,凿渠引漳水入白沟以通河。　十一月,魏国置尚书、侍中、六卿。　自前年操自关中东还后,马超即率羌、胡击陇上诸郡县,渐兼陇右之众。是岁复攻冀城(今甘肃陇西县南),自春至秋,城下,汉阳遂为超所据。夏侯渊引兵救冀,为马超所败。氐王千万亦应超。　刘璋遣军拒刘备,连败,退保绵竹(今四川罗江县西南);刘备分遣诸将略下属县。

六十岁　建安十九年(二一四)

正月,抚夷将军姜叙与杨阜、尹奉、赵衢等共征马超,超败,南奔汉中就张鲁;复还攻扰凉州,为夏侯渊所败。夏侯渊进军败韩遂及氐、羌,下兴国。　闰四月,孙权攻皖,破之,获庐江太守朱光,孙权使吕蒙为庐江太守。　诸葛亮与张飞、赵云溯江入益州,下东蜀诸郡。刘备围成都,刘璋降刘备,刘备遂领益州牧。马超投附刘备。七月,操征孙权。　十月,夏侯渊下枹罕,杀宋建,张郃进军入小湟中,河西诸羌皆降,陇右遂全入操手。　献帝伏皇后令父伏完密图操,事泄,十一月,操遣郗虑等勒兵入宫收伏后,幽死。　十二月,操至孟津。　下敕有司取士毋废偏短令,言"有行之士未必能进取,进取之士未必能有行",故用士勿废偏短。① 又令选明达法理者使持典刑,置理曹掾属。②

①参见《敕有司取士毋废偏短令》。

②参见《选军中典狱令》。

六十一岁　建安二十年(二一五)

正月,省云中、定襄、五原、朔方郡,每郡改置一县,合以为新兴郡。　三月,操西征张鲁,将自武都入氐;氐人塞道,为张郃等所攻破。四月,自陈仓(今陕西宝鸡市东)出散关(宝鸡市西南五十二里)至河池(今甘肃徽县),五月攻破氐王窦茂。七月,至阳平(今陕西勉县东北),败张鲁军,张鲁奔巴中,操遂得南郑,巴、汉皆降。　孙权与刘备争荆州,闻操攻汉中,遂中分荆州,以湘水为界。　八月,孙权率众十万围合肥,战败而退。　九月,巴夷、賨民来附操。十一月,张鲁自巴中将其众降操。　刘备引兵据巴中,操遣张郃督诸军攻巴中,为张飞所败,退还汉中。　十二月,操自南郑还,留夏侯渊屯汉中。　屯田客吕並起义据陈仓,为赵俨等所击破。①

①吕並起义事见《魏志赵俨传》,发生于赵俨为关中护军时。今参照《赵俨传》及《通鉴》,系于此年。

六十二岁　建安二十一年(二一六)

二月,操还邺。　五月,操为魏王。　代郡乌桓行单于普富卢与其侯王来朝。　七月,匈奴南单于呼厨泉将其名王来朝,操遂留之于邺,使右贤王去卑监其国,分其众为五部,各立其贵人为帅,选汉人为司马以监督之。　十月,操治兵,征孙权。　十一月,操至谯。

六十三岁　建安二十二年(二一七)

正月,操军居巢(今安徽巢县东北),二月,进至郝谿,攻濡须口,孙权退走。 三月,操引军还,留夏侯惇、曹仁等屯居巢。 四月,献帝诏魏王操设天子旌旗,出入称警跸。 八月,下举贤勿拘品行令,重申唯才是举,勿拘操品之意。① 十月,献帝命操冕用十二旒,备天子乘舆。操以子丕为太子。 刘备率诸将进兵汉中,遣张飞、马超、吴兰等屯下辩(今甘肃成县西)。操遣曹洪率兵拒之。 是岁,大疫。

①参见《举贤勿拘品行令》。

六十四岁　建安二十三年(二一八)

初,操使丞相长史王必典兵督许中事。太医令吉本、子吉邈与少府耿纪等谋杀王必,挟献帝以攻操;正月,吉邈等攻王必,失败,为王必、严匡等所杀。 曹洪攻破吴兰,三月,张飞、马超走汉中。 四月,代郡、上谷乌桓无臣氐等反,操遣子彰往征,破之。 七月,操治兵西征刘备,时备屯阳平关,与夏侯渊等相拒。 九月,操至长安。 南阳吏民苦繇役,十月,宛守将侯音等起据宛;曹仁时屯樊城,操命仁还攻侯音。

六十五岁　建安二十四年(二一九)

正月,曹仁破宛,斩侯音。夏侯渊为刘备军击败于阳平南定军山,被杀。 三月,操自长安出斜谷,临汉中。操与刘备相持积月,操军士卒多亡,五月,操乃引诸军出汉中还长安,刘备遂据汉中。 七月,刘备自称汉中王。孙权攻合肥。　八月,关羽率众围曹仁于樊城,曹仁将于禁降关羽,曹仁固守樊城。关羽复遣兵围襄阳。　九月,魏讽谋袭邺,事泄,曹丕杀其党羽数十人。　十月,操自关中还至洛阳。　陆浑民孙狼暴动,杀县吏,南附关羽。羽授狼印,给兵,袭郡县。自许以南往往遥应关羽。操议欲徙许都以避其锐,未行。　操自洛阳南征关羽,未至,徐晃攻破关羽军,羽遂撤围走。孙权见关羽连兵襄、樊,乃遣吕蒙将兵乘虚下南郡,入江陵,关羽急南还。　操驻军摩陂(今河南辅成县东南)。　十一月,关羽众散,保麦城(今湖北当阳市东南),十二月,孙权将士攻杀关羽,孙权遂有荆州。　孙权上书称臣。

六十六岁　建安二十五年(二二〇,即黄初元年)

正月,操还至洛阳;庚子,病死于洛阳。　十月,献帝禅位于魏王曹丕(魏文帝)。次年,刘备称帝,并率军攻孙权,权遣使称臣于魏,封为吴王。

附言:本年表中史事及年月,遇有各种记载相互歧异之处,大半依从《通鉴》,间亦采用卢弼《三国志集解》所引诸说。遇有难以确定年月之事,均加脚注说明暂系该事于该年之理由。关于少数民族之名称,均暂仍汉末史料之旧。关于古代地名,凡与曹操事迹有关之重要县名,均用括弧注明现今地名,以便利读者检阅地图。疏漏错误之处可能很多,望读者指正。

曹操著作考 节录姚振宗《三国艺文志》

魏武自作家传

《魏志·蒋济传》注：臣松之案：魏武作《家传》，自云曹叔振铎之后。

《广韵·六豪》曹字注：魏武作《家传》，自云曹叔振铎之后。周武王封母弟振铎于曹，后以国为氏，出谯国、彭城、高平、钜鹿四望。

魏主奏事十卷

《隋书·经籍志·刑法篇》：《魏主奏事》十卷。

章宗源《隋志·考证》曰：《文选·古诗十九首》注、《太平御览居处部》并引《魏王奏事》，《史记·韩信卢绾传集解》引《魏武帝奏事》，《汉书·高帝纪》注、《后汉书·光武纪》、《西羌传》注、《文选·关中诗注》并引之。

侯《志》曰：《史记·陈稀传》、《汉书·高祖纪》十年、《后汉书·光武纪》更始二年、《西羌传论》诸注，俱引《魏武奏事》，《御览》一百八十一引《魏公奏事》。

魏武帝太公阴谋解三卷

《隋书·经籍志》：梁又有《太公阴谋》三卷，魏武帝解。《通志·艺文略》：《太公阴谋》三卷，魏武帝注。

魏武帝司马法注

汪师韩《文选理学权舆》曰：《选》注所引群书，有曹操《司马法注》。

侯志曰：魏武帝《司马法注》，见《文选》注。

魏武帝孙子略解三卷

魏武《自序》有曰：吾观兵书战策多矣，孙武所著深矣。审计重举，明画深图，不可相诬，而但世人未之深亮训说，况文烦富，行于世者，失其旨要，故撰为《略解》焉。

《魏志·武纪》注：孙盛《异同杂语》云：太祖注孙武十三篇，传于世。

唐挂牧注书序曰：遗书大略用仁义，使机权，曹公所注解，十不释一。

《隋书·经籍志》：《孙子兵法》二卷，吴将孙武撰，魏武帝注，梁三卷。《日本国见在书目》：《孙子兵书》三卷，魏武解；》孙子兵书》一卷，魏祖略解。《唐经籍志》：《孙子兵法》十三卷，孙武撰，魏武帝注。《艺文志》：魏武帝注《孙子》三卷。《宋史·艺文志》同。

晁氏《读书志》曰：魏武注《孙子》一卷。案《汉·艺文志》，《孙子兵法》八十二篇，今魏武所注止十三篇。杜牧以为武书数十万言，魏武削其繁剩，笔其精粹，成此书云。又曰：唐奎筌注《孙子》，以魏武所解多误；陈嗥注《孙子》，以曹公注隐微。

陈氏《书录解题》曰：《汉志》八十一篇，魏武童削其繁冗，定为十三篇。

孙星衍刻书序曰：宋雕本《孙子》三卷，魏武帝注。见《汉·艺文志》者，《孙子》篇卷不止此，然《史记》已称十三篇，则此为完书，篇多者反由汉人辑录。阮孝绪作《七录》时，《孙子》为上中下三卷，见《史记正义》。此本每篇有卷上中下题识。

孙星衍校刊《孙子十家诗注》序曰：兵家言惟《孙子》十三篇最古，称为兵经，比于六艺。而或秘其书，不肯注以传世，魏武始为之注。云撰为《略解》，谦言解其觕略也。

魏武王凌集解孙子兵法一卷

《魏志》本传：凌字彦云，太原祈人也。叔父允为这司徒，诛董卓。卓将李傕、郭汜等为皇报仇，人长安，杀允，尽害其家。凌及兄晨，时皆年少，逾城得脱，亡命归乡里。泼举孝廉，为发干长、中山太守。太祖辟为丞相掾属。立帝践阼，拜散骑常侍，出为兖州刺史，转青州，徙扬、豫州刺史。正始初，为征东将军假节都督扬州诸军事，进封南乡侯，邑千三百五十户，迁车骑将军仪同三司，就迁为司空。司马宣王既诛曹爽，进凌为太尉，假节钺。后与外甥兖州刺史令狐愚密协计，谓齐王不任天位，欲迎立楚王彪，都许昌。嘉平三年，宣王将中军讨凌，凌势穷出迎，送还京都，至项，饮药死。

《隋书·经籍志》：《孙子兵法》一卷，魏武、王凌集解。

孙星衍校刊《孙子十家注》序曰：书中或多出杜佑，而置在其孙杜牧之后。杜佑实未尝注孙子，其文即《通典》也。多与曹注同，而文较备，疑佑用曹公、王凌诸人古注，故有王子曰，即凌也。

魏武帝续孙子兵法二卷

《隋书·经籍志》:《续孙子兵法》二卷,魏武帝撰。《日本国见在书目》同。《唐书·艺文志》:魏武帝《续孙子兵法》二卷。

案此疑取《孙子》十三篇外之文以为是编。

魏武帝兵书接要十卷

《魏志·武纪》注:孙盛《异同杂语》云:太祖博览群书,特好兵法,钞集诸家兵法,名曰《接要》,传于世。

《隋书·经籍志》:《兵书接要》十卷,魏武帝撰。《唐·经籍志》:《兵书接要》七卷,魏武帝撰;《艺文志》:魏武帝《兵书捷要》七卷。

汪师韩《文选》注引《群书目录》曰:《兵书接要》,魏武帝钞集。

孙志祖曰:案《旧唐志》,《兵法捷要》七卷,魏武帝撰。案《旧唐志》作《兵书接要》。《捷要》即《节要》也,魏讳节改耳。案接捷古通,《汉·艺文志·道家捷子》二篇,《史记·孟荀列传》作接子,此其证也。

侯《志》曰:本纪注引孙盛《异同杂语》及《文选·魏都赋》注引,皆作《接要》,与《隋志》同。《唐志》作《捷要》,《御览》卷八引其文,又作《辑要》;又卷十一引,凡三条。

案《御览·经史图书纲目》又有魏武《兵书辑略》,亦即《节要》之谓也。

魏武帝兵书接要别本五卷

魏武帝兵书要论七卷

《隋书·经籍志》：梁有《兵书接要》别本五卷，又有《兵书要论》七卷，亡。《日本国见在书目》：《兵书论要》一卷，魏武帝撰。

案《隋志》引《七录》，此二书并在魏武《兵书接要》十卷之次，知皆为魏武书。疑皆是别本。其《要论》七卷，似即《唐志捷要》七卷之异名。

魏武帝兵书十三卷亦称新书

《魏志·武纪》注《魏书》曰：太祖自统御海内，芟夷群丑，其行军用师，大较依孙吴之法。而因事设奇，谲敌制胜，变化如神。自作《兵书》十万馀言，诸将征伐，皆以《新书》从事；临事又手为节度，从令者克捷，违教者负败。《太平御览》三百八十九引《益部耆旧传》曰：张松识达精果，有材干，刘璋乃遣诣曹公，曹公不甚礼。杨修深器之。修以公所撰《兵书》示松，饮谯之间，一省即便暗诵。

杜牧注《孙子》序曰：曹公所注解，十不释一，盖惜其所得自为《新书》尔。

唐日本国人佐世《见在书目》：魏武帝《兵书》十三卷。

魏武帝兵书略要九卷

《隋书·经籍志》：《兵书略要》九卷，魏武帝撰。《通志·艺文略》同。《日本国见在书目》：《兵书要略》，魏武帝撰，不著卷数。

严可均《全三国文》编曰，魏武《兵书要略》，《御览》三百五十七引之。

案此似《新书》别本，《隋志》是书之下又云：梁有《兵书接要》二卷，次在魏武诸书中，疑亦魏人抄录武帝书。

魏武帝兵法接要三卷

《隋书·经籍志》：《兵法接要》三卷，魏武帝撰。《日本国见在书目》：兵书接要三卷，魏武帝撰。

案此两《唐志》不载，或自为一书，或后人钞《兵书接要》及《新书》为是帙。《隋志》有《太公三官兵法》一卷，而是书之下又有《三宫用兵法》一卷，叙次在魏武诸书中，疑亦魏武抄撰太公书而失注撰人者。

魏武帝兵法一卷

《隋书·经籍志》：魏武帝《兵法》一卷。

案此两《唐志》不载，似亦当时钞节之别本。

魏武四时食制

《魏志·武纪》注：傅子曰：太祖又好养性法，亦解方药。招引方术之士，左慈、华佗、甘始、郄俭等，无不毕至。又习啖野葛至一尺，亦得少多饮鸩酒。

汪师韩《文选·理学权舆》曰：《选》注所引群书，有魏武《四时食制》。

严可均《全三国文》编曰，魏武《四时食制》，《文选·海赋》注、《初学记》卷三十、《太平御览》九百三十六七八九至四十，引见凡十四条。

案《隋志》有《四时御食经》一卷，又《食经》十四卷。又引《七录》，有《食经》二卷，又一部十九卷，又《太官食经》五卷，《太官食法》二十卷，并不著撰人。盖合诸家《食经》为一编，魏武《四时食制》当在此数书中。

魏武帝集三十卷录一卷

魏武帝逸集十卷

魏武帝集新撰十卷

《魏志·本纪》注:《魏书》曰:太祖御军三十馀年,手不舍书,昼则讲武策,夜则思经传,登高必赋,及造新诗,被之管弦,皆成乐章。

《魏志·文纪》注:《典论·自叙》曰:上雅好诗书文籍,虽在军旅,手不释卷。每每定省,从容常言:人少好学,则思专,长则善忘;长大而能勤学者,唯吾与袁伯业耳。袁遗字伯业,汝南人,袁绍从兄。见《武纪》初平元年裴氏注。

钟嵘《诗品》曰:曹公古直,甚有悲凉之句。

《文心雕龙·时序篇》曰:建安之末,区宇方辑,魏武以相王之尊,雅爱诗章。

《隋书·经籍志》:《魏武帝集》二十六卷。梁三十卷,录一卷。梁又有《武皇帝逸集》十卷,亡。又曰:《魏武帝集新》撰十卷。

《唐·经籍志》:《魏武帝集》三十卷。《艺文志》同。

明张溥《汉魏六朝百三家魏武帝集》辑本一卷,凡令、教、表、奏事、策、书、尺牍、序、祭文、乐府歌辞,综一百四十五篇。

严可均《全三国文》编辑本三卷,凡赋、策、表、奏、上书、上事、教、令、书、序、家传、杂文,综一百五十篇。明冯惟讷《诗纪》辑存乐府十四篇,二十一首。

魏武帝露布文九卷

《隋书·经籍志》:梁有《魏武帝露布文》九卷,亡。《通志·略·文类·军书门》著录同。

唐封演《闻见记》曰:露布,捷书之别名也,自汉以来有其名。所以名露布者,谓不封检而宣布,欲四方速知。亦谓之露版。《魏武奏事》云:有警急,辄露版插羽是也。

参考文献

1. 丁晏纂、叶菊生校订《曹集铨评》，文学古籍刊行社 1957 年版。

2. 哈尔滨师范学院中文系七三三班工农兵学员选注《曹操诗文选注》，黑龙江人民出版社 1976 年版。

3. 中央民族学院语文系选注《曹操诗文选》，北京人民出版社 1975 年版。

4. 上海人民出版社编《曹操传注》，上海人民出版社 1975 年版。

5. 刘维崇《曹植评传》，台北黎明文化事业出版社 1977 年版。

6. 余冠英选注《三曹诗选》，人民文学出版社 1979 年版。

7. 安徽亳县《曹操集》译注小组的《曹操集译注》，中华书局 1979 年版。

8. 河北师范学院中文系古典文学教研组编《三曹资料汇编》，中华书局 1980 年版。

9. 张可礼《三曹年谱》，齐鲁书社 1983 年版。

10. 赵幼文《曹植集校注》，人民文学出版社 1984 年版。

11. 章映阁《曹操新传》，上海人民出版社 1989 年版。

12. 张亚新《曹操大传》，中国文学出版社 1994 年版。

13. 王巍《三曹评传》，辽宁古籍出版社 1995 年版。

14. 傅亚庶《三曹诗文全集译注》，吉林文史出版社 1997 年版。

15. 陈庆元《三曹诗选评》，上海古籍出版社 2002 年版。

16. 韩格平等校注《全魏晋赋校注》，吉林文史出版社 2008 年版。

17. 张可礼、宿美丽编选《曹操 曹丕 曹植集》，凤凰出版社 2009 年版。

18. 魏宏灿《曹丕集校注》，安徽大学出版社 2009 年版。

19. 张作耀《曹操评传：附曹丕、曹植评传》，南京大学出版社 2011

年版。

20.中华书局编辑部编《曹操集》,中华书局 2012 年版。

21.方北辰《曹丕:文豪天子》,北京大学出版社 2013 年版。

图书在版编目（CIP）数据

曹操全集：汇校汇注汇评 / 林久贵，李露编著 .
—武汉 ： 崇文书局，2020.1（2021.8 重印）
（中国古典诗词校注评丛书）
ISBN 978-7-5403-5287-5

Ⅰ . ①曹…
Ⅱ . ①林… ②李…
Ⅲ . ①曹操（155—220）—全集
Ⅳ . ① Z423.42

中国版本图书馆 CIP 数据核字（2019）第 043299 号

曹操全集【汇校汇注汇评】

责任编辑　程　欣
责任校对　董　颖
封面设计　甘淑媛
责任印制　田伟根
出版发行　长江出版传媒｜崇文书局
地　　址　武汉市雄楚大街 268 号 C 座 11 层
电　　话　（027）87680797　邮政编码　430070
印　　刷　湖北恒泰印务有限公司
开　　本　880mm×1230mm　1/32
印　　张　10.875
字　　数　380 千
版　　次　2020 年 1 月第 1 版
印　　次　2021 年 8 月第 2 次印刷
定　　价　39.00 元

（如发现印装质量问题，影响阅读，请与承印厂调换）